JN216317

Alliance Strategies in the Competitive Environment

新版 アライアンス戦略論

YASUDA Hiroshi

安田洋史

NTT出版

はしがき

　前著『アライアンス戦略論』刊行から5年が過ぎた。幸いにも、予想を超える多くの方々に読んでいただき、また感想や評価を含め数々の貴重なフィードバックもいただいた。前著の執筆当時、電機メーカーでアライアンスの実務に携わっていた筆者は、この間に大学教員に転じ、実務の一線からは離れた。しかし、これまでとは異なる形で、再びアライアンスとの関わりをもつことになった。

　1つは研究者として、学会で数多くのアライアンス研究と出会ったことである。アライアンスは今日のホットな研究テーマの1つとして、多くの経営学者の興味の対象となっている。特に欧米の学会でこの傾向は顕著であり、国際会議では朝から晩まで連日、アライアンスに関する様々な研究が発表される。アライアンスがここまで広く深く論じられているのかと圧倒される思いになる。それと同時に、このような研究成果がどこまでアライアンス実務を担う人たちに届いているのか、社会に向けて発信された知的財産として十分に活かされているのか、という思いにも駆られる。

　もう1つは、これまであまり縁のなかった企業や業界のアライアンスに関わるようになったことである。一企業のアライアンス実務を担う立場から、様々な企業のアライアンスについて、相談を受けたりアドバイスをしたりするようになると、企業のアライアンスに対する取り組みが随分と異なることがわかる。大企業が世界での競争に勝ち抜くために行うアライアンスもあれば、低迷する企業が主力事業を転換するために行うアライアンスも、また創業したばかりのベンチャー企業が成長を目指して行うアライアンスもある。いずれもアライアンスが企業経営のキーワードになっているものの、それが企業の戦略の中でどう位置づけられるかには大きな違いがある。自らの経験に基づくこれまでのアライアンスの視点が、実は狭いものであったことに気づくことも多い。

このような経緯から、もっとアライアンス研究の成果と実務を繋ぐことはできないか、もっと多様な視点からアライアンスを論じることはできないか、という問題意識を抱くようになった。しかし一方で、前著『アライアンス戦略論』は理論と実践を両輪とするコンセプトや、アライアンスに関する幅広いテーマを包括的に論ずる内容など、読者の方々から一定の評価を得てきた。また、ビジネススクールの教科書や企業研修のテキストとしても使いやすい構成になっている。そこで、全体的なコンセプトや構成はできるだけ維持しながら最近注目されている新しいテーマを加え、また学会等で報告された興味深い研究成果を紹介し、さらに最新のアライアンス事例の話題も取り入れつつ、その内容を全面的に刷新して『新版　アライアンス戦略論』を刊行することとした。

　『新版　アライアンス戦略論』は前著に対して、より幅広くアライアンスの諸テーマをカバーできるように新たな章を追加し、また前著から引き継いだ章についても、その内容の充実と更新を図った。例えば「第2章　アライアンスの理論──企業はなぜアライアンスを行うのか」では、前著で取り上げた資源ベース理論と取引コスト理論に加えて、新たに知識ベース理論、リアル・オプション理論、社会ネットワーク理論の説明を行った。アライアンスの現象は多様で複雑なものに進化しており、1つの理論でそのすべてを説明することはできない。様々な理論が提供する様々な視点を学ぶことにより、アライアンスについての理解を一層深めることができるはずである。

　「第5章　最近のアライアンス事例から──このアライアンスはなぜ生まれたのか」では、最近のアライアンス事例を参照しながら、そのアライアンスが生まれた背景や戦略的理由についての分析を行った。ここで取り上げた事例はいずれも、この5年以内に発表され話題となったものである。身近な事例を用いることで、本書で紹介した理論や分析手法を、具体的なイメージに基づいて理解できるよう企図した。

　「第11章　アライアンス・ガバナンスの設計──パートナーをどのように統治するか」は本書で新たに取り上げたテーマである。企業経営におけるコーポレート・ガバナンスと同様、アライアンスにおいてパートナーをどのように統治するか、すなわちアライアンス・ガバナンスの話題が注目を集めて

いる。本章では学会で報告された研究成果も紹介しながら、アライアンス・ガバナンスの設計を、実践における1つの重要なステップとして論じている。

「第12章　プロジェクトの運営とアライアンス能力 ── アライアンスを成功させる力とは何か」では、組織能力の問題を取り上げた。ある企業のアライアンスはいつも成功するのに、別の企業が行うアライアンスの多くは失敗する。この違いは、企業組織がもつアライアンス能力の差として説明できる。この能力の本質とは何か、そのような能力はどのように構築されるのか、この能力を高めるにはどうずれば良いか、などは企業経営者や実務家にとっても関心のあるテーマであろう。

「第16章　グローバル・アライアンス ── パートナーの多様性をどのように活かすか」では、特に国境を超えてグローバル・レベルで行われるアライアンスに注目した。異なる国から、異なる企業文化や異なる能力をもつパートナーが参加すると、パートナー間の関係は多様性を増す。この多様性がもつ強みをどう活かすか、それに伴う困難さをどう克服するか、などを論じることが本章のテーマである。

これ以外にも全章にわたって、テーマの入れ替えや内容の見直しを行った。また、図表を随所に挿入し、読者にとって理解しやすいものとなるよう留意した。本書はビジネスの最前線にいる実務家をはじめとして、経営学を学ぶ大学生・大学院生、さらにはアライアンスに興味のある幅広い層の方々を読者として想定している。本書を通して、アライアンスについての理解が深まり、業務を行ううえで、あるいは学習を行ううえで何か役立つものが提供できたとしたら、筆者にとってこの上ない喜びである。

なお、今回の出版にあたっては前著と同様、NTT出版の関係者の方々から多大なご支援をいただいた。特に出版本部の斎藤公孝氏と宮崎志乃氏からは適宜貴重なアドバイスをいただき、執筆を進めるうえで大きな励ましとなった。ここに改めて、深甚なる感謝の意を表したい。

2016年2月

安田洋史

新　版
アライアンス戦略論
目 次

第 4 章　アライアンス・マトリックス
アライアンスをどのように分析するか　73

新 版
アライアンス戦略論

序章

アライアンスの潮流
なぜ今、アライアンスか

　「アライアンスとM&A（統合・買収）を上手に使い分ける」、これが本書のスタンスである。本書の大半はアライアンスに関する記述に費やされるが、アライアンスを行うだけで十分だとか、アライアンスの方がM&Aより好ましいなどという立場ではない。どのような場合にどのようにアライアンスを行えば良いかを示しつつ、どのような場合にはアライアンスではなく、M&Aや他の選択肢を用いるべきかについても明らかにするつもりである。ただ、最近の経営環境の変化の中で、アライアンスがより適切な選択となる状況が増えているという印象を筆者はもっている。その要因をいくつか挙げてみたい。

（1）企業関係の多様化

　日産自動車とルノーとのアライアンスは、国際的に行われたアライアンスの優等生であると言われる。アライアンスがスタートした1999年に480万台であった両社の自動車販売台数は、2013年に830万台にまで増え、トヨタ、フォルクスワーゲン、ゼネラル・モーターズに次ぐ世界第4位の自動車グループに成長した[1]。

　アライアンスの開始からちょうど15年目の2014年4月、両社はさらに一歩踏み込んだ関係に進んだ。開発、生産、購買、人事の4つの機能を実質的に統合し、運営の一体化を目指す新体制に移行したのである。例えば、両社の経営幹部の人材データベースを統一し、日産でもルノーでもその役割に応じて必要な職務に従事できるようにする。また、両社の物流やサプライチェーン、生産手法を統一し、それぞれの生産を一体管理できる体制を構築する。会社組織は別々ながら、事業運営の実質的な統合である。

　両社の最高経営責任者（CEO）を兼務するカルロス・ゴーン氏は、イン

タビューに答えて次のように述べている。「新体制に移行することで、日本企業である日産とフランス企業であるルノーの、それぞれの企業文化と独自性を維持しながら、統合と同等のメリットを得ることができるようになる[2]」

　ここで、ゴーン氏の言葉にある「それぞれの企業文化と独自性を維持しながら」という点に、なぜ今アライアンスなのかに対する1つの答えが示されている。グローバル化の進展は、企業間の関係を多様にする。様々な国の多様な企業文化をもつ企業が、多様な能力を持ち寄って連携する。そこからいかにシナジー（相乗効果）を生み出すかが勝負となる。その際に、それぞれがもつこの多様性を、存分に活用できる仕組みがアライアンスなのである。

　確かにM&Aによって組織を一体化した方が、ガバナンスが徹底され、より効率的な運営ができるかもしれない。しかし、多様なものが1つになることは容易でない。そもそも異なる企業文化をどちらか一方に統一したり、足して2で割ったりすることなどできない。それぞれの独自性が失われれば、せっかくの多様な能力から生まれるはずのシナジーも損なわれる。

　日産自動車はルノー以外にも、世界各国の自動車メーカーと数多くのアライアンスを行っている。中国の東風汽車、インドのアショク・レイランド、ドイツのダイムラー、ロシアのアフトワズなど。日本では三菱自動車と軽自動車の共同開発も行っている。ゴーン氏はこれら様々な国のパートナーとのアライアンスから成果を生み出す秘訣は、企業のもつ「共感力」にあると言っている[3]。周りの意見に流されるのではなく、自分の軸をもちつつ、かつ相手との距離感や違いを理解する。そしてお互いの多様性を尊重し、活用し、成果に繋げていく力である。

　自動車業界では、かつてM&Aを中心に業界の再編が進んだが、十分な成果が得られたとは言い難い。「世紀の統合」と言われたダイムラー（ドイツ）とクライスラー（米国）の経営統合も失敗に終わった。ゴーン氏は「世界の自動車産業はアライアンスの時代を迎えた」と言う。そして、これからはアライアンスを軸にした事業展開が不可欠であると強調する。「かつては買収による再編が多かったが、今後は経営の独立性を保ちつつ、シナジーや規模の効果を追求する事例が増えるだろう。日産・ルノーのアライアンスが他の企業にも影響を与えているとしたら、誇らしい気分だ[4]」

（2）ビジネス・モデルの進化

　ビジネスの仕組みが変化する中で、ビジネス・モデルも進化し複雑になっている。バリューチェーンの中の異なる機能ごとに、最適なパートナーを選び組み合わせ、全体としての最適化を図る必要がある。2015年6月、ユニクロを展開するファーストリテイリングは、ITコンサルティング大手のアクセンチュアと、「消費者向けサービスにおけるデジタル・イノベーションの実現」を目指して、アライアンスを行うことを発表した[5]。

　インターネットの普及に伴い、小売業にとって、実店舗販売とネット販売とをどう連携させるかが課題となっている。ユニクロがこのアライアンスで目指したのは、顧客が実店舗とデジタル店舗の境なく、いつでもどこでも顧客体験を楽しむことができるIT環境の整備である。例えば、顧客が売り場を歩くと、顧客の好みにあった商品情報がスマホに届く。街で気になるファッションの人を撮影すると、該当商品のカタログがスマホ画面に表示され、そこからすぐに購入できるようになる[6]。

　ユニクロの事業モデルはSPA（Speciality store retailer of Private label Apparel: アパレル製造小売業）と呼ばれる。商品を自ら企画し、デザイン・生産したうえで、自らの店舗で販売する。メーカーと小売の機能を併せもつため、そのバリューチェーンは長い。商品企画、デザイン、素材調達、生産、物流、販売、アフターサービスと、すべての活動を独自の力だけでカバーすることは困難である。またパートナーと力を合わせるとしても、特定のパートナーとすべての活動で組むことがベストな選択とは言えない。それぞれの機能ごとにそこで強みをもつパートナーを選び、それぞれの強みを活かすことが全体としての優位性に繋がる。

　アクセンチュアとのアライアンスの半年ほど前、ファーストリテイリングは物流の活動で、大和ハウスとアライアンスを行うこと（合弁会社設立）を発表した[7]。ネット通販では、顧客が注文してから商品が自宅に届くまでの配送時間が勝負である。これまでは2〜5日かかっていたのを、都心では即日、首都圏でも翌日までに届けられるようにする。そのために、全国各地に物流拠点を整備し、将来は海外での建設も検討する。好立地に土地を保有

し、拠点建設のノウハウのある大和ハウスと組むことにより、物流機能の一層の強化を目指したものである[8]。

バリューチェーンの上流にある商品開発・素材調達の活動では、ユニクロは東レと「戦略的パートナーシップ」の関係にある。最先端の素材技術をもつ繊維メーカーと、消費者のニーズに接するアパレル企業とがそのノウハウを結集させ、新素材・新商品を共同で開発しようとするものである。これによって、顧客のニーズをいち早く掴み、それに応える商品のタイムリーな提供が可能となる。この連携から、ヒートテック、シルキードライ、ウルトラライトダウンなどのヒット商品が生まれてきた[9]。

さらに生産の活動でも、中国やバングラデシュにある協力工場との連携で、高品質の商品を低コスト・短納期で調達できる生産体制を確立している。このようにユニクロは、バリューチェーンの機能ごとに最適なパートナーを選び、その強みと自社の強みをうまく組み合わせながら成長を実現してきた。特定の相手と一体化するM&Aと比較して、機能ごとに最適な相手との組み合わせを実現できる柔軟性も、アライアンスのもつメリットであると言えよう。

（3）業界構造の変化

大きな環境変化が業界構造を変えてしまうことがある。そのような変化に直面した企業は、これまでの事業方針の見直しを迫られる。企業が事業転換するにあたって、アライアンスが重要な役割を果たすことがある。「完了する取引」であるM&Aと異なり、アライアンスは継続的な関係である。状況の変化を見ながら、時にはパートナーとの関係を強め、時には弱め、軌道修正しながら進めることが可能である。これによって、現状を確認しながら事業の方向性を見直していくことができる。

Dittrich, Duysters & Man（2007）は、アライアンスによって事業転換を果たした企業の例としてIBM（米国）を取り上げ、その過程でアライアンスがどのように活用されたかを詳細に分析している。1990年代、コンピュータ業界の構造変化の中で経営危機に陥ったIBMは、ルイス・ガースナー氏をCEOに迎え事業改革に乗り出した。そして、ハードウエア志向の巨大な

コンピュータ企業は、ソフトウエア志向のサービス企業へと生まれ変わり、再生に成功した。Dittrich らは IBM が果たした事業転換を、経営史上の最も注目すべき「戦略再定義のプロジェクト」と呼び、その転換を可能とした原動力が、アライアンスのネットワークであったことを指摘している。

　この研究では、IBM が戦略転換を進めた時期に沿って、1991 〜 1992 年、1996 〜 1997 年、2001 〜 2002 年という 3 つのタイミングを設け、それぞれのタイミングで IBM がどのようなアライアンスを実施したかを調査した。

　最初の 1991 〜 1992 年はガースナー氏が CEO となる以前、すなわち IBM が戦略転換を開始する前のタイミングである。重要なアライアンスとして、インテルとのプロセッサー共同開発、アップルとのパワー PC 共同開発など、ほとんどがコンピュータのハードウエアもしくはソフトウエアに関するものである。これらは、いずれも IBM の既存のコンピュータ事業を強化するために行われた。

　次の 1996 〜 1997 年はガースナー氏による戦略転換が始動したタイミングである。コンシューマやマルチメディア、インターネット・ブラウザなどの分野で、多くの共同開発がスタートしている。この時期、インターネットや e ビジネスなど、IBM は急速にサービス・プロバイダーへと事業の軸を移している。これと連動するかのように、それらの事業を推進するためのアライアンスが活発化している。

　最後の 2001 〜 2002 年は戦略転換の効果が現れて以降である。このタイミングになると、コンピュータのハードウエア関係のアライアンスは少なくなる。逆に、従来の事業領域を超えた新しい分野でのアライアンスが増加している。例えば、通信分野ではシスコやノーザンテレコムと、モバイル分野ではノキア、エリクソン、NTT ドコモなどと、それぞれ新技術開発のプロジェクトを実施している。

　IBM の事業領域とアライアンスの内容を対比すると、アライアンスが事業転換を牽引する役割を果たしていることがわかる。目指すべき事業の方向を定めたら、それを推し進めるのに適したアライアンスの枠組みを構築する。既存事業分野におけるパートナーとの関係を緩め、新規事業分野でのパートナーとの協力関係を強化することで、事業転換の実現を図っているので

ある。

　通常、大きな組織であるほど方向転換することは難しい。組織には慣性力があり、変化を阻止しようとする力が必ず働くからである。大企業が事業の転換を成し遂げるためには、その慣性力を超える力が必要となる。IBM の場合、それがアライアンス・ネットワークのもつ牽引力であったというのが、この研究の結論である。

　目指すべき方向を決めたら、その方向への牽引役となるパートナーとの関係を築き、それを強化する。逆にその動きを阻害するパートナーとの関係を弱め、また時には組み替えを行う。こうして、アライアンス・ネットワークのもつ外からの力を活用して、事業の方向を転換していくのである。

（4）経営戦略とアライアンス戦略

　先に挙げた事例のいずれにも共通して言えることは、経営環境の変化をチャンスと捉え、パートナーのもつ力を活用しながら、そのチャンスを活かしていこうとする各社の戦略である。市場のグローバル化、リアルとネットの融合、ハードからソフトへの流れなど、これまでの事業のやり方では通用しない、また自社のもつ経営資源だけでは対応しきれない大きな環境の変化である。どのようにチャンスを取り込むか、どのように脅威を克服するか、それに対して出した答えがアライアンスなのである。

　無論、各社はアライアンスと同様、M&A も数多く行っている。必要な経営資源を社内で自ら育成する、すなわち内部成長を選ぶ事業もあるであろう。事業の位置づけに応じて、経営環境に応じて、あるいはパートナーとの関係に応じて、これらの戦略は使い分けられているはずである。

　経営戦略立案の基本は、自らの保有する経営資源を経営環境の変化に適合させることである【図表序-1】。しかし、大きな環境変化の中で、自らの経営資源だけではそれに対応できない状況が生じる。自社になければ、他社が保有する経営資源を活用せざるを得ない。このように、経営環境の変化に適合するために、パートナーの有する経営資源を活用することがアライアンスである。

　機能ごとに最適なパートナーを選んで組み合わせ、それぞれの関係を時に

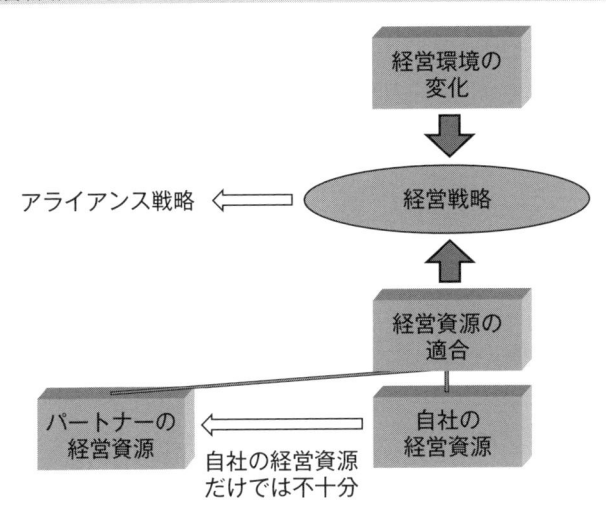

は強め、時には弱めながら進むべき方向を柔軟に見直していく。こうして自社のもつ力を最大限に引き出して、目指すべき事業の姿を実現するのである。この目標に向けて、どのパートナーのどの経営資源を、どのように活用するかの指針を示すのがアライアンス戦略である。

　アライアンスの対象となるのは、自社の外にあるあらゆる経営資源である。その範囲は限りなく広く、それを活用することで企業の活動範囲は大きく広がる。激しく変化する経営環境の中で、アライアンスは企業に幅広い経営の選択肢を提供する。アライアンスをいかにうまく操るか、その巧拙が企業の競争力を左右すると言っても過言ではない。

第 1 章

アライアンスの定義と分類
アライアンスとは何か

　これからアライアンスを論じていくのに先立ち、そもそもアライアンスとは何であるかを確認するのが本章の目的である。世の中では、売買や賃貸など様々な取引が行われている。アライアンスも企業間で行われる取引の1つである。ここでは、アライアンスは他の取引と何が違うのか、アライアンスであるために満たさなければいけない条件は何なのか、について明らかにする。

　さらに本章では、様々なアライアンスの形態を、体系的に把握するために用いられる分類方法を紹介する。アライアンスを分類することは、企業間の結びつきを整理するうえで有用である。しかし、実際に企業間で行われている取引が、その分類のいずれかに該当することは稀である。そこで、アライアンスを企業間における経営資源の交換として捉え、交換される経営資源の組み合わせに注目する視点を取り上げる。この視点を用いることで、取引の内容をより正しく具体的に把握できることを示す。

1　アライアンスの定義

（1）3つの基本条件

　最初に、アライアンスを定義することから始めよう。アライアンスとは何かについて、多くの研究者や専門家が様々な定義を提案してきた。その中から、ここでは最も広く引用されているYoshino & Rangan（1995）の定義を取り上げることにしよう。この定義によれば、企業間の結びつきがアライアンスであるための必要かつ十分な条件は以下の3つである【図表1-1】。

　第1の条件は、複数の企業が独立したままの状態で、合意された目的を追求するために結びつくことである。この条件のキーワードは「独立したまま

の状態」である。これは、一方の企業が他方の企業を支配する関係にはなく、それぞれが独自の判断に基づいて、自らの目的を達成するために取引を行うことを意味する。通常、親会社は子会社を支配する関係にあるので、親会社と子会社が共同で技術開発やマーケティングを行ったとしても、これはアライアンスとは言えない。

　また、資本関係がない企業どうしであったとしても、そこに実質的な経営の支配関係があれば、その企業間の結びつきはアライアンスとは言えない。例えば、自動車メーカーの系列下でその下請けを行っている部品メーカーが、自動車メーカー向けの特注部品を自動車メーカーと共同で開発したとしても、これはアライアンスとはならない。系列という構造の中で、自動車メーカーは部品メーカーの経営を実質的に支配しているからである。

　逆に、資本関係があってもそこに実質的な支配関係がなければ、企業間の結びつきはアライアンスとなり得る。例えば、経営に影響を与えない程度の少数出資や、名目的な意味しかもたない出資であれば、その出資を行った企業と出資を受け入れた企業との間の様々な戦略的な取り組みは、アライアンスとなることがある。

　第2の条件は、企業どうしがその成果を分け合い、かつその運営に対してのコントロールを行うということである。この条件のキーワードは「成果を分け合い」と「運営に対してのコントロール」である。一方の企業のみが成果を享受し、他方の企業が何も得るものがないのであれば、その関係はアライアンスとは言えない。例えば、ある企業が、退職した従業員が創業したベンチャー企業を支援するために、工場の遊休設備を無償で貸与したとする。ベンチャー企業はその設備を利用して様々な活動ができるが、その設備を提供した企業は、そこから何かを享受できるわけではない。従って、両社はアライアンス関係にあるとは言えない。

　また、一方の企業のみが運営に関わり、他方の企業がほとんど関わりをもたないような活動もアライアンスとは言えない。例えば、投資ファンドがベンチャー企業に出資する場合、その目的は投資に対するリターンを得ることである。通常、事業の運営はベンチャー企業の経営者に任せて、定期的な報告は受けるものの日常的な事業運営には関与しない。成果を分け合うことは

> (a)　複数の企業が<u>独立したままの状態</u>で合意された目的を追求するために結びつくこと
> (b)　企業どうしが<u>その成果を分け合い</u>、かつその<u>運営に対してのコントロール</u>を行うこと
> (c)　企業どうしがその重要な戦略的分野（技術・製品など）において、<u>継続的な寄与</u>を行うこと

Yoshino & Rangan (1995) に基づいて筆者作成

あっても運営が共同で行われてはいないので、投資ファンドとベンチャー企業との関係もアライアンスとはならない。

　第3の条件は、企業どうしがその重要な戦略的分野（技術・製品など）において、継続的な寄与を行うことである。ここでのキーワードは「継続的な寄与」である。すなわち、企業間の結びつきがアライアンスであるためには、取引が一時的ではなく、継続的である必要がある。ある企業が製品の展示会を行うイベント会場をビル管理会社から借りたとして、この企業とビル管理会社はアライアンスをしていることにはならない。会場を借りてその使用料を支払っておしまい、の一時的な取引だからである。

　ハイテク業界では多くの企業間で、特許クロスライセンス契約が結ばれている。製品の開発には広範囲の技術を使用するため、他社が有する特許権の実施許諾が必要となることがある。しかし、製品の開発を行うたびに特許権実施許諾について交渉を行うのは面倒なので、お互いに保有する特許を相手企業が使用することを認め合う、という取り決めを行う。これが特許クロスライセンス契約である。通常はこの契約を締結したら、それ以降はそれぞれの企業が独自に製品開発を行い、一緒に何かを行うということはない。その意味で、この取引は一時的である。従って、ライセンス契約を締結したからといって、両社がアライアンスを行ったことにはならない。

(2)　アライアンスと経営資源

　電機メーカーX社と旅行代理店Y社が次のような取引を行ったとする。X

社は社員が出張する際に、その手配をY社に委託する。その代わり、Y社は業務用に社員が使用するパソコンをX社から購入する。この関係を少なくとも今後5年間は継続するものとする。さて、X社とY社はアライアンス関係にあると言えるであろうか。

答えはノーである。確かに、X社とY社は独立しており、両社はこの取り決めに基づいて出張の手配やパソコンの購入を行う。これによってX社はパソコンの売上げが増え、Y社は旅行手配の手数料収入が期待できるので、この取引の成果を双方が享受できる。さらに、この関係は一時的なものではなく、少なくとも5年間にわたる継続的なものである。前項で述べたアライアンスの3つの条件はすべて満たしている。

しかし、この取引がアライアンスと言えない理由は、両社がこの関係の中で提供し合うものにある。X社がY社に提供するものはパソコンという製品であり、Y社がX社に提供するものは出張手配というサービスである。つまり、両社がそれぞれの製品・サービスを提供し合う関係にある。これはアライアンスではない。ある取引がアライアンスであるための前提は、そこで提供されるものが、それぞれが有する経営資源であるということである。

Hittら（2000）はアライアンスを「経営資源を分担することにより、競争力および業績を向上させようとする、複数企業間の協力的な取り組み」と定義している。Yoshino & Rangan（1995）の定義では明示的に示されていないが、この経営資源に注目することが、アライアンスを考えるうえで重要となる。経営資源とは人材、技術、資金など、企業が経営活動を行うために投入される資産である。企業は経営資源を投入して企業活動を行い、そこから製品やサービスを生み出す【図表1-2】。

経営資源は企業活動を行ううえで不可欠であり、まさにその存在が企業の競争力を左右する。そのため企業は必要となる経営資源を、できる限り自ら蓄積し保有しようとする。しかし、もし企業活動に必要な経営資源をその企業が保有しておらず、また許容できる時間とコストの範囲内でそれを蓄積することが難しいとしたら、どうすれば良いであろうか。選択肢として考えられることは、その経営資源を保有している他の企業をパートナーとしてそれを活用するか、もしくはそれを獲得することである。この他社が保有する経

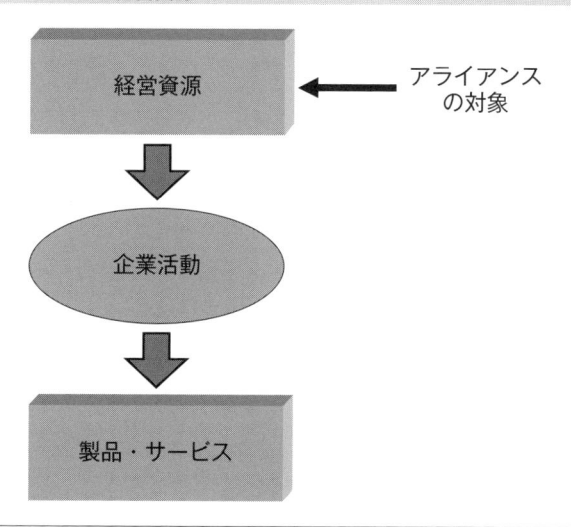

図表1-2　アライアンスと経営資源

営資源を活用するという行為がアライアンスなのである。

　すなわち、アライアンスでは取引の対象が経営資源であり、それを企業間でお互いに活用し合うことになる。ここで、アライアンスと他の取引との関係を整理すると**図表1-3**のようになる。他社が保有する経営資源を活用するのがアライアンスであるのに対して、それを獲得する取引がM&A（統合・買収）である。さらに、経営資源を対象とした取引がアライアンスやM&Aであるのに対して、製品・サービスを対象とする取引が賃借・リースや売買である。このようにアライアンスの前提は、経営資源を取引の対象としていることである。そのうえで前項に示した3条件が満たされていれば、その取引はアライアンスに該当することになる。

(3) アライアンスとコラボ

　雑誌やテレビで、アライアンスとは別にコラボ（Collaboration）という言葉がよく使われている。例えば最近、テレビの経済番組で、コラボとして次のような事例が紹介されていた。(a) コンビニと飲食チェーンが一体となった店舗を展開する、(b) 航空会社とフェリー運航会社が飛行機とフェリー・

図表1-3　アライアンスと他の取引との関係

行為／対象	活用する	獲得する
経営資源	アライアンス	M&A
製品・サービス	賃借・リース	売買

クルーズを組み合わせたツアーを販売する、(c) ネット銀行と野球場が銀行のローン契約者には野球場の入場料を半額にするというキャンペーンを展開する。ただ、コラボとは何かについて明確な定義は見当たらない。アライアンスとどのように区別して考えれば良いのであろうか。

　先に挙げた取引に共通しているのは、双方の顧客層をお互いに誘引し合うことで得られる相乗効果である。あるコンビニで買い物をする顧客が、同じ店舗内にできた飲食チェーンで食事をするようになる。その飲食チェーンの常連客が、食事のついでに同じ店舗内のコンビニで買い物をするようになる。それぞれがもっていた顧客との繋がりや顧客からの信頼を、お互いに提供し活用し合う取引である。

　顧客との関係や、それを支える企業イメージ・ブランドは、企業にとっての重要な経営資源である。コラボではこれらをお互いに活用し合う。すなわち、取引の対象は経営資源である。従って、双方の企業が独立してその成果を分け合い、かつその関係が継続的であれば、これはアライアンスの1つの形態であると考えられる。

　アライアンスは開発、生産から販売まで、バリューチェーンの中の様々な活動で行われるが、コラボは販売という顧客との接点で行われることが多い。また、パートナーが共同で作業することは少なく、それぞれが従来どおりの活動を行いながら、ある取り決めを行うことによって相乗効果を生み出す。コラボとは、比較的手軽に何らかの取り決めを行うことで実現されるアライアンス、と考えて良いであろう。

2 アライアンスの分類

（1）契約的結合と資本的結合

　アライアンスは企業と企業の結びつきとして捉えることができる。ここでは Yoshino & Rangan（1995）に従って企業間の結合を整理しつつ、アライアンスの形態についての分類を行う【図表1-4】。まず企業間結合は大きく、契約に基づいて結びつくもの（契約的結合）と、資本に基づいて結びつくもの（資本的結合）とに分類することができる。無論、どのような企業間の結びつきも、契約を取り交わすことが前提である。契約を伴わない企業間結合というものは原則としてない。しかし、そこにさらに資本関係が加わると、企業間の結びつきはより強固なものとなる。

　従って最初の分類は、資本関係をもつかもたないかに基づくものと考えて良い。このことを明確にするために、契約的結合と資本的結合という代わりに、非資本的結合と資本的結合という用語が使われることもある。

　契約的結合は、資本的結合と比較してその柔軟性に特徴がある。環境の変化が大きい場合、状況の不確実性が高い場合など、企業関係を見直す必要に迫られることがある。契約的結合であれば、契約書の条件の見直しを双方が合意すれば、比較的容易に対応することができる。それに対して、資本関係が構築されている場合は、資本関係の見直しや解消を行うのは容易なことではない。経営環境の変化が大きい業界ほど、資本的結合を避けて契約的結合に基づくアライアンスが多用される傾向があることが、実証的に示されている（Chen,2003）。

（2）伝統的契約と非伝統的契約

　さて、Yoshino & Rangan（1995）は契約的結合をさらに、伝統的契約（Traditional Contracts）と非伝統的契約（Non-traditional Contracts）という2つのタイプに分類している。伝統的契約とは一時的もしくは短期的なもので、市場取引に近い企業関係を意味する。通常の売買、フランチャイズ、ライセンス、クロスライセンスなどが、このような取引に含まれる。前節で述べたように、特許ライセンスで得た権利は継続するが、取引そのものは一時的で

ある。ライセンス契約を締結した後に双方が、何か共通の目標に向けて共同で作業することはなく、それぞれがそれぞれの活動の中で、ライセンスで得た権利を活かすだけである。従って、この取引は一時的な伝統的契約として分類される。

　一方、非伝統的契約とは、長期的かつ戦略的な取り組みを、両社が共同で行うために締結する契約である。共同研究、共同製品開発、生産委託、共同生産、共同マーケティング、販売協力、研究コンソーシアムなどが含まれる。契約を締結した後も、両社は共通の目標に向けてそれぞれの寄与やコントロールを継続的に行い、その成果を享受することになる。

(3) 資本移転、資本創出、資本解消

　もう1つの資本的結合も、資本移転、資本創出、資本解消の3つに小分類することができる。資本移転とは、ある企業の資本（株式）を他社から取得することにより、その企業と結びつく取引である。少数出資や株式交換がこれに該当する。その企業の株主が保有している株式を購入することが少数出資、自社の株式をその対価とすることが株式交換である。取得する株式が過半数を超えると買収と見なされるので、資本移転における出資は少数出資に限定される。

　資本創出は、新たな資本を提供し合って、共通の目的を達成するための合弁会社（JV：Joint Venture）を設立する取引である。合弁会社には、双方が50%：50%ずつ出資して対等な関係にあるもの（対等JV）と、一方が多数出資、他方が少数出資という非対等な関係にあるもの（非対等JV）とがある。

　資本解消に該当する取引はM&A（統合・買収）である。統合が行われることで、被統合企業は統合企業の一部となり、買収が行われることで、被買収企業は買収企業の経営支配下に置かれる。それぞれの企業の資本の位置づけが大きく変わることになる。

　ここで示した資本的結合では、いずれも資本関係をもつことによって、企業と企業が強く結びつくことになる。資本移転によって相手企業に出資を行う、資本創出によって共同で合弁会社を設立する、あるいは資本解消で両社の経営が一体化するというように、単に契約関係のみで結びついた場合と比

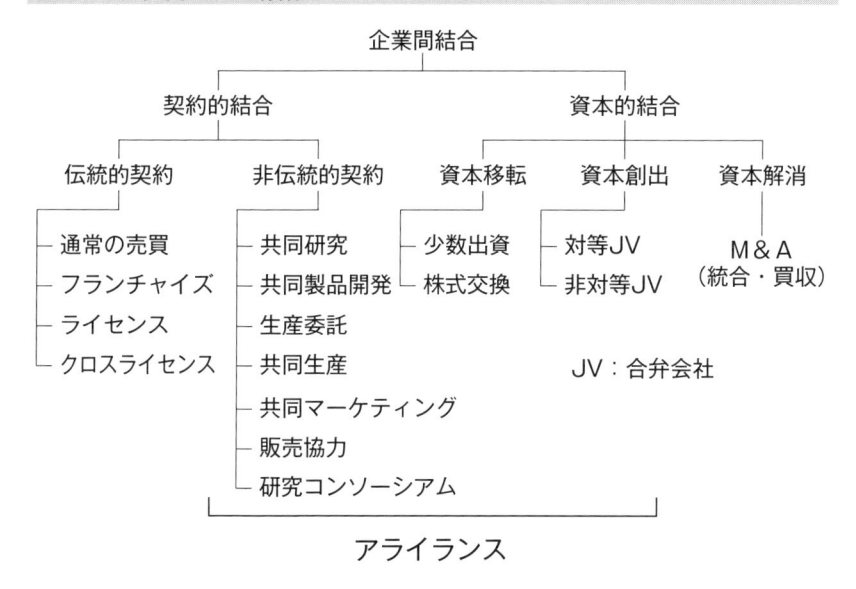

図表1-4 アライアンスの分類

企業間結合

契約的結合　　　　　　　　　資本的結合

伝統的契約　　非伝統的契約　　資本移転　　資本創出　　資本解消

- 通常の売買
- フランチャイズ
- ライセンス
- クロスライセンス

- 共同研究
- 共同製品開発
- 生産委託
- 共同生産
- 共同マーケティング
- 販売協力
- 研究コンソーシアム

- 少数出資
- 株式交換

- 対等JV
- 非対等JV

M&A
（統合・買収）

JV：合弁会社

アライアンス

Yoshino & Rangan (1995)に基づいて筆者作成

べて、はるかに強固な企業関係が作られる。いったん構築した資本関係を解消することや、設立した合弁会社を解消することは容易ではない。統合や買収を行った企業を、元の独立した関係に戻すことは困難である。

　このように資本的結合は契約的結合と比べて柔軟性に欠ける。環境変化が大きく不確実性の高い状況では、リスクを伴う取引であると言えよう。しかしその一方で、より強固な関係を構築することになるため、お互いのコミットメントのレベルは高い。困難に直面しても、それを何とか乗り越えようとするお互いの強い意志が働くことになる。長期的かつ戦略的に重要なアライアンスを行う場合には、資本関係を伴うケースが数多く見られる。

（4）アライアンスの範囲

　以上、企業間結合はその結びつき方によっていくつかに分類されたが、このうちアライアンスに該当するのはどれであろうか。前節で紹介したアライアンスの3条件に照らして考えてみよう。**図表1-4**の左端の列にある伝統的

契約は、一時的もしくは短期的な取引である。継続的にお互いが寄与とコントロールを行う関係ではない。従って3条件のうち、第2の条件（「成果を分け合い」「運営に対してのコントロール」）と第3の条件（「継続的な寄与」）を満たしていないので、これに含まれる取引はアライアンスとは言えない。

また、右端の列にある資本解消では、統合や買収が行われることで両社は一体となるか、もしくは一方が他方を支配する関係になる。従って、「独立したままの状態」を求める第1の条件を満たさない。これらはM&Aと呼ばれる取引であり、やはりアライアンスとは区別される。

結局、左端と右端の列の間に位置する3つの列、すなわち非伝統的契約、資本移転、資本創出に含まれる企業間結合が、アライアンスに該当することになる。

3　経営資源の交換としてのアライアンス

（1）形態的分類の限界

前節で示したアライアンスの分類方法は、企業間の結びつき方を整理するのに有用である。それが契約に基づくものか資本に基づくものか、またその契約は伝統的なものか非伝統的なものかなど、その形態に基づいて体系的に把握することができる。さらに、ある特定の企業関係がどのような位置づけにあるか、また別の企業関係と比べて何がどのように異なるか、などを理解するのにも役にたつ。しかし、実際に行われるアライアンスをこの分類（これを形態的分類と呼ぶことにする）に基づいて把握することは、以下に述べるようにいくつかの限界がある。

第1に、アライアンスに形態の名称をつけて分類することからくる限界である。例えば、共同開発という形態をとるアライアンスにも、様々な目的や内容をもつものがある。大企業どうしが、開発費や技術者の負担を分担することを目的に行うプロジェクトもあれば、ベンチャー企業のもつ技術や人材を活用し、大企業が資金や生産設備を提供して行う開発もある。これらは形態的分類に基づいて名称をつければ、いずれも共同開発と呼ばれることになるが、そこで行われている取引の目的や特徴は全く異なる。すなわち、異な

る種類のアライアンスとして認識されるべきである。それにもかかわらず、これらを共同開発として同じ分類の中に位置づけることは適切ではない。

　第2に、実際に行われるアライアンスが、この分類で示されたいずれかの企業関係と合致することはほとんどない。例えば、企業どうしがある製品の共同開発を行うとする。そのためにはまず、お互いがもっている技術を相互に活用できるように、クロスライセンスの取り決めを行う必要がある。なぜなら、共同開発には双方の固有技術（これをバックグラウンド技術と呼ぶ）が使われるため、相手の固有技術のライセンスを得ておかないと、共同開発の成果を使用することが知的財産権の侵害になってしまうからである。すなわち、共同開発を行うにあたってクロスライセンスの取り決めを行うことはその前提であり、ほとんどの場合、これら2つのアライアンスは一体となって行われる。共同開発だけという取引は、まず存在しない。

　また共同で開発された製品の生産を、生産委託や共同生産のようなアライアンスとして行うこともあるし、その製品の販売を共同マーケティングや販売協力の中で行うこともある。あるいは、その製品に関する事業を、合弁会社を設立して共同で運営することもあり得る。このように、実際に行われるアライアンスでは、様々な企業間結合が複合的に組み合わさるため、それを形態的分類のいずれかに対応させることは現実的でない。アライアンスの形態的分類は、個々の企業間結合の位置づけを大雑把に把握するには有用であるものの、実際のアライアンスの内容を認識するうえでは限界がある。

（2）経営資源に注目する視点

　それでは、アライアンスでどのような取引が行われているか、言い換えればアライアンスの「正体」を示すには、どのような方法が適切なのであろうか。ここでは、企業間で交換される経営資源に注目してアライアンスを捉える視点を紹介する。先に示したようにアライアンスは、それぞれの企業が有する経営資源を対象とした企業間の取引である。X社が必要とする経営資源をY社が保有し、Y社が必要とする経営資源をX社が保有している時、お互いに相手の保有する経営資源を活用し合うこと、そのためにそれぞれの経営資源を提供し合うことがアライアンスである。

図表1-5　経営資源の交換としてのアライアンス

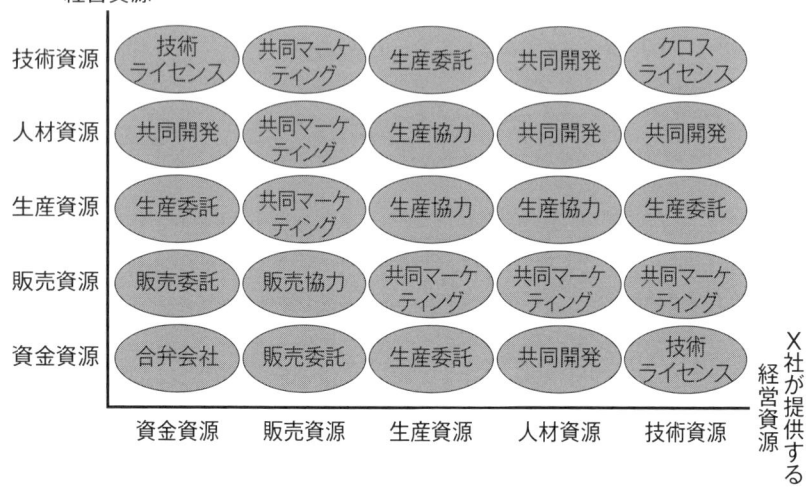

　経営資源には様々な種類があるが、ここでは Chatterjee & Wernerfelt（1988）に従って、技術資源、人材資源、生産資源、販売資源、そして資金資源の5つを取り上げる。そして、**図表1-5**に示すように、一方の企業（X社）が提供する経営資源を横軸に、他方の企業（Y社）が提供する経営資源を縦軸に置くと、それらが交わったところにアライアンスが成立する。例えば、X社が技術を提供し、Y社がそれに対して資金を提供すれば、それらが交わったところでは技術ライセンスが行われる。双方が技術を提供し合えば、それはクロスライセンスとなる。

（3）経営資源の組み合わせ

　図表1-5では、提供される様々な経営資源の組み合わせに対して、それに対応するアライアンス形態の名称が付されている。同じ形態のアライアンス（例えば共同開発）がいくつも異なる交点に示されているのは、その中身、すなわちどのような経営資源が提供されているかが、それぞれ異なるからである。また、一方の企業が複数の経営資源（例えば生産資源と資金資源）を提供

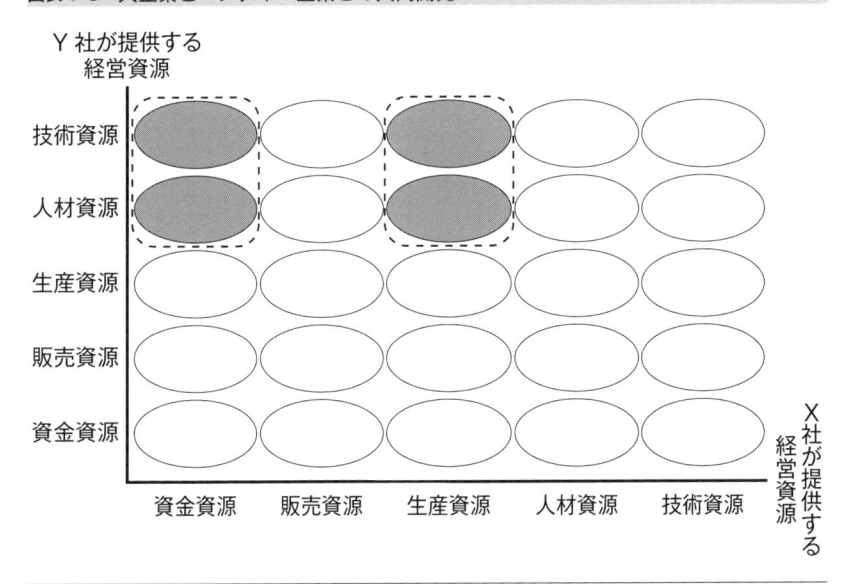

図表1-6　大企業とベンチャー企業との共同開発

し、他方の企業も複数の経営資源（例えば技術資源と人材資源）を提供すれ
ば、そのアライアンスは、それぞれの経営資源間の交わりの集合として表現
することができる。

　例えば、（1）項で例として挙げた大企業（X社：生産資源と資金資源を提供）
とベンチャー企業（Y社：技術資源と人材資源を提供）が行う共同開発は、**図
表1-6**のように表現することができる。それに対して、大企業どうし（X社
とY社）がそれぞれ技術資源、人材資源、資金資源を分担して行う共同開発
は、**図表1-7**のように表現される。形態的分類では同じ共同開発として分類
されたアライアンスが、経営資源の提供のされ方で表現すると全く異なる姿
を示す。これは、同じ共同開発と呼ばれても、それらは全く異なるアライア
ンスであることを意味している。

　アライアンスとは企業間で行われる経営資源の取引である。どのような経
営資源とどのような経営資源がどのように提供されるかが、そのアライアン
スの「正体」である。共同開発や共同マーケティングなどの名称が付された
としても、その名称によってアライアンスの本質を示すことはできない。一

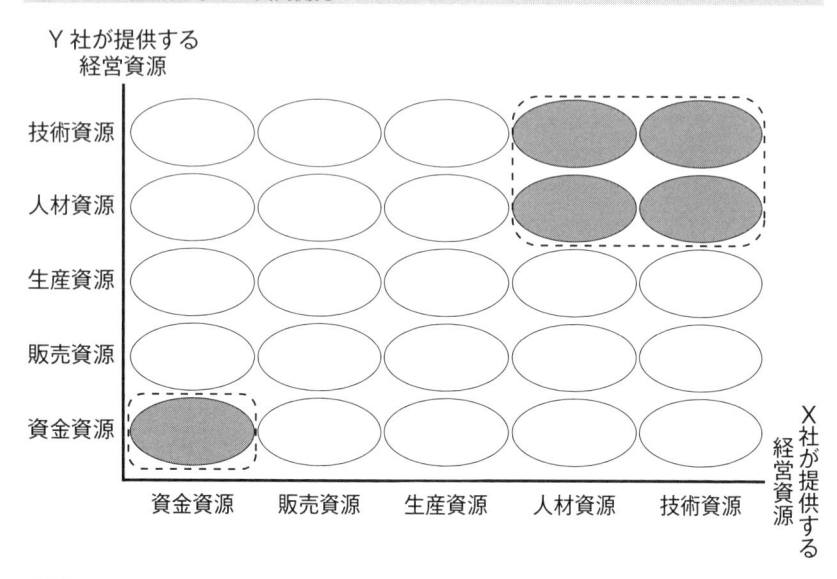

図表1-7　大企業どうしの共同開発

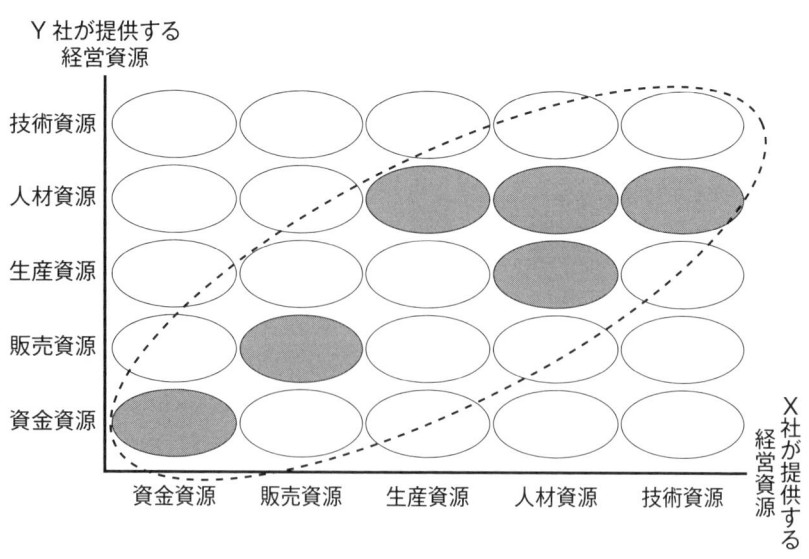

図表1-8　アライアンスを示す絵姿

方の企業が提供する経営資源は何か、他方の企業が提供する経営資源は何か、そしてそれらがどのように取引されるかを示す絵姿こそが、そのアライアンスの本質を示しているのである【図表1-8】。

第 2 章

アライアンスの理論
企業はなぜアライアンスを行うのか

　経営学の理論は、企業がなぜある行動をするのか、なぜそれがある結果を
もたらすのかなど、企業経営に伴う様々な事象についてその理由を説明す
る。企業はなぜアライアンスを行うのかという問いに対しても、経営学の理
論は様々な視点から説明を行う。アライアンスを行うことは、実はとても面
倒で厄介なことである。パートナーとの調整に時間をとられ、時には立場が
対立する。パートナーが力をつければ、ライバルとして自らを脅かす存在に
なるかもしれない。自社単独であれば思いのまま行えることでも、アライア
ンスではそうはいかない。それでも企業がアライアンスを行うのはなぜなの
であろうか。

　アライアンスのすべてを1つの理論で説明することは不可能である。異な
る理論が異なる視点からアライアンスを論じているが、それらを包括的に把
握することが、アライアンスという複雑な事象を理解するために必要であ
る。本章では、資源ベース理論、取引コスト理論、知識ベース理論、リア
ル・オプション理論、社会ネットワーク理論の5つの経営理論を取り上げ、
それぞれについてアライアンスがどのように論じられているかを紹介する。

1　資源ベース理論

（1）経営資源とは何か

　資源ベース理論は、企業をそれが保有する経営資源の集合であるとみな
し、その経営資源に注目して企業の行動や成果を説明する理論である【図表
2-1】。経営資源とは、企業活動に投入されて製品やサービスを生み出す資産
で、技術資源、人材資源、生産資源、販売資源、資金資源など、いくつかの
カテゴリーに分類できる（Das & Teng, 1998）。企業はこれらの経営資源を活用

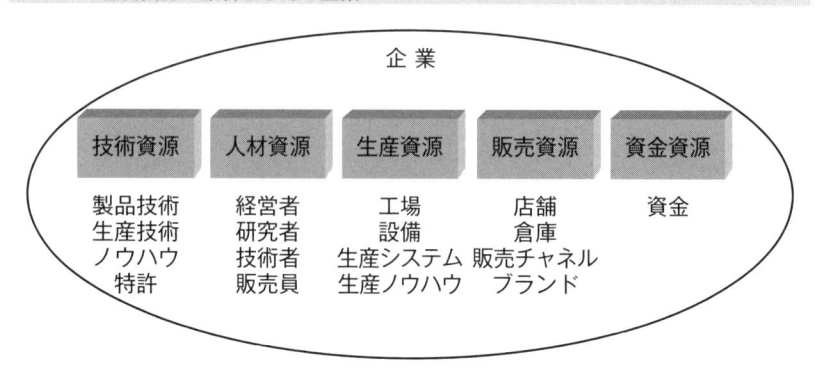

して最大の価値を生み出すように行動する。

Barney（1997）は、以下の4つの視点から経営資源を評価している【図表2-2】。

(a) 価値（Value）：その経営資源に、どの程度の価値があるか。

(b) 稀少性（Rarity）：その経営資源を市場で入手することが、どの程度難しいか。

(c) 模倣困難性（In-imitability）：その経営資源を模倣することが、どの程度難しいか。

(d) 組織との一体性（Organization）：その経営資源を組織から切り離すことが、どの程度難しいか。

この4つの視点から経営資源を評価する分析手法を、その頭文字をとってVRIO分析と呼ぶ。価値があるほど、稀少性があるほど、模倣困難性があるほど、そして組織との一体性があるほど、そのような特徴を有する経営資源は競争優位の源泉となる。

（2）経営資源を入手する方法

さて今、企業が経営資源を活用して、最大の価値を実現すべくある事業を運営しているとしよう。ただ、価値最大化のために必要となる経営資源のうち、あるものを自社で保有していなかったとする。この企業は価値最大化を

図表2-2　VRIO分析における4つの視点

(a)	価値： (Value)	どの程度の価値があるか
(b)	稀少性： (Rarity)	市場で入手することが、どの程度難しいか
(c)	模倣困難性： (In-imitability)	模倣することが、どの程度難しいか
(d)	組織との一体性： (Organization)	組織から切り離すことが、どの程度難しいか

Barney(1997)を参照して筆者作成

目指して行動するので、この不足している経営資源を何らかの方法で入手しなければならない【図表2-3】。経営資源を入手する方法は4つある【図表2-4】。

　第1の方法は、もしそれが市場で売買されているのであれば、市場取引によって購入することである。第2の方法は、必要とする経営資源を社内で育成することである。必要な人材を社内教育で育てることや、必要な技術を研究所で開発することなどである。このような社内育成による入手の方法を、内部成長と呼ぶこともある。第3の方法は、もし必要とする経営資源を保有する企業があれば、その企業とアライアンスを行うことによりその経営資源を活用することである。さらに第4の方法として、その経営資源を保有する企業を買収するということも考えられる。

　このように、経営資源を入手する方法はいくつか考えられる。しかし、もしその経営資源が先ほど挙げたVRIOの特徴を有していたとすると、その選択肢は限られる。まず、稀少性があるということは、それが手に入りにくいということである。すなわち、市場取引で入手することはそもそも難しい。次に模倣困難性があるということは、それが市場で取引されていることは稀であり、また社内で育成することも難しいということである。模倣が容易であれば、誰かが真似をして市場で販売するであろうし、また自ら真似をしながら社内で育成することも可能であろう。しかし、模倣困難な経営資源に対しては、それができない。

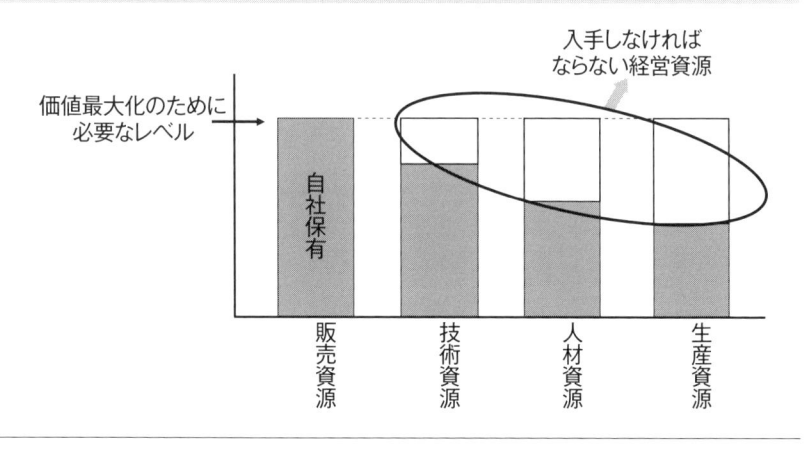

さらに、それを保有している企業の組織と一体化した経営資源は、その組織を離れると価値を失う。従って、市場取引や内部成長によって同等の価値をもつ経営資源を入手することは不可能である。このように、VRIOの特徴を有する経営資源は、市場取引や内部成長では入手することができない。残された選択肢としては、アライアンスかM&Aということになる。

（3）アライアンスかM&Aか

アライアンスかM&Aかという選択が残ったとして、このどちらを選択するかは、いくつかの要因に基づいて判断される。例えば、必要としているものが特定の経営資源であるか、あるいは経営資源のセットとしての事業であるか、という点が1つの判断基準となる。

もし必要としているものが特定の経営資源であるならば、その経営資源を対象としたアライアンスを行えば良い。技術資源を必要としているならば技術ライセンスでそれを導入し、販売資源を必要としているならば販売委託でそれを活用する。特定の経営資源を必要としているにもかかわらず買収を行うと、相手企業が有するすべての経営資源をセットとして獲得することになり、本来は必要としない経営資源まで手に入れることになる。不要な経営資源を処分するにはコストがかかるので、これは非効率な選択である。

図表2-4　経営資源を入手する方法

> (a)　市場取引　（市場で購入する）
>
> (b)　内部成長　（社内で育成する）
>
> (c)　アライアンス　（他社の保有する経営資源を活用する）
>
> (d)　M&A　（他社の保有する経営資源を獲得する）

　逆に、セットとしての経営資源を必要とする場合には、個々の経営資源ごとにアライアンスを行うのは非効率である。その企業を買収することで事業に必要なすべての経営資源をまとめて入手することが、効率的な選択となる。このように、必要とする経営資源と相手企業が有する経営資源とがどのように適合しているかが、アライアンスかM&Aかの選択に影響する。

　もう1つの判断基準として、柔軟性とスピードとの間のトレードオフがある。アライアンスの枠組みは状況の変化に応じて、比較的柔軟に見直すことができる。それに対してM&Aでは、いったん実行するとその取引を見直すことはできない。想定していなかった環境変化が起こり、買収した事業が負担となってしまっても、売却した相手と再交渉することは難しい。その意味で、アライアンスと比較して、M&Aはリスクが大きい取引である。

　一方、アライアンスではパートナーと協議しながら進めなければいけないので、何事にも時間がかかる。それに対してM&Aでは、このような調整の手間は不要である。獲得した事業や経営資源は、自らの思いどおり自由に活用することができる。従って、アライアンスと比較して、M&Aは迅速な対応が可能となる。このように、リスクを避けて柔軟性をとるか、リスクを冒してでもスピードをとるかはトレードオフの関係にある。このどちらを重視するかが、アライアンスかM&Aかの選択を判断する際のもう1つの要因である。

　以上、資源ベース理論の視点に基づいて、企業がなぜアライアンスを行うかについて述べてきた。これをまとめると**図表2-5**のようになる。

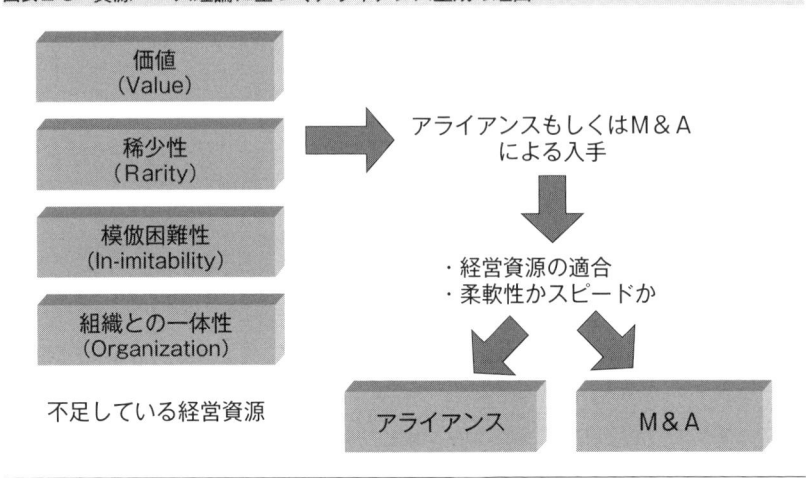

図表2-5　資源ベース理論に基づくアライアンス生成の理由

2　取引コスト理論

（1）取引コストとは何か

　資源ベース理論が価値の最大化という視点から企業の行動を説明するのに対して、取引コスト理論はコストの最小化ということに焦点を当てる。取引コスト理論は企業がどのような活動を内部に取り込み、どのような活動を市場取引に委ねるか、すなわち企業境界をどこに設定するかについて、取引コストという概念を用いて説明する（Williamson, 1975）。ここで取引コストとは、企業の行動を制約する限定合理性と機会主義のもとで、他社との取引において発生する一連のコストのことである。

　限定合理性とは、限られた情報能力の中で、意図的かつ合理的にしか行動できないという制約である。情報で満ち溢れた社会になったとしても、世の中で起きていることすべてを知ることはできない。これから起きることを、完全に正しく知ることもできない。限られた情報や限られた能力の中で、最も合理的と考えられる選択をして行動せざるを得ない。もう1つの機会主義とは、自らの利益のために、時として相手との約束を反故にしたり相手を騙

したりする可能性があるということである。相手に不利益となることがわかっていたとしても、自らの利益を優先した行動がとられる。

　さて、限定合理性と機会主義が前提となる世界では、第三者との取引において様々なことに労力を費やさねばならない。例えば、将来何が起きるかわからないので、色々な状況を想定しておく必要がある。会社が倒産したらどうするか、天災で操業を継続できなくなったらどうするか、など数限りないケースを想定した協議が行われる。

　また、相手が約束を反故にすることがないよう、あるいは相手に騙されることがないよう、詳細な契約書を作成する。約束を守らなかったらどのような罰則を与えるか、それが原因で損害を被ったらどのように責任をとらせるか、なども契約書に詳しく規定する。さらに、契約書で決めたことを相手が履行しているかどうか、絶えず注意深く観察することも怠ることはできない。

　これら一連の作業に要する労力は、もし仮に限定合理性や機会主義という前提がなければ、必要ないものである。将来生じることがすべてわかるのであれば、あるいは相手が絶対に約束を反故にしたり騙したりすることがなければ、詳細な契約書を準備することも、その履行を監視し続けることも不要となる。その意味でこれらの労力は、限定合理性と機会主義という前提があるが故に発生する取引上の“無駄”である。そして第三者との取引において発生するこのような無駄が、取引コストである。

　取引コストの大きさに影響する要因がいくつかある。ここでは、資産特殊性、環境不確実性、取引頻度の3つを取り上げる（Mclvor, 2009）。資産特殊性とは、特定の取引相手との関係においてのみ、資産が価値を有する程度である。資産特殊性が大きい状況では、相手との関係が壊れると、せっかく投資した資産の価値がなくなってしまう。従って、そのようなことが起きないよう、万全を期した対応が必要となる。環境不確実性とは、取引を取り巻く環境が不確実で、将来を予測することが難しい程度である。不確実性が大きいと、限定合理性の影響が顕著となるため、より多くの状況を想定した準備が求められる。そして取引頻度とは、取引が繰り返し行われる程度を意味する。取引頻度が大きいと、問題が生じた場合の影響も大きくなるので、より

詳細な契約書を準備し、頻繁に相手の行動を監視することが必要となる。このように資産特殊性が大きいほど、取引環境の不確実性が大きいほど、そして取引頻度が大きいほど、取引に伴う"無駄"が増え、取引コストは大きくなる。

（2）市場取引と内部生産

　コストを最小化するという行動原則に従えば、取引コストが小さい場合は、市場取引が効率的な選択となる。活動をなるべく市場取引に委ねることで、社内で発生するコストを抑え、全体コストを最小化することができる。逆に、取引コストが大きい場合は、コスト負担の大きい市場取引を避け、その活動をなるべく企業内部に取り込むことが効率的な選択となる。企業内部での活動は情報の透明性が高く、また統制も利いているので、限定合理性や機会主義に起因する問題は軽微だからである。

　むろん活動を内部化すると、それに伴う内部コストを負うことになる。これまで外部に委託していた製品の生産を内部に取り込めば、その活動に伴う運営コストや管理コストが発生する。内部生産を行うのに、その準備や立ち上げに時間がかかれば、その間の機会損失も追加コストとなる。すぐに生産を立ち上げるために、他の企業を買収するという方法もある。確かに、買収は内部化を迅速に行うための有効な施策である。しかし、異なる企業文化をもつ企業を内部に取り込み、異なる業務ルーチンに慣れた従業員を雇用すると、管理上の負担が生じる。これも内部化に伴って新たに生じる内部コストである。取引コストを小さくできたものの、内部コストの負担が大きくなり、結果的に全体のコストが増加してしまっては、内部生産を行うことが正当化できない。結局、取引コスト＋内部コストの全体コストが、どのような活動形態で最小化されるかを評価することが必要となる。

（3）アライアンスによるコストの最小化

　ここで、市場取引と内部生産の中間形態としてアライアンスを加え、この3つの形態が全体コストという視点で、どのような関係にあるかを考えてみよう。企業が製品に使われる部品を調達するケースを想定し、これを（a）

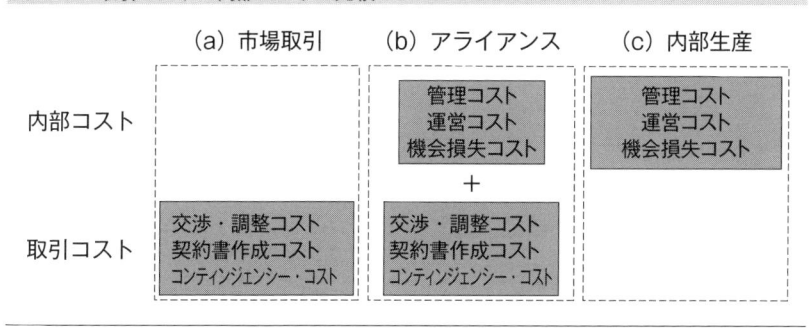

図表2-6　取引コスト＋内部コストの比較

	（a）市場取引	（b）アライアンス	（c）内部生産
内部コスト		管理コスト 運営コスト 機会損失コスト	管理コスト 運営コスト 機会損失コスト
		＋	
取引コスト	交渉・調整コスト 契約書作成コスト コンティンジェンシー・コスト	交渉・調整コスト 契約書作成コスト コンティンジェンシー・コスト	

市場取引でサプライヤーから購入する、（b）パートナーとアライアンス（合弁会社）を行い共同で生産する、（c）内部生産を行う、の3つの場合で比較する【図表2-6】。

　まず市場取引では、サプライヤーとの間で交渉や調整を行う、契約書を作成する、予期しない事態（コンティンジェンシー）に備えて準備をするなど、様々な取引コストが発生する。しかし、社内で生産することはないので、内部コストは無視できる。一方、部品の内部生産を行う場合は、生産のための管理・運営などに内部コストが発生する。準備に時間がかかれば、機会損失コストが生じるかもしれない。しかし、すべて社内の活動になるので、他企業との取引コストは発生しない。

　さて、アライアンスの場合はどうであろうか。パートナーと共同で管理・運営を行うため、そのための内部コストも取引コストも発生する。しかしパートナーと共同生産を行い、その負担を折半することができるので、単独で行う内部生産と比べれば、内部コストは小さくなる。また、パートナーとは長期的な信頼関係を築けるので、限定合理性や機会主義の影響は軽減され、一時的な市場取引と比べれば取引コストは小さくなる。このようにアライアンスは内部生産と比べて内部コストは小さく、また市場取引と比べて取引コストは小さくなる。それでは取引コスト＋内部コストの全体コストはどうであろうか。

　もし**図表2-7**に示すように、アライアンスが取引コスト＋内部コストを最小化できるならば、企業はアライアンスを選択するであろう（Das & Teng,

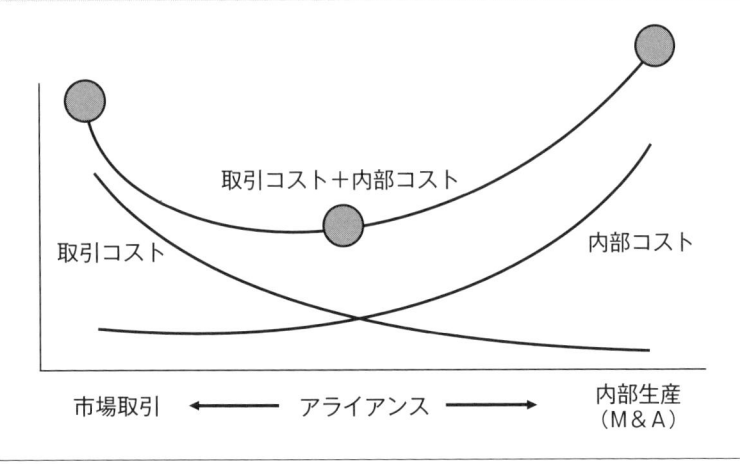

2000)。取引コストと内部コストとの関係に応じて、内部生産がこの値を最小化する場合もあれば、市場取引が最小化する場合もあるであろう。そのような場合には、企業は内部生産もしくは市場取引を選択する。なお先に述べたように、買収は内部化のための施策である。買収に伴って新たな内部コストが発生するが、相手企業は支配下に置かれるので取引コストはゼロとなる。アライアンスを行うかM&Aを行うかの選択は、この取引コスト＋内部コストの比較に基づいて行われる。

　本節では、取引コスト理論の視点に基づき、企業がなぜアライアンスを行うかについて述べてきた。これをまとめると図表2-8のようになる。

3　知識ベース理論

（1）知識の特徴

　知識は無形の経営資源である。技術、ノウハウ、顧客データ、管理手法などはいずれも知識として、競争優位の源泉となる重要な経営資源である。従って、知識に注目してアライアンスを論じる知識ベース理論は、広い意味での資源ベース理論に含まれると考えて良い。知識のマネジメントには、主として2つの目的がある。1つは知識をいかに創出するか、もう1つは知識を

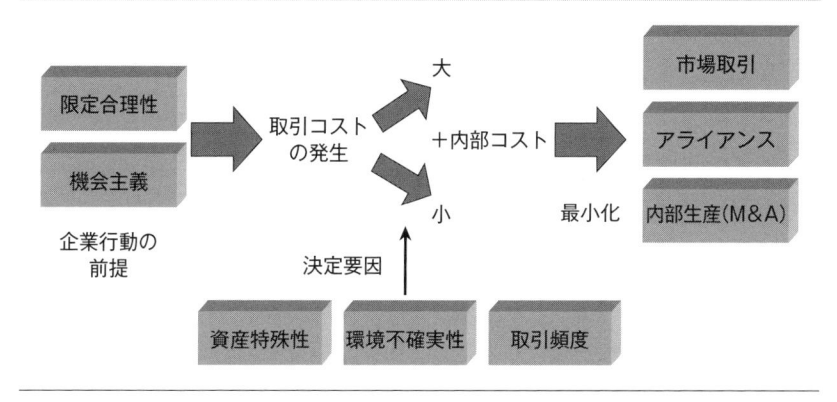

図表2-8　取引コスト理論に基づくアライアンス生成の理由

いかに活用するかである。従って、知識ベース理論は、知識の創出と知識の活用を効率化する、という視点からアライアンスを論じることになる。

　知識という経営資源にはいくつかの特徴がある。それらを整理すると以下のようになる（Grant & Baden-Fuller, 2004）。

(a)　規模の経済：知識はそれを創出するコストと比較して、再生・複製するコストが小さい。従って、大量に活用するほど、より効率的になる。

(b)　範囲の経済：知識は様々な分野に応用することができ、そのための再生・複製のコストは小さい。従って、広範囲の分野に活用するほど、より効率的になる。

(c)　専門化：知識は人間によって創出され蓄積されるが、個々人がもつ能力には限界がある。従って、個々人が専門化する方が、知識の創出や蓄積はより効率的になる。

(d)　融合：ある製品やサービスを提供するには、様々なタイプの知識が必要となる。広範囲な知識の融合によって、知識の活用はより効率的になる。

　このような特徴を考慮すると、知識の創出と活用にとって重要なことは、専門化を進めながら、広範囲な知識を融合させ、それを広範囲な製品やサービスに大量に活用するということになる。

(2) 市場取引、アライアンス、内部生産

　さて、専門化された知識を広範囲に融合することに注目して、アライアンスを市場取引や内部生産という他の選択肢と比較してみよう。専門化された知識の融合に関して、市場取引にはいくつかの困難さが伴う。まず、知識のような無形資源の受け渡しは、有形資源の受け渡しと比べて難しい。提供する側と提供される側との間で、一定のルーチンが求められるからである。市場取引における知識移転のルーチンも存在はするが、それは企業内で確立されたルーチンと比べると完全ではない。

　また知識を提供される側からすると、それを開示してもらわないとその価値を評価できない。しかし知識を提供する側からすると、いったんそれを開示してしまったら、取引が成立しなかった場合のダメージは大きい。この取引を成立させるために、双方の間で様々な駆け引きが行われ、そのための取引コストは大きくなる。それに比べると、企業内で完結させる内部生産の方がはるかに効率的である。社内では知識移転のためのルーチンが確立し、従業員間で共有されている。また命令系統に基づく統制が行われるので、無駄な駆け引きも不要である。

　さて、市場取引や内部生産と比較してアライアンスはどうであろうか。アライアンスは長期的な関係を前提としているので、パートナー間で知識移転を繰り返すことにより、一定のルーチンが構築される。また、お互いがもっている知識の内容やレベルについて理解でき、かつ相互に信頼関係もできているので、その受け渡しはスムーズに行える。従って、市場取引と比べると、アライアンスはより効率的に知識移転を行うことができる。

　しかし、このような利点は内部生産と比べると十分ではない。内部生産の方が企業内において、よりオープンに知識に関する情報が共有され、明確な知識移転のルーチンが確立され、知識移転の実行に関する指示が徹底されるからである。従って、アライアンスが選択されるためには、内部生産に勝る何らかの利点が存在しなければならない。

　先に述べたように知識マネジメントで重要なことは、専門化を進めて広範囲に知識を融合することである。しかし、知識の範囲が広範になればなるほ

ど、専門化や融合を単一の企業内で行うことは非効率となる。なぜなら、企業にはそれ固有の文化や価値観があり、それに従って仕事のスタイルやルーチンが出来上がる。知識の範囲が広がり、その内容が多様になるほど、それぞれの知識に適したスタイルやルーチンは異なったものとなるからである。

このような状況で、すべての知識を1つの企業内で完結させようとすることには無理がある。それぞれの知識に合ったスタイルやルーチンを有する複数の企業がそれぞれの分野で専門化し、そのうえで連携しながら融合を進めた方が効率性ははるかに高まる。すなわち、知識の範囲の広がりとともに、アライアンスの優位性が増すのである。

(3) 知識ドメインと製品ドメイン

規模の経済と範囲の経済は、知識がもつ大きな特徴である。従って、企業経営において知識を考えるうえで、どの範囲の知識を保有し、それをどの範囲の製品に活用するかの判断が重要となる。理想的な状況は、自社が保有する製品にとって過不足なく必要な知識を保有するということである。すなわち、知識と製品とのマッチングである。

しかし現実には、自社の製品に必要ではあるものの、保有していない知識がある。逆に、保有しているものの、一部の製品にしか活用されていない知識もある。このような知識と製品とのミスマッチが存在する場合、その問題を解消するためにアライアンスを活用することができる。これを**図表2-9**に示す知識ドメインと製品ドメインのマトリックス（Grant & Baden-Fuller, 2004）を用いて見てみよう。

この図で横軸には5つの知識（1、2、3、4、5と名づける）が、縦軸には4つの製品（A、B、C、Dと名づける）が示してある。製品ごとに、それに必要となる知識がマトリックス交点の丸印で示してある。例えば、製品Aには1、2、3の知識が、製品Cには1、5の知識が必要である。今、ある企業が1、2、3、4の知識とA,Bの製品を保有しているとする（太枠で示した範囲）。知識1、2に関しては製品A,Bの双方にとって必要なので、これらの知識は完全に活用されている。

しかし、知識3については製品Aにしか活用されず、知識4は製品Bにし

図表2-9　知識ドメインと製品ドメイン

知識ドメイン

		1	2	3	4	5
製品ドメイン	A	○	○	○		
	B	○	○		○	
	C	○				○
	D		○			○

Grant & Baden-Fuller（2004）に基づいて筆者作成

か活用されない。これら2つの知識は不十分な活用しかされておらず、知識と製品のミスマッチが生じている。また、知識1は他社の製品Cに、知識2も他社の製品Dに活用できる。知識1、2の十分な活用を考えれば、製品C、Dを社内に取り込むことも考えられる。しかし、これらの製品には他社が保有する知識5が必要であるため、それを取り込むと知識と製品の新たなミスマッチが生じてしまう。

　そこで、以下のようなアライアンスを考えることができる。まず知識3、4については自ら保有することはせず、それを保有する他の企業からライセンス導入する。これにより、知識3、4がもっていた製品とのミスマッチを解消することができる。次に、知識1、2は製品C、Dの事業を行う他の企業に、ライセンス供与する。新たなミスマッチを作ることなしに、知識1、2の活用の幅を広げることができる。この結果、自社で保有する知識1、2と製品A、Bとの間に完全なマッチングが実現できる。

　知識と製品との間にミスマッチがあるほど、そこにはアライアンスの可能性がある。そして、アライアンスを活用することにより、このミスマッチを解消し、効率的な知識の創出と活用を実現することができるのである。

4 リアル・オプション理論

(1) リアル・オプションとアライアンス

オプションとは、特定の資産を定められた価格で、将来の定められた時点で購入できる権利である。特に、実体（リアルな）資産への投資に対するオプションを、リアル・オプションと呼ぶ。オプションは権利であって義務ではないので、投資判断を将来のある時点まで留保したうえで、投資するかどうかをその時点で決めることができる。最初にテスト・マーケティングを行ったうえで、本格的な新製品の市場投入を1年後に判断する、あるいはまず工場用地だけ確保しておいて、新工場を建設するかどうかは3年後の市況をみて判断する、などがリアル・オプションの例である。

投資がリスクを伴うのは、将来に対する不確実性があるからである。特に、市況変化や技術進歩に関する不確実性が高い場合、その中で行う投資はリスクが大きい。不確実性は時間とともに低下するので、リスクの程度も時間とともに変化する。リスクが許容できるレベルになった段階で投資を実行する、あるいは一定期間そのようなレベルにならなかった場合は投資を中止する、という判断基準を設けることで、リスクの程度に応じた対応を行うことができる。

前章で述べたように、契約的アライアンス（例えば業務提携）と比べて資本的アライアンス（例えば合弁会社）に伴うリスクは大きく、M&A（例えば買収）に伴うリスクはさらに大きい。最初から買収を行うのではなく、まずは業務提携から始めて、それがうまくいったら合弁会社を設立し、さらにその成果をみて買収を行うというオプションを設ければ、それぞれの段階でリスクをコントロールして成功の確度を高めることができる【図表2-10】。

また、市況や技術の不確実性に加えて、パートナーの不確実性というものもある。相手が新しいパートナーである場合、その実力や企業風土など外から見た印象や評判だけではわからない。そこで、まず業務提携をやってみて2年後に相手と合弁会社を設立するかどうか判断する、というようにすれば、その間に相手が合弁会社のパートナーとしてどの程度の実力をもっているかを知ることができる。あるいは、合弁会社として事業を共同運営して3年後

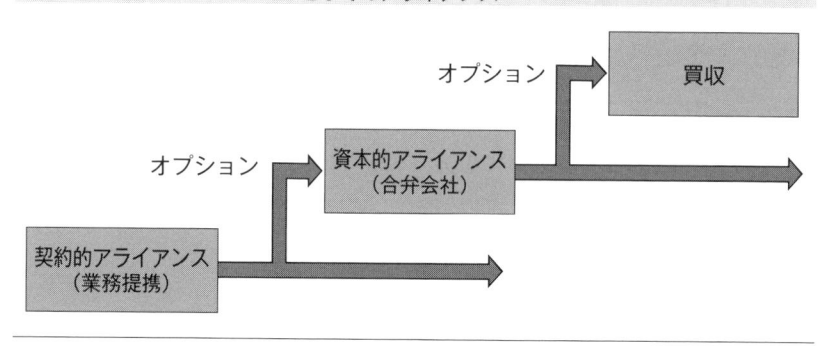

図表2-10　リアル・オプションとしてのアライアンス

にその事業を買収するかどうかを判断する、というアプローチをとれば、その間に相手の経営スタイルや企業文化を理解して、買収後にうまく管理できるかどうかの判断をすることができる。

　こうして、パートナーに関する不確実性を徐々に減らしていくことができる。アライアンスはこのようなリアル・オプションのアプローチに基づく手法の1つとして、活用することができる。

（2）リアル・オプションとしての合弁会社

　買収に進むためのオプションが、仕組みとして組み込まれている合弁会社もある。事業買収における最大の問題は、買い手と売り手の間の情報の非対称性である。事業を売る側の企業は、その事業についての情報を詳細に正確に把握しているが、事業を買う側の企業がもつ情報は限られている。このような格差を情報の非対称性と言う。買い手と売り手との間に情報の非対称性があると、効率的な取引は妨げられる。買い手は自分の知らない情報が存在することによるリスクを考慮して、事業の価値をディスカウントしようとする。売り手にとってそのようなリスクはないので、ディスカウントを受け入れることはできない。このギャップは情報の非対称性がある限り埋まらないので、適正な価値を両社が見出して合意することを困難にする。

　そこで、この取引にオプションの仕組みを取り入れることにする。今、X社がY社の事業を買収することで合意したとする【図表2-11(a)】。ただ、すぐ

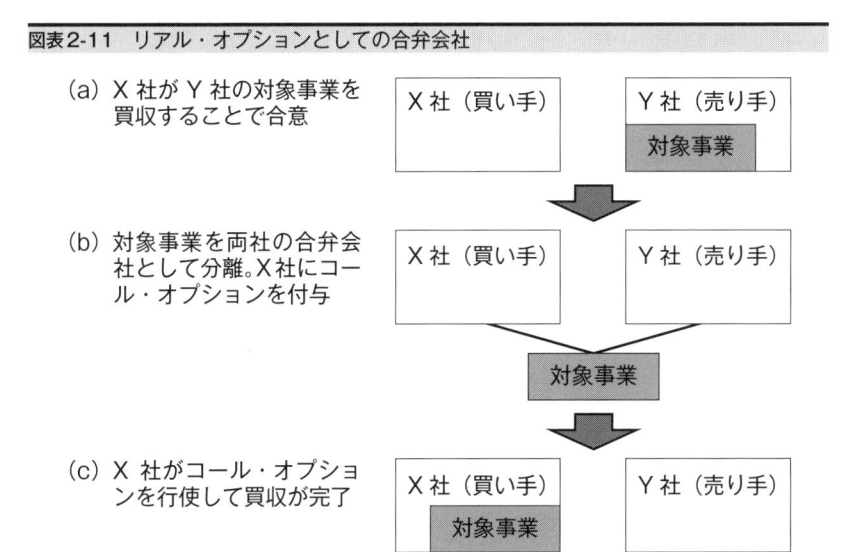

図表2-11　リアル・オプションとしての合弁会社

(a) X社がY社の対象事業を買収することで合意

X社（買い手）　　Y社（売り手）
対象事業

(b) 対象事業を両社の合弁会社として分離。X社にコール・オプションを付与

X社（買い手）　　Y社（売り手）

対象事業

(c) X社がコール・オプションを行使して買収が完了

X社（買い手）　　Y社（売り手）
対象事業

に買収を実行するのではなく、いったんこの事業を母体とする合弁会社を設立し、X社、Y社が共同で運営することにする【図表2-11(b)】。そしてX社に対して、一定期間経過後にY社の持ち分を買い取ることができるオプション（これをコール・オプションと呼ぶ）を付与する。X社がこのオプションを行使すれば、その時点で買収が完了することになる【図表2-11(c)】。

　このようなステップを設けることのメリットは、買収が実行される前に、情報の非対称性の問題を解消することができるということである。対象事業が両社の合弁会社に移行するため、X社はY社と対等な立場でこの事業の運営に関わり、この事業に関する情報を得ることができる。そのうえで買収する価値があると判断すれば、X社はオプションを行使して買収を実行する。逆にこの事業がもし期待はずれであったならば、X社はオプションを行使しないという選択を行うこともできる。

(3) ベンチャー投資とリアル・オプション

　医薬品業界では、医薬品企業とバイオ・ベンチャー企業とのアライアンスが、医薬品開発の仕組みとして出来上がっている（Lee, 2007）。医薬品の開発

は長い時間を要するものの、その成功確率はきわめて低く、開発のリスクは大きい。数多くの新薬候補の開発が行われるが、基礎研究を経て製品化の目途がたつものはごくわずかである。さらに市場に出すまでには、年月をかけた臨床試験を経なければならず、許認可を得て販売できたとしても、商品としてヒットするのはその一部である。

　医薬品企業として、広範囲な医薬品群の基礎研究から製品開発まで、自ら手掛けていたのでは膨大な開発費と人員を要するだけでなく、とても投資に見合った利益を得ることはできない。そこで、新薬開発という上流工程の活動は、ベンチャー企業とのアライアンスを数多く実施し、その成果を活用することで効率的な製品化を実現しようとしている。

　まず、独自の新薬を開発している多くのベンチャー企業に対して幅広く出資を行い、それぞれと共同研究などのアライアンス関係を築く。その中から、新薬として商品化の見通しが見えてきたベンチャー企業に対しては、さらに追加投資をしたりアライアンスの範囲を拡げたりするなど、関係をしだいに強化していく。ベンチャー企業としても、自ら開発した新薬が世の中に出て事業として成功するためには、臨床試験、許認可取得や病院へのマーケティングなど、下流工程に強みをもつ医薬品企業とのアライアンスは不可欠である。

　こうして、医薬品企業の投資先は徐々に絞り込まれていくが、さらに買収の対象となるベンチャー企業も出てくるであろう。将来の有望な医薬品であれば、その技術や特許を内部に取り込むことで、事業をさらに強化することができる。ベンチャー企業としても医薬品企業による買収は、新規株式公開（IPO）と併せて、成功の出口として選択肢の1つとなる。このように、不確実性が高い状況では多くの候補に対して小規模の投資を行い、不確実性が下がるに従って候補を絞りながら投資規模を増やしていくアプローチは、リアル・オプションの手法である。

　最近、多くの企業で見られるようになったCVC（Corporate Venture Capital：企業が運営するベンチャー投資ファンド）は、リアル・オプションの手法を用いて新規事業開発に役立てようとするものである。注目する領域で将来性のあるベンチャー企業を何社か選び、ファンドの資金を用いて、最初

は少額の出資を行う。進展を見ながら、いくつかのベンチャー企業には追加の出資を行い、さらにアライアンス関係に発展させる。そしてその中から事業化の目途が見えてくれば、そのベンチャー企業を買収し、自らの新事業として展開していく。特に事業環境の変化が大きいハイテク分野では、将来成功する事業の目利きは非常に難しい。このようなリアル・オプションの手法を用いることで、幅広い候補の中から可能性のあるものを段階的に絞り込み、新規事業の成功確度を高めることができる。

5 社会ネットワーク理論

（1）ネットワークとアライアンス

これまで述べてきた経営理論では、アライアンスが企業と企業との1対1の結びつきとして捉えられている。しかし現実には、企業は特定のパートナーとのみアライアンスを行うわけではなく、他の多くの企業ともアライアンスの関係を構築している。従って、企業の周りにはアライアンスのネットワークが存在する。社会ネットワーク理論は、このネットワーク全体の構造に注目して、企業がその中で占めるポジションや周囲との結びつきが、アライアンスの生成やパートナーの選定、あるいはアライアンスの進展や成果にどう影響するかを論じる。ネットワークを構成する要素としてアライアンスに注目するのが、社会ネットワーク理論である（Gulati, 1998）。

ネットワークの中で情報が提供されるメカニズムは2つある。1つは企業と企業との関係に基づく、直接的な情報の流れである。このような直接的な結びつきをもつ企業間では、その交流や共同作業を通して、お互いの情報や知識の共有が進む。もう1つはネットワークの構造に基づく、ネットワーク全体としての情報の流れである。直接的に結びついていない企業がもつ情報も、ネットワークの中の様々な経路を通して間接的に得ることができる。

例えば、X社がアライアンスを行うにあたってパートナーを探しているとする【図表2-12】。X社は様々な情報に基づいて、パートナーの選定を行う。もしX社が過去にY社とアライアンスを行った経験があれば、X社とY社との間には既に直接的な結びつきができており、X社はY社について情報をも

図表2-12　直接的な結びつきと間接的な結びつき

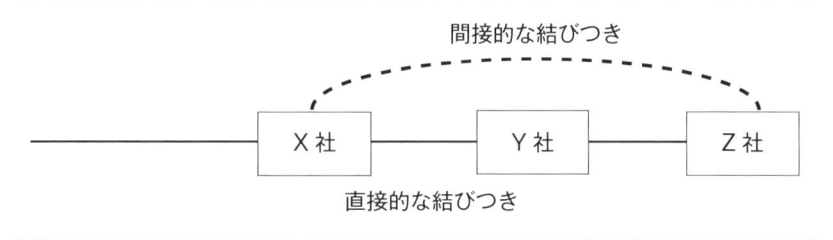

っている。Y社が信頼できる相手であり、また十分な能力をもっていることを知っていれば、X社は再びY社をパートナーとして選定するであろう。

　今仮に、Y社が過去に別のZ社とアライアンスを行った経験があるとする。Y社はZ社と直接的な結びつきがあり、Z社についての情報をもっている。そこでX社はZ社について、Y社からその実績や評判などについて情報を得ることで、今回のパートナーとしてふさわしいかどうかの検討に加えることができる。このように、X社はZ社との直接的な結びつきがないものの、Y社を経由して間接的に結びつくことで、パートナー候補を探すためのネットワークを拡大することができる。

（2）構造的空隙

　企業は全体のネットワークの中で、ある位置を占めることによって、他の企業より多くの情報を得ることができる。また、ある位置を占めることによって、ネットワーク全体の情報の流れをコントロールすることができ、自らに有利な情報の流れを作ることができる（Wassmer & Dussauge, 2011）。

　図表2-13に示すように、X社がY社、Z社とそれぞれアライアンスを行い、Y社とZ社との間には関係が存在しないとする。X社はY社とのアライアンスを行う中で、Y社の技術Ryに関する情報にアクセスし、これと自らの技術Rxとを融合させて、新たな技術Rxyを開発することができるであろう。さらにZ社とのアライアンスでZ社の技術Rzにアクセスし、これとRxを融合させて、別の技術Rxzを開発することもできるであろう。RxyやRxzは、それぞれのアライアンスが生み出す価値であり、その成果はパートナーであ

図表2-13　構造的空隙に位置する企業

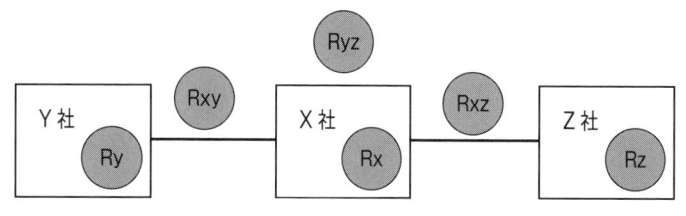

Wassmer & Dussauge（2011）を参照して筆者作成

るY社もしくはZ社も享受することができる。

　しかし仮に、RyとRzを融合させて新たな技術Ryzを開発することができるとしたら、その成果を享受できるのはX社のみである。Y社とZ社とが繋がっていないという前提のもと、X社はそれぞれの技術にアクセスし、それらを融合できる唯一の立場に位置することで、他社にはない優位性を獲得することができる。

　このように、ネットワークの中で他のノード（企業）間を唯一繋ぐことのできるノードを、構造的空隙（Structural Holes）という（Burt, 1992）。その空隙を埋める企業は、ネットワークの中でブローカー的な役割を担い、他のネットワーク参加者の経営資源を組み合わせたり、その情報の流れをコントロールしたりすることができる。ネットワーク参加者のもつ多様な知識や技術を融合させて、自らの新規事業やイノベーションの創出に繋げることも可能となる。

　このように、アライアンス・ネットワークの中でこのような位置を占めることは、ネットワーク参加者との競争上、非常に有利である。アライアンスを行うことによって、自らの周りにアライアンス・ネットワークは拡がっていくので、アライアンス経験の豊富な企業ほど、このような位置を占めやすくなる。

(3) 環境要因とネットワーク構造

　企業間の結びつきには、強いものと弱いものとがある【図表2-14(a)】。強い結びつきとは、企業間の交流の頻度が多い、時間が長い、あるいは提供する

経営資源の規模が大きい、などの特徴をもつものである。逆に交流が希薄で、提供する経営資源の規模も小さければ、その結びつきは弱いと言える。

　また、ネットワーク全体としても密なものもあれば疎なものもある**【図表2-14(b)】**。密なネットワークとは、企業間を結ぶルートが重複して数多くあるものであり、逆に企業どうしの結びつきが限られていて、いたるところに構造的空隙があれば、それは疎なネットワークとなる。アライアンスを企業の競争力に繋げるためには、どのようなネットワークの構造が好ましいのであろうか。

　情報へのアクセスを考えた時、強い結びつきと弱い結びつきはそれぞれ異なる特徴をもつ。強い結びつきがあると、企業間の信頼関係や協力関係が強固であるため、限られた相手にしか教えないような質の高い情報の提供が行われる。お互いに相手を深く理解しているので、暗黙知レベルの情報が提供されるかもしれない。一方、弱い結びつきのもとでは、距離的あるいは分野的に少し遠いものの、普段あまり接することのできないユニークな情報にアクセスすることができる。特別な相手との固定的な関係ではなく、比較的簡単に多くの相手と作るネットワークであるため、提供される情報の範囲は広くなる。この2つのタイプの結びつきのうち、どちらからより有益で価値のある情報が得られるかは、企業が置かれている環境や情報を何の目的に使用するかによって異なる。

　またネットワークの密度について、密な方が好ましいか、疎な方が好ましいかも無条件には言えない。密なネットワークのもとでは、ネットワーク参加者の間にいく重もの関係ができるため、ネットワークとしての統一的な行動規範やルールが生まれやすく、全員がそれに従った行動を求められる。相互の監視も厳しくなるので独自の行動は許されず、機会主義的な行動も抑制される。逆に疎なネットワークのもとでは、行動規範やルールのようなものは生まれにくく、ネットワーク内のそれぞれの立場に応じて比較的自由な行動が許される。特にネットワーク内の各所に構造的空隙ができるため、そこを埋める企業はその立場を活かして、自らに有利な行動をとろうとする。

　Rowley, Behrens & Krackhardt（2000）は、企業間の結びつきの強さやネットワークの密度が、環境変化の大きさやイノベーションの頻度などの要因と

図表2-14　結びつきの強さとネットワークの密度

（a）結びつきの強さ　　　　　（b）ネットワークの密度

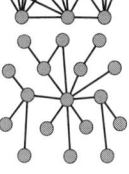

強い結びつき　　　　密なネットワーク

弱い結びつき　　　　疎なネットワーク

どのように関連するかを実証的に調べた。比較的環境が安定して技術革新も
あまり行われない鉄鋼業界と、逆に環境の変化が大きく革新的な技術開発が
求められる半導体業界を取り上げ、それぞれの業界にある企業がどのような
ネットワークを構築しているかを比較した。その結果、鉄鋼業界では、強い
結びつきを多くもつ企業ほど、またネットワークが密である企業ほど業績が
良いのに対し、半導体業界では逆に、弱い結びつきを多くもつ企業ほど、ま
たネットワークが疎である企業ほど業績が良好である、という対照的な傾向
が明らかとなった。

　すなわち、どのような結びつきの強さやネットワークの密度が好ましいか
は、不確実性や技術革新の程度など環境要因の違いによって異なる。アライ
アンス・ネットワークを活用して企業の業績や競争力の向上を目指すには、
その環境要因も考慮してパートナーとの関係を考える必要があることを、こ
の研究は示唆している。

第 3 章

アライアンスの形態
どのような種類のアライアンスがあるか

　第1章ではアライアンスを様々な形態に分類し、第2章では経営資源に注目してアライアンスを論ずる理論を紹介した。そこで本章ではそれぞれのアライアンス形態について、取引の対象となる経営資源に注目して、その特徴を論じることにしよう。**図表3-1**に示すように、アライアンスはパートナーの有する経営資源の活用であり、どのような経営資源を対象とするかに応じて、それぞれ異なるアライアンス形態が示される。パートナーの有する販売資源を活用するアライアンスが販売協力、技術資源を活用するのが技術ライセンスである。さらに人材資源を活用すれば共同開発、生産資源であれば生産委託、資金（資本）資源であれば合弁会社などとなる。それぞれの経営資源にはユニークな特徴があるため、それに対応したアライアンス形態もそれ固有の特徴をもつことになる。以下、個々のアライアンス形態について見ていくことにする。

1　販売協力：パートナーの販売資源の活用

（1）販売資源の特徴

　販売協力とは、パートナーの有する販売資源を活用するアライアンスである【図表3-2】。販売活動には様々な販売資源が必要となる。例えば、販売チャネルである。販売チャネルとは製品が顧客に届くまでの経路であり、直営店を通して直接顧客に販売するチャネルもあれば、代理店、卸し、小売店など流通業者を経由したチャネルもある。さらに、昨今のインターネットの普及に伴い、オンライン・チャネルも重要な販路となっている。いかに幅広く様々な販売チャネルを活用できるかが、企業の販売力を決めることになる。
　また、ブランドも重要な販売資源の1つである。ブランドとはある製品を

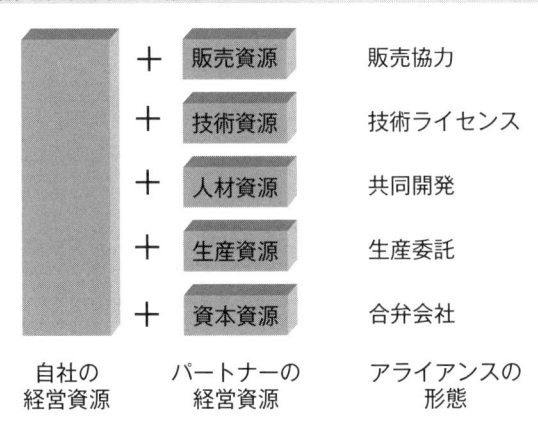

	自社の 経営資源	パートナーの 経営資源	アライアンスの 形態
		＋　販売資源	販売協力
		＋　技術資源	技術ライセンス
		＋　人材資源	共同開発
		＋　生産資源	生産委託
		＋　資本資源	合弁会社

他の製品と区別するための概念である。製品の名前はもとより、そのイメージやそれを販売する企業の信用も、ブランドを構成する要素である。顧客はブランドを認知して製品を購入し、その価値に対して対価を支払う。従って、強いブランド力があれば、価格が高くても継続的な購買が行われる。逆に十分なブランドが備わっていなければ、せっかく性能の良い製品であったとしても価格競争に巻き込まれることになる。

　販売資源のもつ特徴として挙げられるのは、その地域特殊性である。経営資源が地域特殊性をもつとは、ある国や地域で価値をもつ経営資源であっても、他の国や地域ではその価値が減少する、もしくは失われるということである。例えば、日本国内で強力な販売チャネルを構築したとしても、外国市場で製品を販売するのにそれを活用することはできない。外国市場では、現地の商習慣、規制や文化に合った固有の販売チャネルを構築しなければならない。また日本国内の顧客に人気のブランドであったとしても、それがそのまま外国の顧客にとってのブランドとなるわけではない。現地の顧客向けに広告や販売キャンペーンを積み重ねていかなければ、現地でのブランドを築き上げることはできない。

　さらに、その構築に長い時間がかかることも、販売資源のもつもう1つの特徴である。販売チャネルを作り上げるには、地道に販売のネットワークを

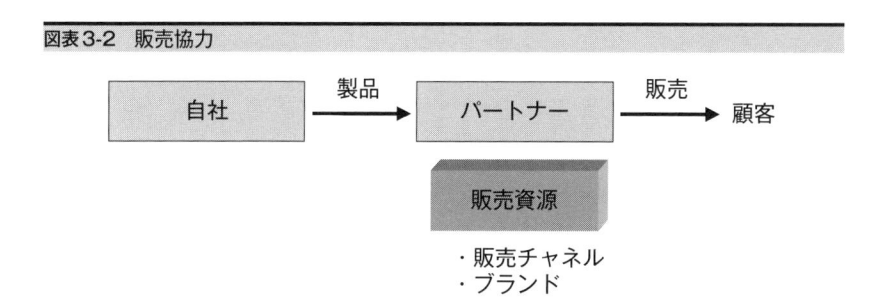

図表3-2 販売協力

拡げていく努力が必要である。また、ブランドを構築するにも、広告や販売キャンペーンなどを、時間をかけて繰り返し行うことが必要である。このように、販売資源は地域特殊性という特徴がある一方で、その構築には長い時間が必要となる。従って、新たな国や地域の市場に進出する場合、自らそれをゼロから構築することは得策でない。現地で既に、しっかりとした販売チャネルや強いブランド力をもつパートナーがいれば、その販売資源を活用することが効果的な選択となる。

(2) 販売委託とOEM

　販売協力のうち、特にパートナーのもつ販売チャネルを活用することが販売委託である【図表3-3】。委託者は販売者の販売チャネルを活用してその製品を販売する。ただ、販売という行為を販売者に委託しているものの、販売不振の場合の在庫リスクや顧客に対する品質保証責任などは、通常は委託者が負う。販売価格の設定も委託者が行うことが多い。販売者は製品を顧客に販売した時点で、売上高の一定比率を販売手数料（コミッション）として委託者から受け取る。

　販売委託では販売者の販売チャネルを活用するが、これと併せてそのブランドも活用して販売する形態がOEM（Original Equipment Manufacturing：相手先ブランド生産）である【図表3-4】。すなわちOEM販売者のブランドで販売されることを前提に、OEM生産者はその製品を生産する。顧客はそれをOEM販売者の製品として認識し、その信用に基づいて購入する。OEM生産者が良い製品を持っているにもかかわらず、顧客に対する知名度が低い場

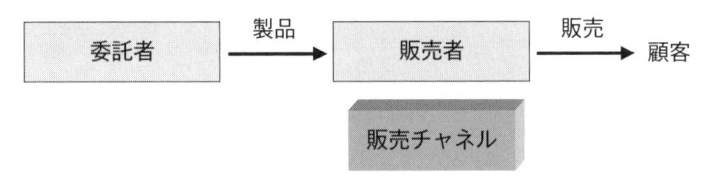

合、OEM販売者のもつ強いブランドを活用して販売する仕組みである。

　例えば、日本の家電メーカーが国内で販売する家電製品には、中国や台湾企業がOEM生産しているものが数多くある。日本国内で知名度の低い中国や台湾企業（OEM生産者）が、日本の家電メーカー（OEM販売者）のブランドを活用して販売していることになる。日本の家電メーカーとしても、これによって製品のラインアップを拡充し、自らは得意な製品の開発・生産に注力できるというメリットがある。

（3）フランチャイズ

　販売チャネルとブランドを、それぞれが分担し合う形態がフランチャイズである。フランチャイザーはブランドや営業上のノウハウを提供し、フランチャイジーは販売チャネル（店舗や販売員など）を提供する【図表3-5】。チェーン店舗展開を行うコンビニ、ファーストフード、コーヒーショップなどの小売・飲食業界、あるいはスポーツクラブや学習塾などのサービス業界で一般的な形態となっている。

　フランチャイザーにとって、このような組み方をするメリットは、急速に店舗数を増やして事業拡大ができることである。すでにフランチャイジーは土地や店舗を有しているため、新たにそれらを取得する必要がない。また、フランチャイジーから安定的にロイヤルティ（加盟料）収入を得られるので、事業的なリスクが少ない。一方、フランチャイジーにとっても、フランチャイザーのブランド力を活用できるだけでなく、開業から運営までのノウハウを短期間に修得することができる。販売チャネルとブランドという2つの販売資源をお互いに活用し合うことで、それぞれがメリットを享受することが

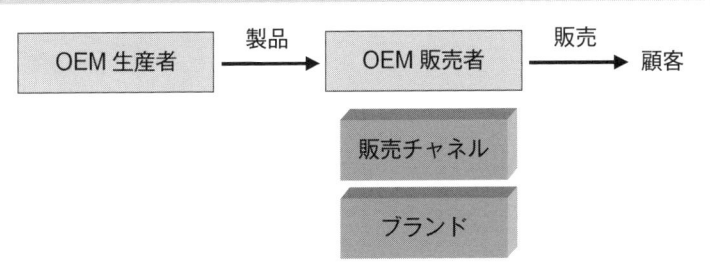

図表3-4　OEM（相手先ブランド生産）

できる。

　ただ、それぞれにとってのデメリットもある。フランチャイジーの質にばらつきがあると、そのうち1社でも問題を起こせば、フランチャイザーのブランドが傷つけられるリスクがある。特に、数多くのフランチャイジーをもつ場合は、それらに対する影響力には限界があり、フランチャイザーのブランド価値を維持することは容易ではない。またフランチャイジーにとっても経営上のリスクや限界がある。店舗の売上げが減少して赤字になったとしても、フランチャイザーに対するロイヤルティは支払わなければならない。加盟店として遵守しなければいけない規則や制約も多く、オリジナリティを発揮した事業展開は難しい。

　このように、事業に対する制約を考えると、フランチャイジーがフランチャイザーにコントロールされている関係が認められる。第1章で述べたように、2社間の関係がアライアンスであるための条件の1つは、両社間に支配関係がなく、お互いが独立していることである。フランチャイズはこの条件を満たしているとは言えない。従って、お互いが経営資源を提供し合う関係にあるものの、フランチャイズの関係はアライアンスの1形態とは言えないであろう。

2　技術ライセンス：パートナーの技術資源の活用

（1）技術資源の特徴

　技術ライセンスとは、パートナーの有する技術資源を活用するアライアン

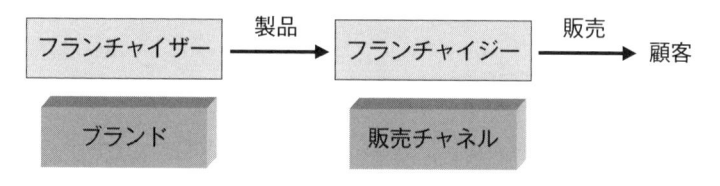

図表3-5　フランチャイズ

フランチャイザー　──製品──▶　フランチャイジー　──販売──▶　顧客

ブランド　　　　　　　　　　販売チャネル

スである【図表3-6】。ライセンスとは知的財産権を実施するための法的な許可であるが、特に技術に関する知的財産権を対象とした実施許諾が技術ライセンスである。技術に関する知的財産権としては、特許、実用新案、技術ノウハウなどがある。特許を対象としたライセンスは、特許ライセンスと呼ばれる。

　特許権とは技術を排他的に使用できる権利なので、その技術を許可なく使用した企業に対して排他的権利を主張し、特許権侵害の訴えを起こすことができる。特許ライセンスを許諾するということは、相手に対してこの排他的権利の主張を放棄することに他ならない。ライセンス許諾を得た方の企業は、特許権侵害で訴えられる心配もなく、その技術を自らの製品開発に使用することができる。

　ただ、もしこれだけの関係であれば、両社間で継続的な共同活動が行われるわけではなく、両社は一時的な取引を行ったに過ぎない。これは第1章で述べたアライアンスの条件の1つ（継続的な関係）を満たしていない。従って、ライセンスの取り決めだけではアライアンスを行ったことにはならない。もしライセンスと併せて技術支援やコンサルテーションなどが行われるのであれば、両者間には継続的な関係が生じるので、それはアライアンスに該当すると言うことができよう。

　技術資源は無形の経営資源としていくつかの特徴がある。まず、同時利用可能性である。同じ技術を多くの人が、同時に利用することができる。それを活用することで摩耗したり価値が減じたりすることはなく、逆に多くの人が利用することで改善され磨きがかかっていく。また、無形であるため模倣することが難しい。ノウハウとして技術者の頭の中に入っている技術は、そ

図表3-6　技術ライセンス

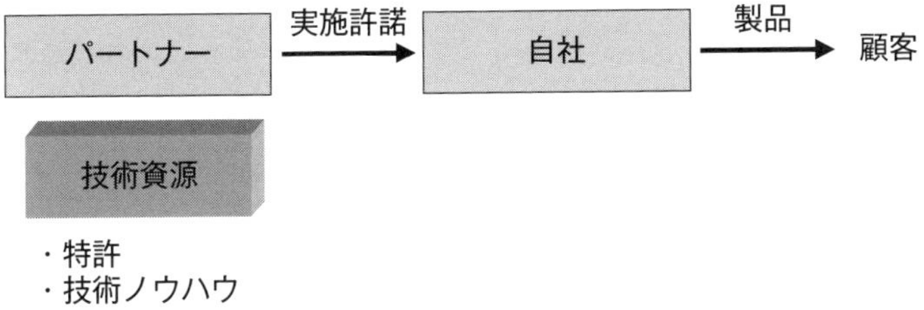

パートナー　──実施許諾→　自社　──製品→　顧客

技術資源
・特許
・技術ノウハウ

の人固有のものであり移転も困難である。さらに、技術は一朝一夕に生み出されるものではない。新しい技術は多様な知識やノウハウの組み合わせとして開発されるので、長い年月をかけた研究開発成果の蓄積が必要となる。

　このように技術には、模倣困難性や開発に長期間を要するという特徴がある。必要とする技術を保有していない場合、特にそれが高度な技術であるほど、独自に開発することは難しく、また開発できたとしても多大な時間や費用を要することになる。その技術を既に開発し保有している企業があれば、それを使用する許可を得て活用すること、すなわち技術ライセンスを行うことが効果的な選択となる。また、技術には同時利用可能性があるため、それを保有する企業にとっても、自らの使用を制限することなく、また何社に対してもライセンスを許諾することができる。

(2) 技術ライセンスの条件

　技術ライセンスにおいて、自ら保有する技術を実施許諾する企業をライセンサー、実施許諾を得てその技術を使用する企業をライセンシーと呼ぶ【図表3-7】。ライセンシーはライセンサーに対して、その技術を使用することの見返りとして対価を支払う。この対価の支払い方には一時金（定額実施料）とランニング・ロイヤルティ（継続実施料）の2通りがある。一時金とは、ライセンシーの製品売上げにかかわらず、固定額として支払う対価である。それに対して、ランニング・ロイヤルティとは、その技術を用いて開発された製品の売上げに応じて支払う対価である。売上高に一定比率を乗じて算出する方法と、売上個数に一定単価を乗じて算出する方法とがある。

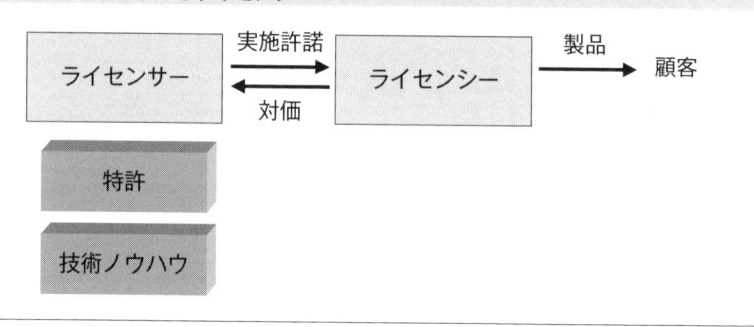

図表3-7　ライセンサーとライセンシー

　ライセンサーは、一時金での対価支払いを要求することが多い。ライセンシーの製品売上げに左右されることなく、技術の価値に見合った対価を確保したいと考えるからである。一方、ライセンシーとしては、ランニング・ロイヤルティでの支払いを希望することが多い。ライセンシーの立場からすると、技術を用いて開発した製品が事業として成功することではじめて、その技術は自社にとって価値をもつ。売上げが不振である場合には、できるだけ対価は支払いたくない。従って、売上げに応じた対価の支払いが好ましい。このように、対価に関するライセンサーとライセンシーの立場は対立する。両社の交渉の結果として通常は、一時金とランニング・ロイヤルティを組み合わせた支払い方法が取り決められることが多い。

　対価以外にも、技術ライセンスに伴う様々な条件がある。例えば、技術の使用に関する制約条件である。使用期間に関する制約（「○○年間に限って技術を使用して良い」）、使用地域に関する制約（「○○国内に限って技術を使用して良い」）、使用目的に関する制約（「○○を行う目的に限定して技術を使用して良い」）などがある。もちろん、ライセンシーとしてはできるだけ自由に技術を使用したいので、制約は少ない方が良い。逆に、ライセンサーとしては、その技術がどのように使われるかは気になる点であり、色々な制約を課してコントロールしようとする。特にライセンシーと競合する事業がある場合には、技術ライセンスによってライセンシーが自らの事業の脅威となることもあり得る。どこまでの制約が必要か、どこまでの制約なら受け入れられるか、両者間で合意点を見出すための交渉が行われる。

(3) 標準化

　標準とは統一された規格のことであり、標準化とはこのような規格を作ることである。電化製品のコンセント、DVDの録画方式、電気自動車の充電方式など、製品の相互接続が保証されることで顧客の利便性が増す。均一化された製品を大量に作ることが可能になるので、コスト・ダウンが進み、市場が一気に拡大する。標準化は標準化機関での協議を経て決められるもの（デジュール標準）と、市場での競争を経て決まっていくもの（デファクト標準）とがある。デファクト標準は、標準化を主導する企業が自らの技術の優位性を訴え、その技術をベースにした企画を提案し、それを支持する企業を増やして事実上の標準を勝ち取るものである。

　標準化を主導することで、企業は様々なメリットを享受できる。まず、自社が保有する技術がベースとなるので、その後の製品開発を有利に進めることができる。自社独自の技術ノウハウがあれば、それによって他社製品を差別化することができる。さらに、自社の技術を各社にライセンスすることにより、その対価を得ることができる。製品の規格が標準化されると、その製品を扱う企業はすべてその規格に従った製品を開発することになる。従って、そのベースとなる技術を保有する企業から、特許やノウハウのライセンスを得ることが必要になる。

　ただ通常は、標準化には様々な企業が保有する多様な技術が用いられる。このような場合、単一の企業でなく複数の企業が共同で標準化を主導することになる。関連する特許をプールしてそれを管理するためのコンソーシアムを組織し、それが一元的な特許ライセンスを与えることも行われる。

3　共同開発：パートナーの人材資源の活用

(1) 人材資源の特徴

　共同開発とは、複数の企業の研究者・技術者がそれぞれの技術的知識をもち寄り、新しい製品や技術の開発を共同で行うことである。米国で行われた調査によると、年間に発表される共同開発の件数は1970年代には30〜40

件程度であったが、1980年代に入ると急増し、1990年代後半には600件を超える規模になっている（Hagedoorn, 2002）。特に、ハイテク分野でその増加が顕著であり、エレクトロニクスやバイオの業界では、数多くの共同開発が実施されている。

　これらハイテク分野では、技術の高度化や製品の高機能化が進み、その開発には広範な知識の融合と多様な能力の結集が求められる。単独の企業の人材だけで対応することは難しく、複数の企業の連携が不可欠になっている。また、技術の進展に伴い開発そのものが大規模化し、開発費用の増大と開発期間の長期化をもたらした。その結果、1社単独で開発を行うことのリスクは高まり、パートナーとの共同開発によってこのリスク負担を軽減することが必要となってきたのである。

　これ以外にも、パートナーから学習する、重複した開発を減らす、技術的な標準を確立する、など様々な目的をもって共同開発は行われる。これらの目的を達成するために、共同開発に参加する企業は、人材（研究者・技術者）、技術、資金などの経営資源を提供する。そしてその成果として開発された技術や製品を、自らの事業のために活用していくことになる【図表3-8】。

　共同開発を実際に行うのは研究者・技術者なので、双方の企業が提供する人材資源が重要な役割を担う。人材資源とは人的な経営資源を意味し、研究者・技術者の他にも、経営者や管理者、販売・マーケティングの担当者や生産現場のオペレーターなど、様々な能力をもった人材が含まれる。

　人材資源のもつ特徴として、組織との一体性がある。これは特定の組織の中でその能力を発揮し、組織を離れるとその価値が減じる、もしくは失われるということを意味する。もちろん、専門的なスキルをもって、どの組織の中でも同じように能力を発揮できる人材もいる。しかし多くの場合、人材に伴う能力は組織特有の風土・文化や業務ルーチンの中で、様々な学習や経験を通して育まれる。従って、その能力は組織と関連づけられており、その組織の中で最も効率的に成果を生み出す。多くの日本企業に見られるように、終身雇用を前提として長期的に人材を育成するシステムのもとでは、この傾向はさらに強まる。

　自社に十分な人材資源がなく、社外人材の活用が必要な場合、その人材を

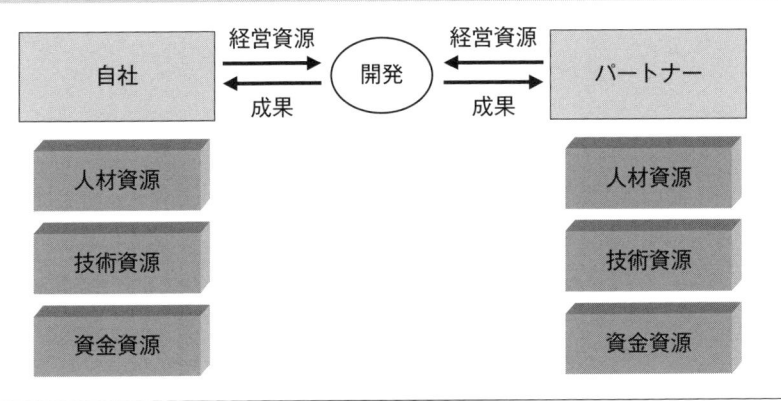

リクルートするという選択もある。しかし、人材資源のもつ組織との一体性を考慮すると、その人材を有する企業をパートナーとしてアライアンスを行うことで、その能力はより発揮されるであろう。共同開発は、パートナーが保有する人材資源を、効果的に活用しようとする取り組みなのである。

(2) 補強と補完

　共同開発には、お互いの経営資源の量的な不足を補強するものと、質的な不足を補完するものとがある。前者は例えば、ある製品を1年間で開発するのに100名の技術者が必要だが、自社には50名の技術者しかいない場合、不足する50名をパートナーの技術者の参加によって補おうとするものである。このような補強を目的とした共同開発は通常、同じ業界の同規模の企業間で行われることが多い。類似した事業を行っているため、開発の目的も、その成果の活用についても整合をとりやすい。ただ、同じ業界内で事業的に競合していることが多いので、アライアンスと事業を切り分けて考える必要がある。

　一方、後者の質的な補完とは例えば、テレビ技術に強い企業とインターネット技術に強い企業が組んで、インターネット・テレビを共同開発するというようなケースである。自社の技術者にはない知識を、パートナーの技術者の参加によって補い、それらを融合させて新製品を開発しようとするもので

ある。このような補完を目的とした共同開発では、双方の企業が異なる業界にいる、もしくは異なる事業モデルをもつ場合が多い。お互い事業的に競合することはないものの、共同開発を行う目的やその成果の活用方法が必ずしも一致しない。同床異夢の中で共同開発を行っていくので、お互いの立場を十分に理解することが重要になる。

さて、共同開発の成果は新しく開発された技術である。これは無形資産なので、両社で共有することが可能である。アライアンスはお互い対等に経営資源を提供し、対等にその成果を享受することが前提であるから、成果の共有が原則である。しかし、もし経営資源の提供が対等でない場合、例えば一方の企業がより多くの技術者を提供する、あるいはより多くの開発費を負担するというような事情があれば、それに見合った成果の分配を考えなければならない。1つの方法として、開発成果である技術の実施権の範囲を異なるものにして、成果の価値に差をつけることが考えられる。例えば、寄与の多い企業に対しては第三者への再実施権を認める、寄与の少ない企業に対しては実施権に制約を加える、などである。寄与に応じて成果を受け取るという原則が守られていれば、アライアンスにおける両者間の公平性は担保される。

(3) オープン・イノベーション

Chesbrough（2003）はオープン・イノベーションを、「企業内部と外部のアイデアを有機的に結合させ、価値を創造すること」と定義している。また、クローズド・イノベーションが優秀な人材を囲い込むことを前提とするのに対し、オープン・イノベーションでは社内に限らず、社外の優秀な人材と共同で働くことが特徴である、と指摘している。外部のアイデア、すなわち知識や技術を活用して、これを自社のそれと融合させて新しい価値を創造することは、アライアンスの目的に他ならない。そして社外の人材を活用して、共同でこの目的を達成しようとすることは、共同開発そのものである。

従って、外部の知識や人材の活用という点に注目すると、オープン・イノベーションを目指す取り組みは、共同開発をはじめとする技術アライアンスそのものである。しかし、オープン・イノベーションでは、企業対企業の関

係を超えて、もう少し広い概念として捉えられることが多い。例えば、業界や国のレベルで、多くの参加者がそれぞれの知識や技術を持ち寄り、成果を生み出そうとするものである。オープン・イノベーションという言葉には、広く参加者の知恵を集めてイノベーションを起こす、という意味が込められている。一方アライアンスでは、参加者を広く集めるという発想はない。戦略的な適合性に基づいて選定されたパートナーとの関係は、排他的である。参加者がオープンであるか、そうでないかという点が、オープン・イノベーションとアライアンスとの基本的な相違であると考えられる。

　参加者が多数でオープンな特徴をもつものとして、研究開発コンソーシアムがある。大規模でリスクの高い研究開発など、なるべく多くの企業が共同で行うことで、個々の企業が負うリスクを小さくしようとするものである。また、その業界が国の産業として重要であれば、国が資金を補助して国家プロジェクトになることもある。特に基礎技術の研究開発は、個々の企業が行うにはあまりにリスクが大きい一方で、その成果が事業的な差別化に繋がりにくい。従って、基礎技術は非競争領域として業界各社が共同で研究開発を行い、その応用分野を競争領域として各社が差別化を図る、という切り分けが考えられる。研究開発コンソーシアムは、この非競争領域の活動として、広く参加者を集めて行われる。

4　生産委託：パートナーの生産資源の活用

（1）生産資源の特徴

　パートナーの有する生産資源を活用して製品を生産するためのアライアンスが、生産委託である【図表3-9】。企業は自ら開発した製品の仕様をパートナーに提示し、それに従った生産を委託する。活用するパートナーの生産資源としては、生産を行う工場（土地、建屋、設備）、生産に使われる部品・材料（在庫、調達力、サプライヤーとの関係）、あるいは生産のためのシステム（生産方式、生産ノウハウ、自動化ツール）などがある。

　生産資源の特徴としてまず挙げられるのは、それを確保するための投資規模の大きさである。生産はスケール・メリットが効くため、生産規模を大き

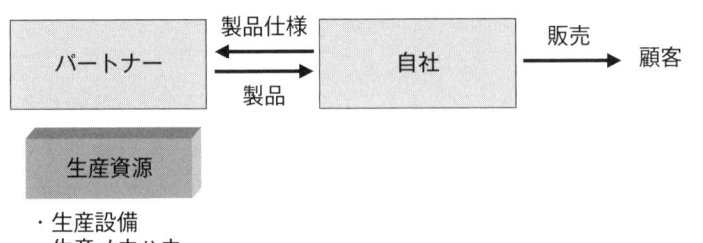

図表3-9　生産委託

くするほどコストが下がり、競争優位になる。従って、生産を行うには一定
以上の規模を確保することが必要であり、そのための投資額は大きくなる。
また、いったん投資をしてしまうと、償却費が固定的に発生するため、その
設備を稼働し続けないと損失が発生する。景気や需要が減退したからといっ
て、その活用を止めることは難しい。さらに、技術進歩の速い業界では、せ
っかく投資した設備が短期間で陳腐化してしまうというリスクもある。

　そこで、生産委託によってパートナーが有する生産資源を活用すれば、ま
ず自ら投資をする必要がないので、その資金負担を減らせる。また、自らが
固定費を抱えるわけではないので、景気や需要の変動に対して、生産委託量
を増減させて対応することができる。さらに、投資した設備が陳腐化し、使
い道のない設備を抱えるというリスクもなくなる。従って、生産のための投
資規模が大きく、需要変動が激しく、かつ技術進歩が速いという特徴をもつ
業界では、生産委託は重要な選択肢となっている。

　半導体はそのような業界の代表例である。最先端の設備をもつ量産工場の
投資額は数千億円の規模となる。また、その主要用途である家電やエレクト
ロニクス製品は当たり外れが大きく、それに伴って半導体の需要も変動し、
安定的な生産を予測することが難しい。さらに技術進歩が速いため、通常の
償却期間を待たずして設備が陳腐化していく。このような特徴があるため、
半導体業界では生産委託が幅広く行われ、生産を受託する専門企業も数多く
存在している。

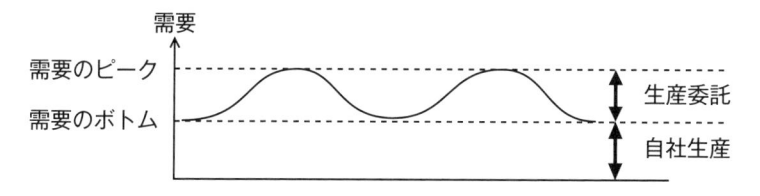

図表3-10　需要変動と生産委託

需要
需要のピーク
需要のボトム
生産委託
自社生産

（2）生産の弾力性

　先に述べたように、特に需要変動の大きい業界では、どれくらいの生産能力を保有するかが重要な判断となる。生産能力が少な過ぎると需要が伸びる好況期に、十分な生産を行うことができず、せっかくの事業チャンスを逃してしまう。逆に生産能力に余裕があると、需要が減退する不況期に、設備稼働率が落ちて業績の悪化に繋がる。このような業界における生産戦略で重要なことは、生産の上方弾力性と下方弾力性の双方を高めることである。上方弾力性とは、需要が伸びた時にそれに見合って生産量を拡大し、事業チャンスを活かすことができる程度である。また下方弾力性とは、逆に需要が落ちた時に、設備稼働率の低下からくる損失を避けることのできる程度のことである。

　そこで、図表3-10に示すように、需要のボトムに合わせて自社で生産できる能力を保有し、これを超えた量はパートナーに生産委託できる体制をもつとする。需要減退期には生産委託量を減らすことで自社生産の稼働率を維持し、需要が伸びた時には生産委託量を増やして事業拡大のチャンスを逃さない。このように、需要変動に応じて生産委託量を変動させることで、上方弾力性と下方弾力性の両方を高めることができる。

　このような生産委託の仕組みは、生産を受託するパートナーにとってもメリットがある。多くの企業から生産を受託すれば生産規模が増えて、スケール・メリットによるコスト優位性が得られる。また、個々の企業からの委託量が変動するとしても、多くの企業から受託することでその変動が相殺され、自らは比較的安定した生産規模を維持することができる。

　電子機器業界では、このような生産受託を専門に行う企業のことをEMS

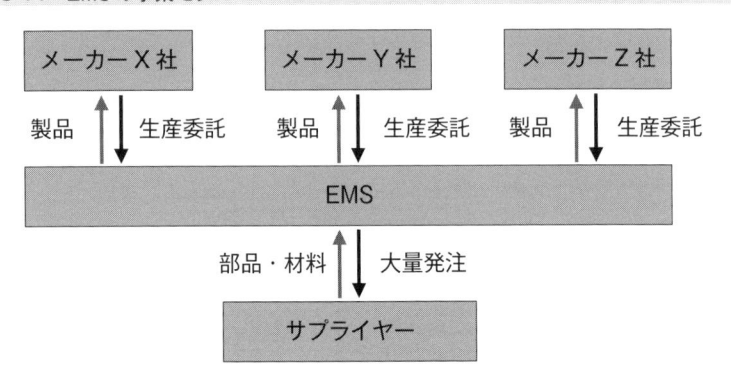

図表3-11 EMSの事業モデル

メーカー X 社 ←製品 生産委託→ メーカー Y 社 ←製品 生産委託→ メーカー Z 社 ←製品 生産委託→

EMS

←部品・材料 大量発注→

サプライヤー

（Electronics Manufacturing Services：生産受託サービス企業）と呼ぶ**【図表3-11】**。パソコン、携帯電話、液晶テレビなど、電子機器の製品は多様化し、またその製品寿命は短く、次から次へと新しい製品が世に出ては消えていく。製品の当たり外れも大きく、それによって製品の生産量も大きく変動する。個々の電子機器メーカーがそれぞれの製品を自ら生産していたのでは、生産変動に対応することは難しい。

　そこで、EMSに生産委託することで生産の弾力性を高めるとともに、EMSからはコスト力のある製品の供給を受けることができる。電子機器メーカーが販売する携帯電話の40％程度、液晶テレビの50％程度が、EMSによって生産されているという[10]。EMSも産業として大きく成長し、世界最大のEMSである鴻海精密工業（台湾）は、グループ年間売上高が14兆円（2014年度）を超える規模になっている[11]。

（3）ファブレス企業

　自社生産を全く行わず、すべての生産を委託するメーカーのことをファブレス企業と言う。ファブとは「Fabrication facility」、すなわち工場のことであり、ファブレスとはメーカーでありながら自らの工場を所有しないという意味である。企業のバリューチェーンには**図表3-12**に示すように、技術開発から製品設計、生産、販売・マーケティング、アフターサービスに至るま

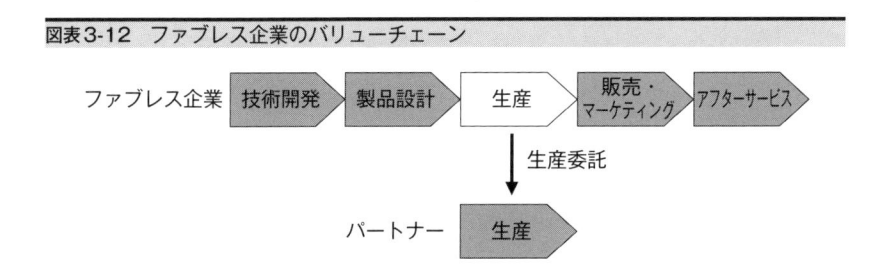

図表3-12　ファブレス企業のバリューチェーン

で、一連の活動がある。ファブレス企業は、このうち生産の活動を自ら行わ
ず、すべてパートナーに委託する。

　このような事業モデルは、特に資金的な余裕がないベンチャー企業にとっ
ては不可欠である。何よりも、生産資源に投資する必要がないため、その
分、技術開発・製品設計、あるいは販売・マーケティング分野へ投資を集中
させることができる。それによって、自らが得意とする製品開発を加速さ
せ、顧客に対する製品のプロモーションを強化することができる。また、生
産委託に伴う費用はすべて変動費となるため、需要が減退しても、固定費の
負担が経営を圧迫するという状況は避けることができる。リスクに対する耐
性が脆弱なベンチャー企業にとって、生産の弾力性を高め、需要変動に伴う
リスクを軽減できることの意味は大きい。

　米国カリフォルニア州のシリコンバレーは、ベンチャー企業の聖地として
有名であるが、その多くはハイテク分野のファブレス企業である。半導体、
電子機器、ITなど、自らのユニークな技術や製品の開発に注力し、そこに
投資を集中させる。生産は台湾をはじめとするアジアのEMSに委託し、低
コストかつ高品質な生産能力を活用する。これによって、革新的な製品が安
い価格で提供され、新たな市場を切り開いていく。こうしてファブレスのベ
ンチャー企業が成功し、それに伴ってEMSの事業も発展する、さらにその
発展がますますベンチャー企業の成長を促進する、という循環が生まれてき
た。ファブレス企業とEMSが水平分業を行う業界構造は、このような相互
循環の中から構築されてきたのである。

5 合弁会社：パートナーの資本資源の活用

（1）資本資源の特徴

　合弁会社とは、複数の企業が共同で企業活動を行うことを目的に設立した会社である。図表1-4（19ページ）に示したアライアンスの分類の中で、合弁会社は企業間の資本的結合として位置づけられる。これまで述べてきた販売協力、技術ライセンス、共同開発、生産委託はいずれも契約的結合であり、そこにはパートナーとの資本的結びつきはない。それに対して、共同で出資して合弁会社を設立すると、それを介してパートナーと資本的な関係で結びつくことになる。

　資本的な関係をもつことは、契約的な関係と比較して、以下のいくつかの理由から、パートナーとの結びつきを強める効果がある。第1に、資本的関係をもつことで、お互いの業績が影響し合うことになる。すなわち、合弁会社の業績が、その持株比率に応じて、双方の企業の業績に連結される。合弁会社の業績が良好であれば双方の業績も向上し、逆に合弁会社の損失は双方の損失として反映される。このため、お互いに強く協力し合おうとするインセンティブが働く。「相互に相手企業を人質としている状態」（Kogut,1988）となるため、パートナーに対する機会主義的な行動も抑制される。

　第2に、資本的関係はそれを解消することが難しいため、長期間にわたる関係継続が前提となる。契約のみに基づく関係であれば、契約を見直すことが比較的容易にできるのに対して、合弁会社を清算することはその退出コストが大きいため、容易にはできない。アライアンスを開始するにあたって、お互いが強くコミットすることが求められ、その結果、パートナーとの絆も強固なものとなる。

　このように合弁会社では、双方の企業が提供する資本資源が、お互いの関係を強化する役割を果たす。合弁会社の運営には、資本以外にも様々な経営資源、例えば人材、製品、技術、設備などが必要となるが、これらも通常は、双方から提供される。合弁会社はその目的に従って活動を行い、その成果を双方の企業に提供する【図表3-13】。

図表3-13 合弁会社

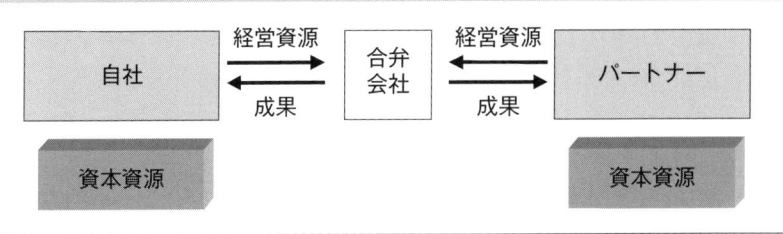

（2）合弁会社が果たす機能

　合弁会社がどのような成果を提供するかは、親会社との関係の中で合弁会社が果たす機能によって異なる。まず販売合弁会社【図表3-14(a)】は、親会社に対して販売の機能を提供する。合弁会社が両社の製品を一緒に販売すれば、製品ラインアップが増えて、顧客により広い製品群を提供することができる。あるいは、双方の製品をパッケージとして販売することで、顧客に新たな利便性を提供できるかもしれない。また企業が外国市場に進出する際、現地に販売チャネルを有するパートナーと販売合弁会社を設立することがある。独自の販売チャネルの構築には多大な時間を要するが、販売合弁会社を通して販売を行うことで、進出企業は速やかに事業を立ち上げることができる。

　開発合弁会社【図表3-14(b)】は、親会社に対して技術や製品の開発機能を提供する。開発合弁会社の目的は、両社の開発体制を一体化して、差別化された技術や製品をより効率的に開発することである。両社の研究者や技術者は開発合弁会社に転籍し、同じ会社の従業員として開発に従事する。別々の会社の従業員として共同開発を行うのに比べて、一体感は強まり、緊密な連携や作業が可能となるであろう。こうして開発された成果は、それぞれの親会社に提供され、それぞれの事業の中で活用されることになる。

　生産合弁会社【図表3-14(c)】は、親会社に対して生産の機能を提供する。双方の親会社は合弁会社に対して生産を委託し、生産された製品はそれぞれの親会社が販売し事業化する。生産合弁会社の目的は、両社の生産を一体化して生産規模を拡大し、生産効率の向上を図ることである。生産の協力関係を1つの合弁会社の中で完結することにより、目標管理や経費管理などを徹

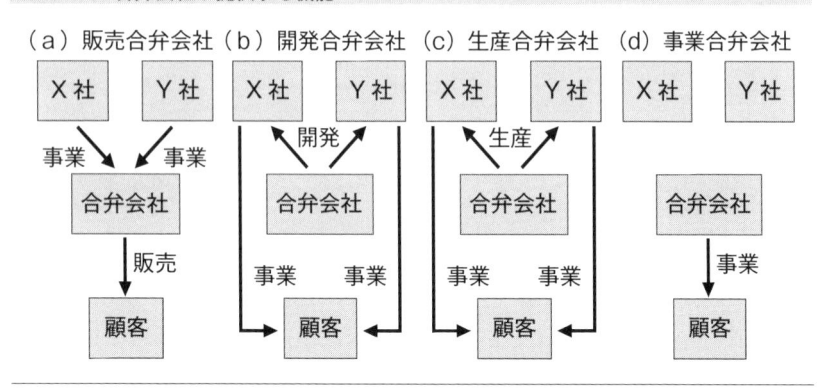

図表3-14　合弁会社が提供する機能

（a）販売合弁会社（b）開発合弁会社（c）生産合弁会社（d）事業合弁会社

底させ、コスト力のある生産体制を実現することができる。

　さて、これまで述べた販売合弁会社、開発合弁会社、生産合弁会社はそれ
ぞれ、販売、開発、生産という機能を親会社に提供するが、事業を行うのは
それぞれの親会社である。これに対して事業合弁会社【図表3-14(d)】は、親
会社から自立して自らの事業を行う点に特徴がある。親会社はそれぞれの事
業を切り出して統合し、事業合弁会社とする。その目的は、双方の事業を統
合することで、より競争力ある事業を創り上げることである。また、それぞ
れの親会社では存続が難しくなった事業を、一緒にして生き残りを図るとい
う、リストラ的な目的をもったものもある。このような事業合弁会社は特定
の機能を担うわけではないため、親会社に提供される成果は配当やキャピタ
ル・ゲインなど、株主に対しての配分利益となる。

（3）合弁会社の経営スタイル

　企業の経営スタイルとは、そのユニークな管理方法や統制システムのこと
である。具体的には、組織体制、人事・処遇制度、管理会計、情報システ
ム、さらには従業員間で共有される企業理念や行動指針、そこから生まれる
企業独自の経営文化などが、経営スタイルを構成する。通常、子会社の経営
スタイルは親会社のそれを踏襲する。複数の親会社をもつ合弁会社の場合、
その経営スタイルがどのようになるかは、いくつかのパターンが考えられ

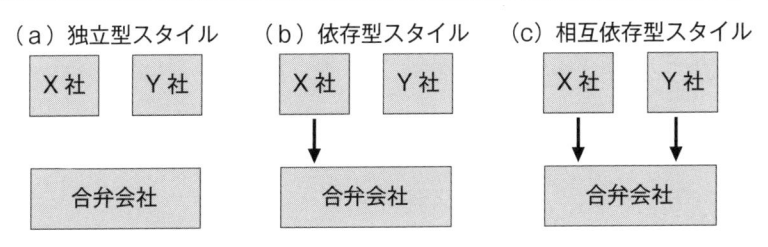

図表3-15　合弁会社の経営スタイル

（a）独立型スタイル　　（b）依存型スタイル　　（c）相互依存型スタイル

| X社 | Y社 | X社 | Y社 | X社 | Y社 |

| 合弁会社 | 合弁会社 | 合弁会社 |

Killing(1982)に基づいて筆者作成

る。

　Killing（1982）は親会社との関係に基づいて、合弁会社の経営スタイルを3つに分類している。第1は独立型スタイルである【図表3-15(a)】。双方の親会社とは異なる独自の経営スタイルを採用する。事業合弁会社で、親会社から自立して独自の事業を展開していこうとする場合に、このようなスタイルが採用されることが多い。

　第2は依存型スタイルである【図表3-15(b)】。どちらか一方の親会社の経営スタイルを採用する。企業が外国市場に参入する時、その国のパートナーと現地合弁会社を設立することがある。合弁会社の従業員はほとんどがその国の人であり、その国の風習や文化に合った事業運営を行う必要があるため、地元パートナーの経営スタイルを採用することが多い。また、親会社の出資比率が非対等で、どちらかの親会社が明確な支配権をもつ場合は、その支配親会社の経営スタイルが採用されることが一般的である。

　第3は相互依存型スタイルである【図表3-15(c)】。双方の親会社のもつ経営スタイルを部分的もしくは折衷的に採用するものである。双方の親会社との関係をできるだけバランス良くさせようという配慮がある場合、このような運営が行われることがある。それぞれの優れたところを補完的に活用できれば良い効果を生むであろうが、それぞれの経営スタイルをばらばらに組み合わせたり、単純に足して2で割ったりするような対応がされた場合は、合弁会社の運営は混乱する。

　Killing（1982）の調査結果によると、相互依存型の合弁会社は、依存型や独立型と比べて業績が劣るという傾向が見られる。すなわち、合弁会社の経

営スタイルはどちらか一方の親会社に合わせるか、そうでなければ独自のものを築くことが好ましいということである。親会社の力関係を無理に持ち込むことなく、合弁会社に適した経営スタイルを構築することが重要である。

第 4 章

アライアンス・マトリックス
アライアンスをどのように分析するか

　アライアンスでは、企業間で経営資源の取引が行われる。この取引を行う企業の関係と、取引される経営資源の関係に注目して、アライアンスを分析する手法を示すことが本章のテーマである。

　アライアンスは、企業の関係に基づいて、水平型アライアンスと垂直型アライアンスとに分類される。さらに、経営資源の関係に基づいて、統合型アライアンスと交換型アライアンスとに分類することもできる。この2つの分類を組み合わせると、アライアンスは2×2＝4つの象限から成るマトリックスの、いずれか1つに位置づけることができる。

　このアライアンス・マトリックスという分析フレームワークを用いると、企業がアライアンスを行う背景に何があるのか、その戦略的理由を明らかにすることができる。アライアンスをどのようにマトリックス上に位置づけるか、このフレームワークを用いてどのように分析を行うか、以下順を追って示していく。

1　アライアンス・マトリックスの考え方

（1）企業の関係と経営資源の関係

　アライアンスとは企業間における経営資源の取引である【図表4-1】。すなわち、両社（X社とY社）がそれぞれ相手の経営資源を必要とし、それらを提供し合うことによってアライアンスが成立する。従って、アライアンスを理解するためには、まずどのような相手とどのような経営資源を取引しているかに注目する必要がある。ここに2つの視点が示されている。1つは「どのような相手との取引か」であり、もう1つは「どのような経営資源が取引されるか」である。

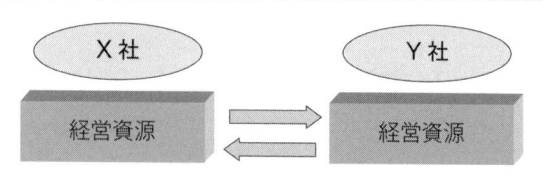

　「どのような相手との取引か」に関しては、X社とY社の関係が問題となる。お互いに競合している関係か、あるいはサプライヤーと顧客の関係か、などによってアライアンスを行う理由は異なる。ライバルどうしが組む場合には、市場で競争することを前提に、非競争領域における機能（開発や生産など）の強化を目的とすることが多い。一方、サプライヤーと顧客が組む場合には、市場取引の延長もしくはその効率化を目的として行われることが多い。

　また「どのような経営資源が取引されるか」という点については、X社が提供する経営資源とY社が提供する経営資源の関係が問題となる。ここで重要なことは、経営資源そのものではなく、双方が提供する経営資源の関係に注目するということである。経営資源そのものに注目すれば、前章で示したように、アライアンスの形態を示すことになる。販売資源が対象であれば販売協力となり、技術資源が対象であれば技術ライセンスとなる。しかし、ここで把握しようとするのはアライアンスの形態ではなく、企業がそのアライアンスによって何を達成しようとしているか、その戦略的背景である。そのためには、取引される経営資源の関係に注目する必要がある。

　こうして企業の関係と経営資源の関係の双方を捉えることで、アライアンスについての理解を深めることができる。本章ではこの2つの関係を、アライアンス・マトリックスとして2次元の平面上に表示する。個々のアライアンスをそのマトリックス上に位置づけることで、その背景にある戦略的な狙いや、さらにそれを行う企業の基本戦略について把握することが可能になるのである。

図表4-2　6人の競争参加者

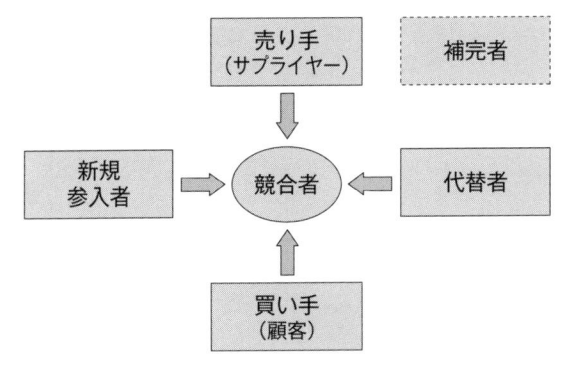

Porter（1980）に基づいて筆者作成

(2) 水平型アライアンスと垂直型アライアンス

　まず、企業の関係から見ていくことにしよう。ポーターは業界の競争状態を特徴づけるものとして、競合者、買い手（顧客）、売り手（サプライヤー）、代替者、新規参入者の5人の競争参加者を挙げている（Porter, 1980）。これに補完的な役割を果たす者（補完者）を加えて、6人の競争参加者として論じられることもある【図表4-2】。

　ある企業にとって補完者の関係にあるとは、補完者の製品が存在することで、その企業の製品の価値が上がるということである。例えば、ゲーム機器メーカーにとって、ゲームソフト・メーカーは補完者である。人気のゲームソフトがたくさん提供されることによって、ゲーム機器の価値が上がるからである。逆に、他のゲーム機器メーカーの存在は競争を激しくし、その製品の価格下落や売上減少をもたらす。企業の製品の価値を下げるこのような存在は、競合者に他ならない。

　代替者も、企業の製品を置き換えてしまう可能性があるので、やはり価値を下げる存在である。新規参入者もいずれは競合者となるであろう。従って、代替者や新規参入者は、企業にとって競合する関係にある。

　一方、顧客やサプライヤーは、企業にとってなくてはならない存在である。顧客の事業が好調であれば、それは企業にとって顧客向けの売上高の増加に繋がる。サプライヤーが優れた部品を提供すれば、企業はそれを使用し

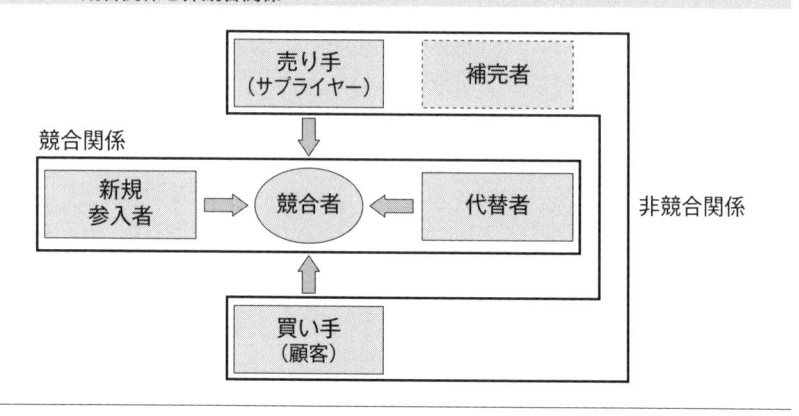

図表4-3　競合関係と非競合関係

て自らの製品の性能を高めることができる。顧客やサプライヤーは、企業にとって事業の成功・不成功を共にする関係にある。

　このように、先程の6人の競争参加者のうち、同業者、代替者、新規参入者は企業にとって競合する関係にある。それに対して、顧客、サプライヤー、補完者は非競合の関係にある。競争参加者は、競合するかしないかによって、2つのグループに分けることができる【図表4-3】。

　パートナーが競合関係にあるかないかに基づいて、アライアンスは2つのタイプに分類できる【図表4-4】。すなわち、水平型アライアンスと垂直型アライアンスである（Chetty & Wilson, 2003）。水平型アライアンスは、競合する関係にあるパートナー、すなわち競合者、代替者もしくは新規参入者と行うアライアンスである。パートナーとは同じ業界にいて、同じ平面上で競合しているので、水平型という言葉が使われる。事業的にはライバル関係にあるが、開発費負担の軽減やスケール・メリットの追求などを目的に、開発や生産など特定の機能で連携を行う。例えば、半導体メーカーどうしが、共同で最先端技術の開発を行ったり、あるいは共同生産を行うための合弁会社を設立したりするアライアンスである。

　これに対して垂直型アライアンスは、競合しない関係にあるパートナー、すなわち顧客、サプライヤー、あるいは補完者と行うアライアンスである。これらのパートナーは異なる業界にあって、バリューチェーンの中の取引関

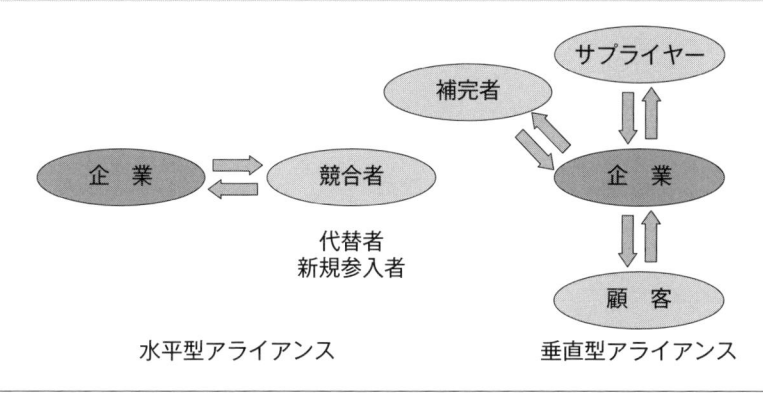

図表4-4　水平型アライアンスと垂直型アライアンス

補完者

サプライヤー

企　業

競合者

企　業

代替者
新規参入者

顧　客

水平型アライアンス　　　　　　　垂直型アライアンス

係によって結ばれる。バリューチェーンの上流にいる企業と下流にいる企業
が連携するので、垂直型という言葉が使われる。本来は市場取引をする関係
にあるが、連携をすることによって、この取引をより効率的に行うことがで
きる。例えば、液晶テレビメーカーがその製品に使用する特殊な半導体部品
を、半導体メーカーと共同開発するようなアライアンスである。これによっ
て、市場取引では入手が困難な特殊部品をサプライヤーであるパートナーか
ら、確実に安定的に調達することが可能となる。

　あるいは、液晶テレビメーカーが、その製品の販売先である家電量販店
と、長期的な販売委託契約を締結したとすると、これは顧客とのアライアン
スである。これによって、顧客に対しての安定的な販売を確保することがで
きる。また、液晶テレビと一緒に使用されるビデオ機器メーカーがあれば、
それは液晶テレビメーカーにとって補完者となる。両社が連携して共同マー
ケティングを行えば、これも垂直型アライアンスとなる。

　取引コスト理論に基づけば、企業は取引コストと内部コストの合計を最小
化しようとしてアライアンスを行う。水平型アライアンスは、主として内部
コストを減らすことを目的にして行われる。共同開発を行えば開発費を折半
することができ、生産合弁会社を設立すれば設備投資の負担を減らすことが
できる。しかし、パートナーと連携することで、これまで自社内で完結して
いた場合と比較して、新たな取引コストが発生する。しかもパートナーはラ

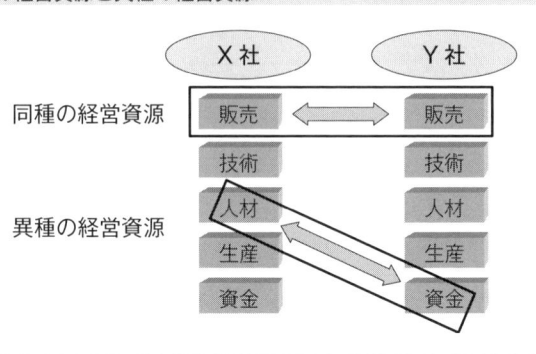

イバル関係にあるので、機会主義の脅威は大きい。それでも内部コストの減少による効果がそれを上回るのであれば、アライアンスが行われる。

　一方、垂直型アライアンスは、主として取引コストを減らすことを目的にして行われる。パートナーであるサプライヤーや顧客との間では、製品の売買が行われる。アライアンスを行わなければ通常の市場取引であり、それに伴う取引コストが発生する。アライアンスを行うことで、長期的かつ緊密な関係が築かれ、お互いの信頼関係が醸成される。その結果、機会主義の脅威は減り、取引コストも減少する。しかし、一方で新たな内部コストが発生する。これまでサプライヤーから調達するだけであった部品を共同開発すれば、その開発費を分担しなければならない。顧客と長期的な販売委託契約を締結すると、他の顧客への販売が制限され、販売効率が落ちてコストが増えるかもしれない。それでも取引コストの減少による効果がそれを上回るのであれば、アライアンスが行われるであろう。

（3）統合型アライアンスと交換型アライアンス

　次に、提供される経営資源の関係を考える。ここで経営資源をいくつかのカテゴリーに分類する。例えば、販売資源、技術資源、人材資源、生産資源、資金資源などである（Chatterjee & Wernerfelt, 1988）。そして、提供される経営資源の関係を、それぞれがどのカテゴリーに属するかに基づいて、2通り考える【図表4-5】。1つは販売資源と販売資源、あるいは資金資源と資金資

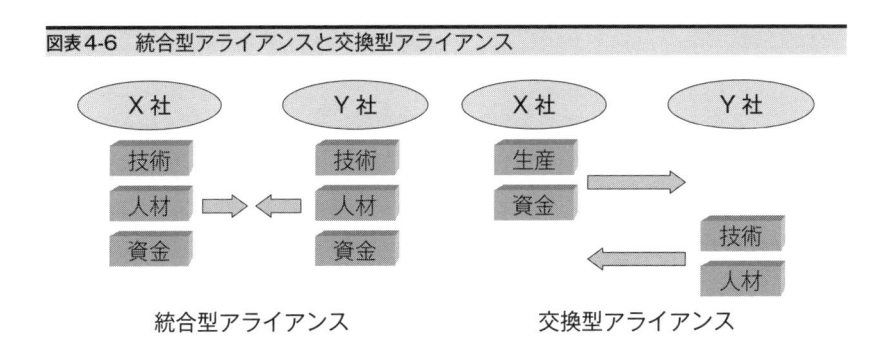

図表4-6　統合型アライアンスと交換型アライアンス

統合型アライアンス　　　　　　交換型アライアンス

源というように、それぞれが同種の経営資源であるもの。もう1つは人材資源と資金資源、あるいは販売資源と生産資源というように、それぞれが異種の経営資源であるものである。

　資源ベース理論に基づけば、企業がアライアンスを行う動機は、市場取引では扱えない経営資源をアライアンスにより入手することである（Das & Teng, 2000）。双方の企業がお互い相手の保有する経営資源を必要とし、それらを提供し合う場合にアライアンスが成立する。その際に、お互いが提供する経営資源の関係が同種であるか異種であるかに基づいて、アライアンスは2つのパターンに分類することができる【図表4-6】。すなわち、統合型アライアンスと交換型アライアンスである（Das & Teng, 1998）。

　統合型アライアンスは、単独では経営資源の規模が十分でないために、同種の経営資源を統合して必要となる規模を実現する、すなわち補強を目的とするものである。例えば、ある技術を1年間で開発しなければならないが、それには100人の技術者と100億円の開発資金が必要であるとする。50人の技術者と50億円の資金しかもたない企業が2社あった場合、単独では開発目標を達成することができないが、共同開発を行うことでそれは可能となる。人材や資金という同種の経営資源を統合させて、規模的な不足を補強するのである。

　それに対して交換型アライアンスは、単独では経営資源の範囲が十分でないため、異種の経営資源を組み合わせることで必要とする範囲を実現する、すなわち補完を目的とするものである。例えば、ベンチャー企業が優れた技

術と技術者を有しているものの、それを製品化するための開発資金や、その製品を生産する工場を有していなかったとする。その場合、資金力や生産力をもつ大企業と組んで製品の共同開発を行えば、単独では無理であった事業化が可能になるであろう。大企業としても、ベンチャー企業の革新的技術をベースに、新規事業のきっかけを掴むことができるかもしれない。それぞれが必要としている異種の経営資源を提供し合うことで、範囲の不足を補完しようとするものである。

(4) アライアンス・マトリックス

　以上、アライアンスを企業の関係に基づいて水平型アライアンスと垂直型アライアンスに、また経営資源の関係に基づいて統合型アライアンスと交換型アライアンスとに分類した。それぞれ取引コスト理論および資源ベース理論の視点に基づく分類であるが、近年これら2つの理論を相補的なものとして捉えて、企業の行動を説明する研究が進んでいる（Vivek, Banwet & Shankar, 2008）。アライアンスの分析でも、これら2つの視点を組み合わせることで、その現象をより多面的に捉えることができる（Mclvor, 2009）。そこで**図表4-7**に示すように、横軸に水平型か垂直型かの分類を、縦軸に統合型か交換型かの分類を表現し、4つの象限からなるマトリックス（アライアンス・マトリックス）を考える（Yasuda & Iijima, 2004）。

　アライアンスは各象限に対応して、以下の4つのいずれかに分類される。(a) 第1象限：水平型かつ統合型のアライアンス、(b) 第2象限：垂直型かつ統合型のアライアンス、(c) 第3象限：垂直型かつ交換型のアライアンス、(d) 第4象限：水平型かつ交換型のアライアンス。

　アライアンスはパートナーとの間で経営資源を提供し合う取引である。なぜそのような取引が行われるのか、すなわちアライアンスの背景にある戦略的理由は、「どのようなパートナーと、どのような経営資源を提供し合うか」を把握することによって理解できる。そしてこのパートナーとの関係、および経営資源の関係を表すものがアライアス・マトリックスである。次節では4つの象限のそれぞれについて、それがどのような戦略的理由に対応しているかを見ていくことにしよう。

図表4-7 アライアンス・マトリックス

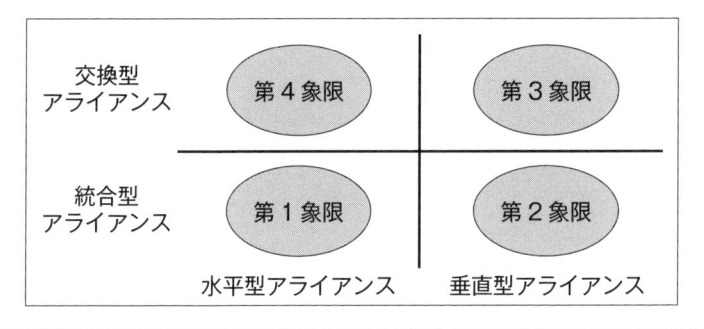

2 アライアンス・マトリックスの4象限

（1）第1象限のアライアンス

　ここではマトリックスの象限ごとに、そこに位置するアライアンスの特徴を分析し、企業がアライアンスを行う戦略的理由を特定する。まず第1象限のアライアンスは、同業界の企業どうしが同種の経営資源を統合し、補強することで特徴づけられる。市場では競合しているが、生産や開発など特定の機能においてそれぞれの経営資源を統合して規模を拡大し、スケール・メリットを享受する。特に巨額の設備投資や開発投資が必要な業界では、同業企業どうしで合弁会社を設立し、その負担を分け合うことが行われる。1社では投資負担に限界があり生産規模も限られるが、このようなアライアンスを行うことで継続投資が可能となり、所望のレベルまで生産規模を拡大することができる。これによって実現される高い効率性や強いコスト力が競争優位の源泉となる。

　東芝とサンディスク（米国）が、フラッシュメモリを共同で生産するための合弁会社（フラッシュビジョン）を設立したのはこの例である。両社は市場ではお互いフラッシュメモリ製品の販売でしのぎを削るライバルであるが、生産機能の領域では協力関係を構築した。設備投資のための資金、技術者や管理者などの人材、生産を行うための技術など、双方の経営資源を統合

図表4-8　第1（規模拡大）象限のアライアンス

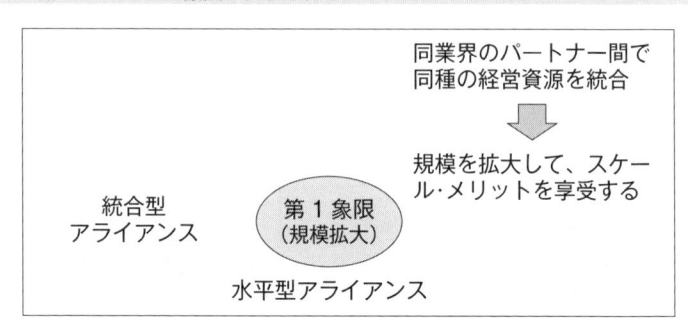

して大規模な生産体制を確立した。こうして、業界他社に負けない規模とコスト競争力を実現しようとしたものである。

　このように第1象限に位置するアライアンスは、経営資源を統合して規模を拡大し、スケール・メリットを享受することを目的として行われる【**図表4-8**】。この特徴に基づいて、この象限を"規模拡大"象限と呼ぶことにする。

（2）第2象限のアライアンス

　第2象限に位置するアライアンスは、異なる業界にある企業（例えば顧客）との間で、同種の経営資源を統合することで特徴づけられる。異なる業界で異なる事業を行う企業どうし、同種の経営資源であっても、それぞれのもつ強みや優位性が異なる。それがサプライヤーと顧客という関係で結びつくことにより、その能力が補完し合って創出されるシナジーがある。それぞれの特徴ある技術が融合することでイノベーションが生まれ、それぞれが連携した販売を行うことで新たな事業機会が作られる。往々にして、企業がその顧客とアライアンスを行う場合、顧客がその企業にとって革新的な製品の開発者となり得ることが指摘されている（Thomke & Hippel, 2002）。

　東芝とソニーが、ブロードバンド・ネットワーク向けの最先端プロセッサーを共同開発したのはこの例である。半導体部品メーカーとしての東芝と、家電・ゲーム機器メーカーとしてのソニーは、サプライヤーと顧客の関係にある。従って、それぞれが技術的な強みをもつものの、その得意とする領域

> 異業界のパートナー間で
> 同種の経営資源を統合
>
> 異なる能力のシナジーを活
> かしてイノベーション／新
> 事業を創出する　　　　　統合型　　　　　第2象限
> 　　　　　　　　　　　　アライアンス　　　（能力補完）
>
> 　　　　　　　　　　　　　　　　垂直型アライアンス

は異なる。この共同開発では双方がそれぞれの技術を提供し、技術者を派遣
し、開発費を分担した。そして、東芝がもつ半導体技術とソニーがもつシス
テム技術との融合によって、世界最高性能のプロセッサーの開発に成功し
た。

　このように第2象限に位置するアライアンスは、異なる能力が補完して生
まれるシナジーを活かしつつ、イノベーションや新事業を創出することを目
的として行われる【図表4-9】。この特徴に基づいて、この象限を“能力補完”
象限と呼ぶことにする。

（3）第3象限のアライアンス

　第3象限に位置するアライアンスは、顧客との間で異なる経営資源を交換
することで特徴づけられる。サプライヤーと顧客は、それぞれの役割を分担
して異なる経営資源を提供しつつ連携を行う。これはバリューチェーン（価
値連鎖）の中で、実質的な垂直統合が行われることを意味する。企業は顧客
と緊密なコミュニケーションを行い、そのニーズを取り込みながら製品やサ
ービスの開発を行う。このような開発の結果として、企業はその顧客のもつ
市場を確保できる。なぜなら、顧客としても自らのニーズを満たした製品や
サービスが、アライアンス関係の中で安定的に供給されることを望むため、
その購入をコミットするからである。特に顧客の需要が大きい場合、これは
魅力的な市場となる。

交換型
アライアンス

第3象限
（垂直統合）

異業界のパートナー間で
異種の経営資源を交換

垂直型アライアンス

パートナー間で実質的な
垂直統合を行い、価値連
鎖を拡大する。

　半導体部品メーカーのクアルコムは、携帯電話端末メーカーのノキアと、無線通信技術分野で広範なアライアンスを行った。ノキアが提示する仕様に基づいて携帯電話端末に使用される半導体部品を開発し、これを独占的にノキアに供給した。ノキアはこうして調達した半導体部品を用いて自らの製品を差別化し、携帯電話端末市場でのシェアを大きく伸ばした。ノキアの成長に伴いクアルコムも売上げを伸ばし、半導体業界の有力企業へと飛躍を果たした。

　このように第3象限に位置するアライアンスでは、サプライヤーと顧客との間で実質的な垂直統合の関係が築かれる。サプライヤーは顧客の市場を囲い込んで有望な販売先を確保し、顧客はサプライヤーの供給を囲い込んで安定的な調達先を確保する。こうして拡大したバリューチェーンの中で、両社が一体となって競争優位を目指そうとするものである【図表4-10】。この特徴に基づき、この象限を"垂直統合"象限と呼ぶことにする。

（4）第4象限のアライアンス

　第4象限に位置するアライアンスは、同業界の企業どうしが異なる経営資源を交換することで特徴づけられる。同業界で同じ事業を行っている企業でも、それぞれの得意な領域や機能は異なる。各社が有している経営資源の強みや弱みも様々である。例えば、製品開発に強みをもつ企業と生産コスト力のある企業が組めば、開発から生産まで優位性をもった連合が出来上がる。

交換型
アライアンス

第4象限
（機能分担）

同業界のパートナー間で
異種の経営資源を交換

水平型アライアンス

双方が優位な機能・領域
に特化し、お互いの強み
を組み合わせる。

1企業ですべての領域に秀でようとするのではなく、強い機能に特化して、そこをより強くすることに注力する。そして、他の機能で強くなったパートナーと連携し補完し合うことで、全体として優位になろうとするものである。

　東芝とシャープが行った液晶テレビ事業分野でのアライアンスはこのタイプである。液晶テレビの基幹部品として液晶パネルとシステム半導体があるが、この両方を内製することは液晶テレビメーカーにとって大きな負担であった。両社は市場では競合する関係にあったが、それぞれの強い領域を分担し補完し合うことで、この負担を軽減するためのアライアンスを行った。すなわち液晶パネルはシャープが注力し、システム半導体は東芝が注力して、それらをお互い相手方に供給し合うという取り決めを行ったのである。これにより両方の基幹部品を安定的に確保しながら、液晶テレビ事業を推進することが可能になった。

　このように第4象限に位置するアライアンスでは、それぞれ優位な機能や領域を分担し、そこに特化することでそれぞれの経営資源を強化する。そして、お互いの強みを組み合わせることによって競争力を構築しようとするものである【図表4-11】。この特徴に基づいて、この象限を“機能分担”象限と呼ぶことにする。

　以上、マトリックスの象限ごとに、そこに位置するアライアンスがどのような戦略的理由のもとで行われるかを示してきた。これをまとめたものが図

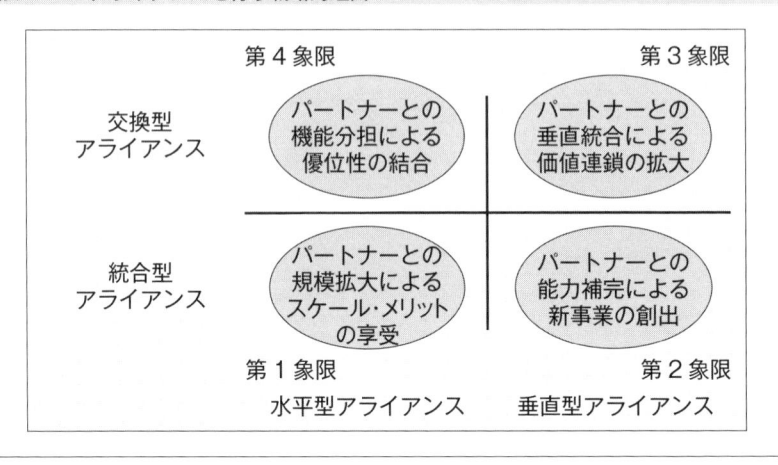

表4-12である。実際には、アライアンスがマトリックスの4象限のいずれか1つに、明確に分類されないことも多い。例えば、経営資源の関係について、統合される部分と交換される部分とが共存している場合もある。その結果、アライアンスが行われる背景についても、ここで挙げたいずれか1つではなく、いくつかの戦略的理由が組み合わさることもある。

　アライアンス・マトリックスを活用する目的は、アライアンスをどれか1つのパターンに類型化することではない。アライアンスが行われる様々な理由を包括的に把握し、それに基づいてアライアンスのもつ意味をできるだけ正しく理解することである。

3　アライアンス・マトリックス活用上の留意点

（1）アライアンスの当事者

　ここで、アライアンス・マトリックスを活用するうえで、いくつか留意すべき点を指摘したい。アライアンスはその取引における2つの関係、すなわち企業の関係と経営資源の関係に基づいて、アライアンス・マトリックスの各象限に位置づけられる。まず、企業の関係を特定する際の留意点である。

　確かにアライアンスは、企業間の取引として行われる。しかし、実際に

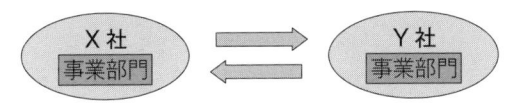

個々のアライアンスを担当し遂行するのは、企業内の特定の事業部門であることが多い。例えば、同じ電機メーカーの中にあっても、テレビ事業での販売協力はテレビ事業部門が、コンピュータ技術の共同開発であればコンピュータ事業部門が担当するであろう。企業と企業の関係を考える際には、アライアンスで取引の実質的な当事者となるのが企業なのか、あるいは特定の事業部門なのかに留意しなければならない。もし特定の事業部門が当事者であるならば、その事業部門どうしの関係を考慮する必要がある【図表4-13】。

　前節で例として取り上げた東芝とシャープとの相互供給の場合、これは液晶テレビ事業分野のアライアンスであり、その当事者はそれぞれの液晶テレビ事業部門である。両社はこの分野では同業者であり競合関係にあるので、その関係は水平型になる。一方、もう1つの例として取り上げた東芝とソニーとの共同開発の場合、東芝の当事者は半導体事業部門であり、ソニーの当事者はゲーム事業部門である。東芝とソニーは様々な事業分野で競合しているが、このアライアンスで当事者となる事業部門はサプライヤーと顧客の関係にある。従って、このアライアンスは垂直型として分類される。

　多くの事業を対象とした包括的なアライアンスや、企業統合・買収などの場合、取引は企業全体として行われる。従って企業と企業の関係は、企業全体としての競合関係を見て判断する必要がある。もし双方の企業が様々な事業を行っていて、企業全体としての競合関係が明確でない場合には、その主力事業どうしの関係に基づいて判断するのが適当であろう。

(2) 同種の経営資源の取引

　次に、経営資源の関係を特定する際の留意点である。前節では経営資源の関係を同種のものと異種のものとに分けて、同種の経営資源が提供されるものを統合型アライアンス、異種の経営資源が提供されるものを交換型アライ

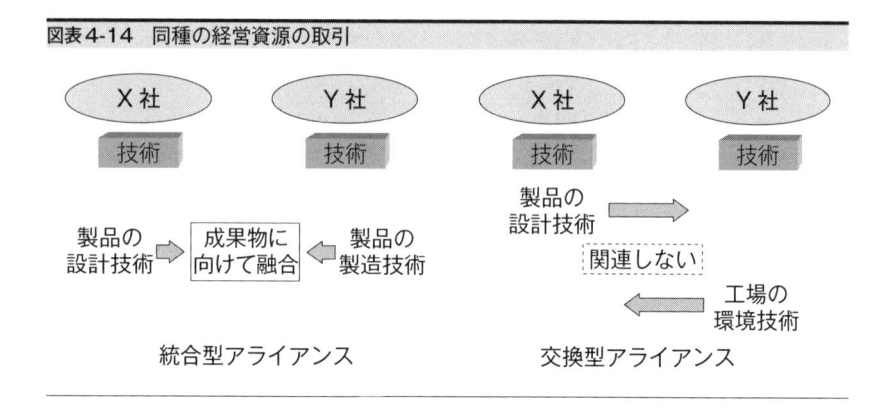

図表4-14　同種の経営資源の取引

アンスとして分類した。ここで、もう少し精度を上げて経営資源の関係を見ることにする。

　例えば、パートナーがお互いに技術を提供し合うアライアンスが2つあるとする【図表4-14】。1つは、設計技術に強みをもつ企業と製造技術に強みをもつ企業とが組んで、製品の共同開発を行うケースである。それぞれ単独では開発を成し得ないが、お互いの強みを持ち寄って融合させることで、製品開発を達成することができる。これは双方から提供される経営資源が、共同開発の対象製品の中で統合されるので、統合型アライアンスとして考えることができる。

　もう1つのケースとして、一方の企業が製品の設計技術を提供し、もう一方が工場の環境技術を提供する、という技術アライアンスを考えてみよう。同じ技術という経営資源ではあるものの、一方は設計技術でもう一方は環境技術、それぞれ全く関係のない技術である。恐らく、一方が設計技術を必要とし、もう一方が環境技術を必要としたため、このような取引が成立したのであろう。しかし、これらは同じ技術というカテゴリーの経営資源ではあっても、アライアンスの中で統合されるものではなく、単に交換されているに過ぎない。従って、これは交換型アライアンスとして分類すべきである。

　このように同種の経営資源が提供される場合でも、それらが関連のないものであれば、そのアライアンスは交換型として考えるべきである。それらが統合してアライアンスの成果物に融合していく場合に、それは統合型として

分類されることになる。

　前節で取り上げた東芝とソニーの共同開発の場合、東芝が提供する半導体技術とソニーが提供するシステム技術は、ブロードバンド・ネットワーク用プロセッサーという共同開発の成果物に向けて融合した。従って、このアライアンスは統合型である。一方、東芝とシャープの相互供給のアライアンスの場合、東芝が提供するシステム半導体とシャープが提供する液晶パネルは、融合して何か成果物を生み出すものではない。それらは液晶テレビで使用される2つの部品に過ぎない。そして、東芝が液晶パネルを必要としシャープがシステム半導体を必要としたので、この取引が成立したのである。お互いに相手が必要としたものを交換したわけであるから、これば交換型アライアンスとして分類するのが適当であろう。

（3）M&Aとアライアンス・マトリックス

　M&A（統合・買収）は、アライアンス・マトリックス上でどのように位置づければ良いのであろうか。M&Aもアライアンスと同様、企業間で行われる経営資源の取引である。ただ、アライアンスがパートナーの有する経営資源を活用するのに対して、M&Aはそれを獲得する。この活用するか獲得するかという点が、アライアンスとM&Aの基本的な相違点である。しかし経営資源を獲得する取引であったとしても、企業の関係および経営資源の関係は存在するので、M&Aをアライアンス・マトリックス上に位置づけることはできる。そしてアライアンスと同様に、その戦略的理由について分析することが可能である。

　企業の統合のケースを考えてみよう。双方の企業は統合して1つの企業になる。企業を経営資源の集合体（セット）として捉えると、これは**図表4-15**に示すように、双方の経営資源が一体となることを意味する。すなわち、統合型の取引である。ここで、企業の関係が競合していれば第1象限、非競合であれば第2象限に位置づけられる。

　次に企業の買収のケースである。現金による株式買収が行われる場合を想定しよう。この場合、買収する側の企業は資金を提供し、買収される側の企業（正確にはその株主）はその株式を提供する。株式とは企業が有する経営

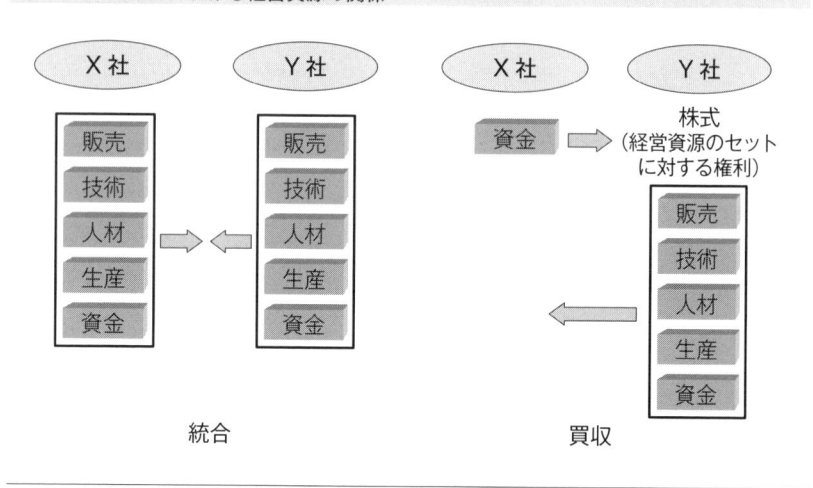

図表4-15 M&Aにおける経営資源の関係

統合

買収

資源のセットに対しての権利を表象する。従って、買収の取引は資金と経営資源のセットとの交換であると考えられる。すなわち交換型の取引である。企業の関係が競合であれば、その取引は第4象限に、非競合の場合は第3象限に位置づけられることになる。

　このようにM&Aについてもアライアンスと同様、アライアンス・マトリックス上に位置づけて分析を行うことができる。M&Aを行う戦略的理由も大きく4つのパターンに分類でき、しかもそれらはアライアンスを行う場合と基本的に同じである。すなわち、企業がある目的を達成しようとする時、それをアライアンスで行うこともできるしM&Aで行うことも可能なのである。それでは、アライアンスを行うかM&Aを行うかの選択は何に基づくのであろうか。それは戦略とは異なるいくつかの要因に基づいて判断される。その詳細は第15章で説明することにする。

第 **5** 章

最近のアライアンス事例から
このアライアンスはなぜ生まれたのか

　前章ではアライアンスを分析するフレームワークとして、アライアンス・マトリックスの考え方を紹介した。本章では、この分析フレームワークを用いて、具体的に4つのアライアンス（もしくはM&A）事例について分析を行う。この分析では事例ごとに、企業の関係および経営資源の関係に基づいて、水平型か垂直型か、統合型か交換型かの分類を行い、アライアンス・マトリックスの象限に位置づける。そして、それぞれの象限のもつ意味を考慮しつつ、その取引が行われた戦略的理由について考察する。こうしてアライアンス・マトリックを用いた分析を行うことで、アライアンス（もしくはM&A）の背景にある企業の狙いを、体系的に把握できることを示す。

　本章で取り上げる事例は次の4つである。すなわち（a）三菱重工と日立との電力システム事業統合、（b）ソニーとオリンパスの医療機器合弁会社、（c）ユニクロと東レの事業パートナーシップ、（d）サントリーと青島ビールの中国事業合弁会社。以下、それぞれの事例について見ていくことにする。

1 　三菱重工と日立の電力システム事業統合

（1）アライアンスの概要

　2012年11月、三菱重工業（以下、三菱重工）と日立製作所（以下、日立）は、それぞれの電力システム事業を統合して新会社を設立することを発表した（2014年1月に設立された新会社の名称は、三菱日立パワーシステムズ）[12]。統合対象となる事業には、ガスタービンやボイラーなどの火力発電設備の他、地熱発電システム、環境装置、燃料電池などが含まれ、合計すると新会社の売上高は1兆5千億円に達する。国内最大の発電機器メーカーとなり、世界的にもシーメンス（ドイツ）とゼネラル・エレクトリック（米国）の2

強に近づく規模となる[13]。

　三菱重工は電力システム、船舶、航空・宇宙機器、産業用機械などを手掛ける重機械メーカーである。火力や原子力など発電関連機器を幅広く揃える。一方の日立は、電力システム、情報・通信システム、鉄道システム、車載システムなど、社会インフラを中心に事業を展開する総合電機メーカーである。かつては半導体や液晶など先端エレクトロニクス分野にも注力していたが、安定的な成長が期待できる社会インフラ事業へのシフトを進めてきた。

　このように電力システム事業は、それぞれにとって中核的な事業である。それを切り出して統合に踏み切った背景には、グローバルな競争環境を強く意識した戦略がある。両社の社長は共同で記者会見を行い、「欧米や新興国メーカーとの競争に勝ち抜く」（三菱重工の大宮社長）、「日本最強の組み合わせ。海外のメジャープレイヤーに打ち勝つ」（日立の中西社長）と、本格的に世界市場に打って出ようとする意気込みを語った[14]。

　両社はこれまでも、2000年に製鉄機械事業、2011年には水力発電機器事業を統合した経緯があり、また海外で鉄道車両事業やスマートシティ事業を共同で進めてきた関係にある。このような従来からの連携を発展させて、今回の大規模な事業統合に至った。また将来、今回は統合の対象となっていない原子力発電機器や都市交通システムなどの事業も、新会社への統合を視野に入れて検討することとした。

（2）アライアンスの戦略的理由

　電力システム事業は三菱重工にとって稼ぎ頭、また日立にとっても長い歴史のある事業である。両社がこのような中核事業を切り離し統合するという決断をした背景には、5年、10年先を考えると単独での生き残りは難しいという危機感がある。

　これまで両社の電力システム事業の主戦場は国内市場で、主要顧客は国内の電力会社であった。しかしここ数年、国内電力各社の経営は厳しい状況にある。原発稼働の停止、円安や原油高などの要因が、その財務状態を圧迫している。今後、電力会社による大きな設備投資は期待できず、またあったと

しても競争入札を前提とした厳しい発注条件が予想される。そのような中で、国内に数社ある発電機器メーカーが、受注を競っていくことになる。このまま何もしなければ、先細りする国内市場で各社が消耗戦を展開していかざるを得ない。

　しかし、海外に目を向けると、そこには大きな成長が期待できる市場がある。東南アジアを中心とした新興国は、今後本格的な人口増加と経済成長を迎える。電力不足は著しく、巨大な発電所の新設需要が目白押しである。発電所建設などのインフラ投資は、2035年までに1300兆円になるとの試算もある[15]。グローバルに見れば、発電機器をはじめとする電力システムは、間違いなく成長産業と言える。

　無論、海外にはライバル企業が多数存在する。シーメンス、ゼネラル・エレクトリックの2強に加えて、中国企業や韓国企業の伸長も著しい。これらの企業との競争に打ち勝ち事業として成功するには、彼らに負けない高い技術力と信頼性、そして各国に根差した営業・サービスなど、きめ細かな対応が求められる。

　三菱重工と日立はともに、発電設備機器の幅広い製品ラインアップをもつ。しかし、グローバル市場で戦うためには、これをさらに充実させなければいけない。両社の事業統合は、その面からも合理性がある。例えば、ガスタービンでは三菱重工が高効率の大型機種に強く、日立は中小型機種に注力している。これらが一緒になることで、ライバル企業と伍して戦えるだけのフル・ラインアップが整う[16]。

　また事業統合によって新会社の調達規模は倍増するので、原材料を安く調達することが可能となる。さらに海外拠点の整理・集約を進めれば、間接コストの削減も期待できる。両社は統合効果により、トータルで15%のコスト・ダウンを実現できると見積もっている[17]。

　また、それぞれが強みとする高効率技術を結集して、その優位性をさらに高める狙いもある。二酸化炭素排出量規制の高まりを受けて、高効率技術の引き合いは高まっている。統合により圧倒的な技術的優位を確立できれば、ライバルとの競争を有利に進めることができる。

　そしてもう1つ、統合を後押しした要因として、財務体質の強化がある。

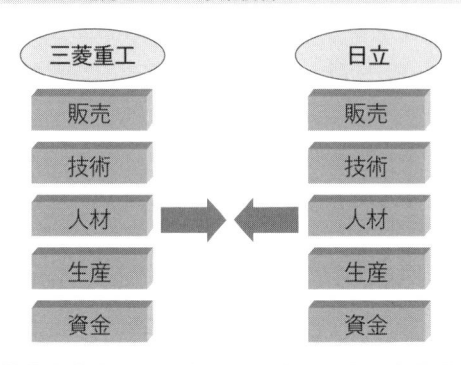

図表5-1　三菱重工と日立の電力システム事業統合

最近は新興国での受注条件として、現地での発電事業への出資や発電所の運営を求められるケースが増えている。このような事業を展開するうえでは、強固な資金力が欠かせない。しかし現状では、欧米のライバル企業と比べて財務体質が見劣りする。統合による規模拡大で財務基盤を固めることも、これからのグローバル展開を考えるうえで重要である。

(3) アライアンス・マトリックス分析

　この事例は三菱重工と日立が、それぞれの電力システム事業を切り出して統合する取引である。企業の業態として、三菱重工は重機械メーカー、日立は総合電機メーカーと、異なるカテゴリーに分類されるが、統合対象となる電力システム事業に関しては、同業者としてこれまでライバル関係にあった。従って、企業関係は水平型である。

　事業統合では、双方の企業から事業を構成するすべての経営資源が、セットとして提供される。この事例では、電力システム事業を行うのに必要となる技術、生産、販売、人材、そして資金などに係る経営資源である。すなわち、双方から提供される経営資源は同種であり、その関係は統合型である【図表5-1】。従って、この事例は水平型かつ統合型となり、アライアンス・マトリックスの第1（規模拡大）象限に位置づけられる。

　三菱重工と日立の狙いは、それぞれ単独ではライバル企業に見劣りする規模を、事業統合により拡大しようとするものである。企業の規模が大きくな

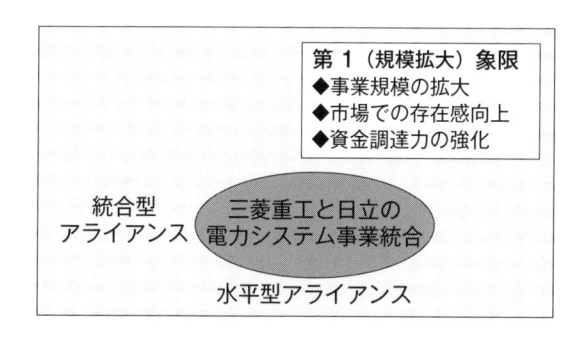

れば、グローバル市場での存在感が高まり、大規模な発電プロジェクトを受注しやすくなる。資材調達の規模も拡大するので、サプライヤーに対する価格交渉力も強まる。また今後、グローバル事業を展開するため、現地企業の買収や生産拠点の拡充を行う際に、より一層強化された資金力でそれらの取り組みを支えることができる。

　縮小する国内市場では消耗戦を避けつつ、成長するグローバル市場で先行するライバル企業を追撃する。そのために事業規模を拡大して、それに伴うスケール・メリットを追求しようとする狙いが、事業統合の背景にある。これらは第1（規模拡大）象限のアライアンスを特徴づけるものである【**図表5-2**】。

2　ソニーとオリンパスの医療機器合弁会社

（1）アライアンスの概要

　2013年4月、ソニーとオリンパスは、外科用内視鏡の開発を行う合弁会社（ソニー・オリンパスメディカルソリューションズ）を設立した（出資比率はソニー51%、オリンパス49%）。新会社のロゴにはソニーの「S」とオリンパスの「O」を合体したデザインが用いられ、両社それぞれの強みを融合させ、一体となって事業を展開していこうとする思いが表現された。新会社のビジョンとして、「ソニーが有するデジタルイメージングなどの最先端エレクトロニクス技術と、オリンパスの有するレンズ、光学などの医療機器技術を組

み合わせ、質の高い医療の機会を多くの人々に届けることで、世界の医療の発展への貢献を目指します」というメッセージも発表された[18]。

　新会社が開発対象とするのは、新型の外科用内視鏡およびその関連システムである。製品には、3D（3次元）の画像技術と4K（フルハイビジョンの4倍）の高精細技術が用いられ、体内の患部の様子をリアルタイムで高精度に再生することが可能になる。これによって難度の高い外科手術でも、開腹することなく行うことができるようになる。オリンパスはこれまで長年、内視鏡開発の実績があり、精密医療器具を手術する患部の先端まで正確に近づける高度な技術を有する。これにソニーのテレビやビデオ事業で培った最先端の画像技術が組み合わさることで、内視鏡の機能が格段に向上する。

　また、有機EL技術を用いたモニターや画像配信機器を含めて、手術室をスタジオのようにシステム化し、そのソリューションを提供する事業も展開する。さらに、ソニーがロボット犬AIBO（アイボ）で培ったロボット技術を活用して、手術支援システムの開発も視野に入れる。

（2）アライアンスの戦略的理由

　ソニーはテレビ、映像・音響機器、ゲーム機、センサー部品などのエレクトロニクス事業の他、音楽、映画、金融などの事業を幅広く手掛ける家電メーカーである。ここ数年、主力のエレクトロニクス事業の業績が低迷し、苦戦が続いている。パソコン事業の売却など構造改革を行う一方で、将来の成長分野への事業転換を進めている。その1つとして期待されているのが医療事業である。

　ソニーは従来から、医療用モニターやプリンターなど周辺機器を中心に医療事業を手掛けてきたが、その売上高は500億円程度にとどまっている。ソニーはこれを、2020年までに2000億円の規模に拡大するという目標を掲げている[19]。そして、それを実現するためのパートナーとして選んだのが、この分野での事業経験が豊富なオリンパスである。

　ソニーの平井社長は新会社の設立にあたり、その意義を以下のように述べている。「ソニーは新会社に、ソニーが有する最先端のイメージング技術や人材、資産などを投入してまいります。そして、これらとオリンパスが培っ

てきた医療技術および事業経験と組み合わせることで、新会社が医療業界にイノベーションをもたらし、大きく飛躍すると確信しております[20]」

　一方のオリンパスは、カメラ、顕微鏡、内視鏡などを扱う光学・医療機器メーカーである。消化器系内視鏡では70%の世界シェアをもち、医療用光学機器の世界最大手である[21]。しかし、2011年に起きた損失隠蔽問題の影響で経営が悪化し、自己資本比率が大幅に低下した。そこでオリンパスはソニーとの間で資本・業務提携契約を締結し、ソニーに対する第三社割当増資を実施するとともに、医療事業とデジタルカメラ事業の2分野で業務提携を行う方針を確認した[22]。今回の合弁会社の設立は、このうち医療事業での連携を具体化したものである。

　外科手術は、従来のメスを使った手術から、外科用内視鏡で撮影した映像を利用する低侵襲治療（体へのダメージが少ない治療）へと移行している。患者を開腹せず、体に開けた小さな穴から操作する手術方法で、そこで用いられる外科用内視鏡は、今後の市場拡大が期待されている医療機器である。しかしオリンパスは、消化器系内視鏡で圧倒的な市場シェアをもつものの、外科用内視鏡の分野では、カールストルツ（独）、ストライカー（米）などに後れをとっている[23]。ソニーと連携することで、ライバル企業に勝る高性能な製品を開発し、シェア拡大に向けた足がかりを築こうという意図がある。

　オリンパスの笹社長は合弁会社設立にあたって、以下のようなメッセージを述べている。「オリンパスは、収益・成長のドライバーである医療事業において『外科事業の飛躍的成長』を重点施策の1つに掲げています。両社の技術を融合しシナジーを最大限に発揮させることで、オリンパス単独では成しえない革新的な製品を開発し、世界の医療の発展に貢献できるものと確信します[24]」

　医療機器の高度化に伴い、製品の開発には最先端のエレクトロニクス技術と精密光学技術の活用が不可欠となっている。このような背景が、ソニーとオリンパスのアライアンスを生み出したと言えよう。それぞれのもつ技術を融合させることで、革新的な製品開発が可能となる。それは医師の手術中の負担と患者の体に対する負担を、それぞれ軽減する。この手術法が今後さら

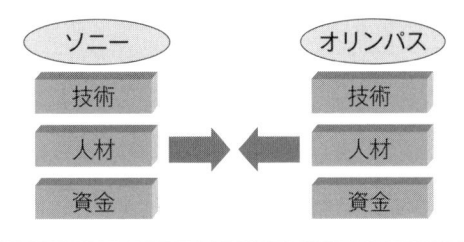

に普及すれば、新たな事業機会が創出される。単独の力では成し得ないイノベーションと事業創造を、両社の力を合わせることで実現しようとするアライアンスである。

（3）アライアンス・マトリックス分析

　この事例は、家電メーカーのソニーと光学・医療機器メーカーのオリンパスとのアライアンスである。デジタルカメラなど一部の事業では競合関係にあるものの、お互いに異なる業界にあってライバル関係にはない。また、ソニーのセンサー部品がオリンパスの医療機器に組み込まれるなど、サプライヤーと顧客の関係にある。従って、企業関係は垂直型である。

　お互いが提供する経営資源の関係はどうであろうか。合弁会社では外科用内視鏡の開発が行われるので、そのために必要となる技術が双方から提供され、技術者などの人材も派遣される。開発費や資本金のための資金も、双方が分担して提供する。このように、技術、人材、資金など同種の経営資源が提供されるので、その関係は統合型である【図表5-3】。すなわち、この事例は垂直型で統合型のアライアンスであり、アライアンス・マトリックスの第2（能力補完）象限に位置づけられる。

　技術という同種の経営資源が提供されるとしても、異なる業界にいる双方の強みや優位性は異なる。ソニーは家電メーカーとしての強みを活かして、3D画像技術や4Kの高精細技術を提供する。画像配信技術やロボット技術も、手術ソリューションを開発するうえで重要な役割を果たすであろう。一方のオリンパスは、長年の医療事業で培われた医療機器技術、例えば内視鏡

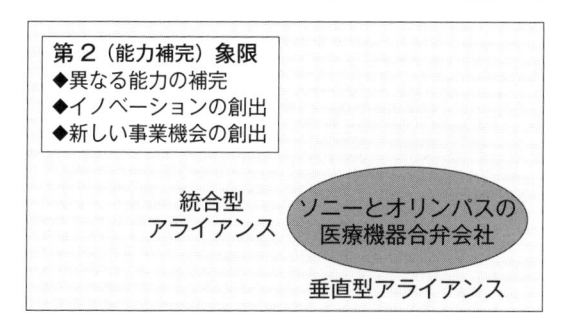

図表5-4　医療機器合弁会社の戦略的理由

第2（能力補完）象限
◆異なる能力の補完
◆イノベーションの創出
◆新しい事業機会の創出

統合型
アライアンス

ソニーとオリンパスの
医療機器合弁会社

垂直型アライアンス

用の光学技術や精密作動技術に強みがある。体内に入る医療機器では欠かせ
ない減菌耐性技術も、その経験に裏打ちされたものである。

　このように双方の異なる強みが補完的に融合することで、今までにない革
新的な製品が誕生する。それが外科手術のあり方を変えることで、医療機器
の新しい市場が創出される。ここで示した異なる能力の補完、それによるイ
ノベーションや新しい事業機会の創出は、第2（能力補完）象限のアライア
ンスを特徴づけるものに他ならない【図表5-4】。

3　ユニクロと東レの事業パートナーシップ

（1）アライアンスの概要

　2015年11月、ユニクロと東レは、戦略的パートナーシップ第3期5ケ年
計画の概要を発表した[25]。ユニクロの柳井社長と東レの日覺社長は共同で
記者会見を行い、「これまでの関係をさらに発展させ、素材開発から店頭販
売まで一貫した仕組みの中で、新しい産業の実現に取り組む」とその意気込
みを語った。

　両社は従来から、繊維メーカーとその顧客のアパレル企業として取引する
関係にあったが、その取引の中からフリース、エアテック、ヒートテックな
ど、数々のヒット商品が生まれてきた。このような事業的成功は両社の関係
を深化させ、2006年3月に第1期、引き続き2010年7月に第2期の戦略的パ

ートナーシップに関する基本合意書が締結された。

　このパートナーシップのもとで、両社は新素材・新商品の開発に共同で取り組み、そこからシルキードライやウルトラライトダウンなどの新商品が世に出た。両社間の累積取引額も、第1期の5年間（2006年～2010年）で2500億円、第2期の5年間（2011年～2015年）では6000億円に達した[26]。そして、この関係をさらに発展させるために、冒頭述べたように第3期パートナーシップがスタートすることになった。

　第3期パートナーシップ計画ではデジタル化とグローバル化を強調しつつ、主に3つの方針が示された[27]。まず、画期的な新商品を開発し、新たな市場を継続的に創出していくことである。最先端の素材技術をもつ繊維メーカーと、消費者のニーズに接するアパレル企業が組むことで、既存製品の機能性を向上させるとともに、これまでにない新しい価値のある商品を開発し提供していこうとするものである。

　次にグローバルな取り組みの拡大である。ユニクロは、世界一のアパレル企業を目指して、世界市場で衣料品の販売を拡大する。東レは、生産・開発拠点のより一層のグローバル化・多極化を目指し、市場別に最適化された供給体制を整備する。こうして、世界中の消費者に価値のある商品を提供していくことを目標として掲げた。

　そして3つ目の方針は、両社間の取引規模をさらに拡大することである。今後5年間（2016年～2020年）の目標を1兆円とした。そして、その目標達成に向けて相互に努力していくことが確認された。

（2）アライアンスの戦略的理由

　ユニクロは、商品の製造から小売りまで手掛けるアパレル企業である。2013年に年間売上高は1兆円を超え、国内でのシェアは圧倒的である。しかし、世界に目を向けると ZARA, H&A, Gap など、さらに規模の大きいライバル企業が何社も存在する。同社の柳井社長は「2020年までに売上高を5兆円にして世界ナンバーワンになる」ことを目指している[28]。そのために、新しい価値を提供する衣料品を次々と開発し、新たな需要を創出することが求められている。

一方の東レは、「先端材料で世界のトップ企業[29]」を目指す繊維メーカーである。中国メーカーなどの台頭に伴い、国内繊維メーカーの多くは事業の縮小・撤退や非繊維事業への転換を図ってきた。その中で東レは、構造改革を行って低コスト体質を実現するとともに、価格競争に陥りにくい高付加価値品へのシフトを進めてきた。こうして実現したコスト力と高付加価値品を生み出す技術力が、ユニクロとのアライアンスに結実したと言える。

　両社は繊維素材の単なる売り手、買い手という従来型の取引関係から脱却し、中長期にわたる事業目標を共有しつつ、素材開発から商品販売まで一気通貫型の事業モデルを構築した。ユニクロの柳井社長はこのアライアンスの意義を次のように述べている。「顧客のニーズを読んで本当に喜ばれる商品を開発するのは、製造業である東レだけでは難しい。一方、小売業であるユニクロは、原材料がどういう流れで加工されて商品になるのか知見が少ない。お互いのノウハウを伝え合うことで、ベストパートナーとなることができる[30]」

　またユニクロにとって、世界一の販売規模を目指すうえで、高品質な繊維素材を安定的に調達できることは必須要件である。東レは中国やタイの工場でユニクロ向け専用ラインを増強し、またバングラデッシュにもユニクロ向けに、編立、染色、裁縫まで一貫生産する拠点を設立した[31]。こうして東レがグローバル・レベルの開発・生産体制を整備することで、ユニクロは需要の動向に応じた迅速な素材調達が可能となる。一方の東レにとっても、世界的な販売力をもつユニクロという大口顧客を確保できる意義は大きい。ユニクロ向けの販売規模が目標として明確に示されているので、生産拠点拡充の投資も、確度の高い計画のもとで実行することができる。

　こうして両社は「世界中で作って世界中で売る[32]」というビジョンのもと、グローバル・レベルでの連携を推進する。東レが先端素材技術を主導することでユニクロの商品の魅力が高まる。ユニクロの販売が拡大することで、東レの繊維事業が強化される。パートナーの成功が自らの成功に繋がる、運命共同体のアライアンス関係にあると言えよう。

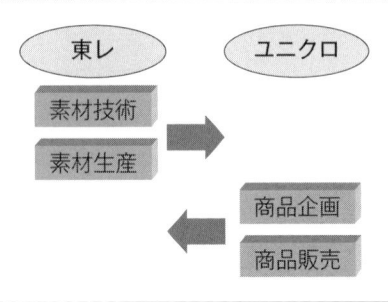

（3）アライアンス・マトリックス分析

　この事例は、繊維メーカーの東レとアパレル企業のユニクロとのアライアンスであり、両社はサプライヤーと顧客の関係にある。従って、企業関係は垂直型である。次に、双方が提供する経営資源の関係を見てみよう。

　このアライアンスの中で、東レが提供する経営資源はまず、繊維素材に関する技術である。防寒性、防水性、吸湿性、軽量性など、消費者の様々なニーズに応えるためには、繊維素材のレベルからの検討が必要になる。繊維メーカーのもつ技術的知見やノウハウが、商品を企画・開発するうえでは欠かせない。また、繊維メーカーとして繊維素材を生産し、これを安定的に供給するための生産資源も、東レがアライアンスに提供する経営資源である。

　一方、ユニクロは店舗での商品販売を通して消費者と接し、衣料品の嗜好や流行の変化を知ることができる。これを活かした商品の企画力やデザイン力は、ユニクロが提供する経営資源と言える。そして何よりも、ユニクロの商品販売力がこのアライアンスの基盤を支える。世界中に展開する店舗や流通チャネル、消費者からの信頼やブランドなど、その強大な販売資源が、アライアンスから生まれる商品を事業的な成果に繋げる。

　このように東レとユニクロが提供する経営資源は異種のものであり、その関係は交換型である【図表5-5】。従って、この事例は垂直型かつ交換型、すなわちアライアンス・マトリックスの第3（垂直統合）象限に位置づけられるアライアンスである。

　このアライアンスを行うことで、両社は素材開発から商品販売まで、バー

交換型
アライアンス

ユニクロと東レの
事業パートナーシップ

垂直型アライアンス

第3（垂直統合）象限
◆パートナー間の垂直統合
◆顧客市場の囲い込み
◆安定的供給の確保

チャルに一体となった事業モデルを構築する。すなわち、サプライチェーンの上流にある繊維メーカーと、下流にあるアパレル企業との垂直統合である。これによって、消費者のニーズを汲んだ画期的な素材と商品の開発を加速し、新たな市場を創出する。またこの垂直的な関係を築くことでユニクロは、東レから繊維素材の供給を長期的・安定的に受けることが保証される。一方の東レも、ユニクロという大口顧客の市場を囲い込み、拡大する需要を取り込むことが可能となる。

　このように、パートナー間の垂直統合による一体となった事業拡大、顧客市場の囲い込みと安定的供給の確保が、このアライアンスの背景にある狙いである。これらは、第3（垂直統合）象限のアライアンスを特徴づけるものである【図表5-6】。

4　サントリーと青島ビールの中国事業合弁会社

（1）アライアンスの概要

　2012年6月、サントリーは中国の青島（チンタオ）ビールと、上海・江蘇省地域のビール事業を統合して、お互いに50%-50%の出資を行う合弁会社を設立すると発表した（サントリーはサントリー中国ホールディングスによる出資）[33]。新会社の売上高は300億円、同地域での市場シェアは30%を超え、ライバル企業を大きく引き離すことになる[34]。

サントリーは1981年に中国市場に参入、日本のビールメーカーとして中国での事業の歴史は最も古い。これまで上海および隣接する江蘇省のみでビール事業を展開してきたが、三得利（サントリー）のブランドで人気は高く、上海ではトップ・シェアをもつ。ただ、この地域に限定しているため、中国全土での市場シェアは1.6%に過ぎない。サントリー中国ホールディングスの松本副社長は記者会見で「上海でのナンバーワンから上海・江蘇省でのナンバーワンになる。将来は他地域での販売までアライアンスを拡げていきたい」とその抱負を語った[35]。

　一方の青島ビールは、100年を超える歴史をもつ中国の老舗ビールメーカーである。かつては中国市場でトップ・シェアをもっていたが、現在はライバルの華潤雪花ビールに抜かれて第2位である。特に、華東地区（上海・江蘇省を含む中国東部）が営業の弱点とされてきた。同社の幹部は記者会見で以下のように述べた。「わが社とサントリーとの協力は、華東地区の局面を変えるためであり、シナジー効果が期待できる[36]」

　新たに設立される合弁会社の母体となるのは、これまで青島ビールの全額出資子会社としてビール生産を担ってきた、青島ビール上海松江有限公司である。サントリーのビールを現地生産してきた会社も傘下に置き、両社の製品を一体化して生産する。効率的な生産・調達体制を構築しながら商品ラインアップを拡充し、1億人の人口を抱える上海・江蘇省地域での事業基盤を、確固たるものにしようとするアライアンスである。

（2）アライアンスの戦略的理由

　中国は、世界のビール消費量の4分の1を占める巨大市場である。消費者の所得向上により、今後も安定的な成長が期待できる。かつては地域ごとにビール会社が乱立し、中小も含めて多数のビール会社があった。しかし、この10年あまりの間に、大手メーカーによる買収が次々と行われ、寡占化が進んだ。その結果、現在は華潤雪花ビール、青島ビール、燕京ビールが現地の3強と言われる。

　さらに中国市場には欧米のグローバル企業も参入している。世界最大手のアンハイザー・ブッシュ・インベブ（ベルギー）は、中国全土で事業を展開

し、第3位の市場シェアをもつ。現地3強とインベブを加えた上位4社の合計シェアは6割を超え、大手メーカーによる寡占状態となっている[37]。

　サントリーのビール事業は、これまで日本国内を中心に展開してきた。しかし、その国内市場は人口減少や若者のビール離れなどで縮小傾向にあり、今後も成長は期待できない。そこで成長が期待できる海外市場の開拓が課題となっている。サントリーは中国市場に早くから注目し、1981年に現地での事業を開始した。上海と江蘇省に限定して、中低価格品のビールを中心に販売を拡大し、上海ではトップ・シェアをもつまでになった。しかし、近年は華潤雪花ビールの低価格攻勢に押され、経営的には赤字が続いていた[38]。

　このような状況の中で発表された今回のアライアンスは、サントリーにとってこれまでの中国事業の基本方針を見直すものと言える。まず、独自路線から地元大手の青島ビールと組む戦略に切り替える。そして、低中価格帯中心の商品構成からプレミアム商品に重点を移し、青島ビールの販売チャネルも活用しながら、増加する富裕層をターゲットとした新たな市場を開拓する。そして将来的には青島ビールのもつ全国的な販売チャネルを通して、中国全土に事業を拡げることも視野に入れる。大手による寡占化という流れの中で、パートナーの強みを積極的に活用する方向に舵を切ったと言えよう。

　一方、青島ビールの狙いは、華潤雪花ビールとのシェア争いに勝ち、中国市場でのトップ・シェアを奪回することである。特に上海は年間10%で成長する有望市場であるが、華潤雪花ビールの攻勢が激しく、青島ビールのシェアはその下位に甘んじていた。そこで、この地域で三得利ブランドで高い人気をもつサントリーと組むことで、巻き返しを図ろうとしたのである。

　また、事業を統合することで、生産・調達や流通を一体化できることの効果も大きい。ビール生産はスケール・メリットが効くので、これまでの自社製品に加えてサントリー製品も一緒に生産することで、原料調達コストの削減や生産要員の有効活用など、様々な効率化が図れる。また、自らの販売チャネルを使って両社の商品を販売することで、顧客に提供する選択肢が増えるとともに、その相乗効果も期待することができる。

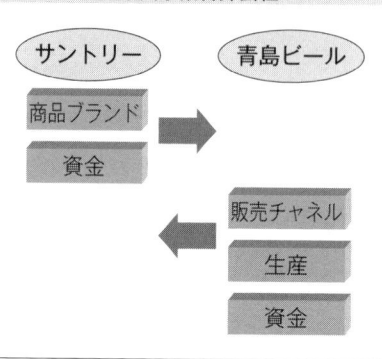

図表5-7　サントリーと青島ビールの中国事業合弁会社

（3）アライアンス・マトリックス分析

　この事例は、サントリーと青島ビールという、日中それぞれの大手ビールメーカー間のアライアンスである。従って、企業の関係はビールメーカーどうしの水平型である。それでは、両社が相手に求める経営資源はどのような関係にあるのだろうか。

　サントリーは寡占化が進む市場で生き残るために、これまでのような単独での事業展開は困難であると判断した。青島ビールがもつ全国的な販売チャネルや、現地で効率良く生産・調達を行う能力を活用する方向に転換した。一方の青島ビールが必要としたのは、サントリーが上海で築いてきた三得利商品のブランドである。このように、双方が提供する経営資源は互いに異なる。すなわち、その関係は交換型である【図表5-7】。従って、このアライアンスは水平型かつ交換型として、アライアンス・マトリックスの第4（機能分担）象限に位置づけられる。

　一般的に、外国市場に進出する企業と地元の企業とが、アライアンスの中で相手に求める経営資源は異なる。何より、進出企業が単独で現地の販売チャネルを構築するには長い年月がかかる。サントリーは30年かかって上海で一定の地位を確立したが、広大な中国市場の多くはいまだ未開拓である。今後の事業展開を考えたうえで、青島ビールが既に構築している販売チャネルを活用することが有効と判断したのであろう。

　また、製品を現地生産するにあたり、現地人材の管理や資材業者との繋が

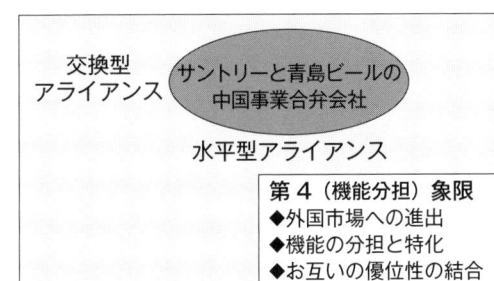

りなど、地元企業ならではの強みやノウハウがある。日本企業が中国で、中国企業と同等の管理や運営のノウハウをもつことは難しい。青島ビールが現地でもつこの強みを活用することも、サントリーにとっては有効な選択と言えるであろう。

　一方、青島ビールにとっては、サントリーのもつ商品ブランドの強みを活用できるメリットがある。富裕層の増える上海・江蘇省地域で、サントリーのブランドの魅力はますます高まるであろう。これによって新たな顧客を取り込むことができれば、これまで弱点であったこの地域での販売力を強化することができる。

　このように本事例は、外国市場における進出企業と地元企業とが、それぞれの優位機能を分担し合うアラライアンスである。相手に優位なものがあれば、自らがそれを行うのではなく、相手のもつその強みを活用する。自らは自らのもつ優位性に特化して、それをますます強くすることに注力する。そしてそれぞれの強みを組み合わせて、全体としての優位性を実現するのである。これらは第4（機能分担）象限のアライアンスを特徴づける戦略的理由に他ならない【図表5-8】。

第 **6** 章

アライアンスと企業競争力
強い企業は何が違うか

　前章では、アライアンス・マトリックスのフレームワークを用いて、いくつかのアライアンス事例を分析した。そこでの分析の対象は、個々のアライアンスであった。本章でも引き続き、アライアンス・マトリックスを用いた分析を行うが、その対象とするのは個々のアライアンスではなく、アライアンスを行う企業の戦略である。

　企業は数多くのアライアンスを実施する。これらのアライアンスをアライアンス・マトリックスに位置づけると、企業ごとにいくつかの特徴が明らかになる。この特徴から、その企業のアライアンス戦略を読み解き、さらにその戦略が企業の競争力にどう影響するかを論じることが、本章の目的である。

　本章では、まずアライアンスと企業競争力との関係について、これまで発表されてきた先行研究をレビューし、その論点を整理する。そのうえで著者が行ったアライアンス調査とその分析結果を紹介し、競争力を構築した企業に見られるアライアンス戦略の特徴を明らかにする。さらに、日本企業が行うアライアンスの特徴を示したうえで、競争力向上に向けた課題を論じる。

1　アライアンスによる競争力構築

（1）アライアンスと企業競争力に関する先行研究

　昨今、企業が行うアライアンスの件数は増加し、またその範囲や規模も拡大している。アライアンスが企業経営の中で重要な役割を担っていることは、論をまたない。しかし、そもそもアライアンスを行うことが、本当に企業競争力の構築に寄与しているのであろうか。もしそうであるとしたら、それはどのようなメカニズムに基づくものなのだろうか。さらに、もしアライ

アンスを積極的に行うことで競争力構築に成功している企業と、そうでない企業があるとしたら、その違いは何に起因するのであろうか。

　本章ではこれらのテーマを中心に、アライアンスと企業競争力との関係を論じるが、ここではまず、これらのテーマが経営学の先行研究でどう論じられてきたかをレビューする。

　この領域の研究は、大きく2つのテーマに分類することができる。1つは、アライアンスの実施が競争力構築に繋がっているかどうか、すなわちその事実を実証的に調べる研究、もう1つはアライアンスがどのように競争力構築に繋がるのか、すなわちそのメカニズムに関する研究である。以下にそれぞれのテーマの先行研究を概観する。

　最初に、アライアンスの実施が競争力構築に繋がっているかどうかの実証研究であるが、ここでは何をもって競争優位と見なすか、何をもって競争力が構築されたと見なすか、という評価の方法が問題となる。実証研究としての評価を行うには、定量的に測定可能な指標を用いる必要がある。通常は、売上高や収益などの企業業績、もしくは株価や時価総額などの企業価値を、競争力を示す指標として用いることが多い。

　アライアンスと企業業績との関係を分析した研究では、その多くがアライアンスの成果が売上高など企業業績の向上に結びつくことを検証している（Leiblein & Reuer, 2004: Lee & Cavusgil, 2006など）。すなわち、アライアンスを数多く行う企業ほど売上高の伸長が大きく、企業としての成長が著しい。この関係を示すことで、アライアンスの実施が企業の競争優位に繋がるということを主張している。さらに、この関係を様々なアライアンス間で比較して、資本関係で強く結ばれたアライアンスほどその成果と企業業績との相関が強い、あるいはベンチャーのような規模の小さい企業ほどこの関係が顕著である、などの指摘が行われている。

　一方で、この関係を否定している研究もある（Preece, Miles & Baetz, 1999: George, Zahra & Wood, 2002など）。これらの研究はいずれも、アライアンスの実施と売上高との関係を調べ、そこに重要な関連性はないとの結論を導いている。先に述べた研究とは逆の結論である。実証研究では、調査対象とする業界や企業サンプルの選定が、その結論を左右する。特に業界の環境が異

なれば、アライアンスの成果がどう企業業績に反映するか、その影響度合いや時間軸も異なるはずである。アライアンスと企業業績との関係について異なる見解が示されているのも、このような調査対象の違いが一因と考えられる。

　競争力構築を、株価や時価総額など企業価値の向上によって評価した研究もある（DeCarolis & Deeds, 1999: Anand & Khanna, 2000 など）。これらはアライアンスを実施した企業の企業価値が、その期間中にどの程度増加したか、あるいはアライアンスの発表前後でどのように変化したかを測定している。そして、企業のアライアンス経験が多いほど、あるいはそのネットワークが豊富なほど、企業価値の向上が大きいことが検証されている。結果としての企業業績とは対照的に、企業価値には将来への期待が織り込まれている。企業価値の向上は、アライアンスによって経済的価値が創出されることへの期待、すなわち将来の企業競争力に対する評価の高さを意味する。これらの研究結果は、アライアンス経験が豊富な企業ほど、将来に対する期待が大きいことを示している。

（2）アライアンスによる競争力構築のメカニズム

　もう1つの研究領域として、アライアンスがどのようにして競争力構築に繋がるか、すなわちそのメカニズムに関する研究がある。そこでは、いくつかの異なるメカニズムが指摘されている。最も多くの研究が注目しているのは、パートナーの有する経営資源へのアクセスが、企業のイノベーション創出力や製品開発力を高めて、競争力の源泉になるというメカニズムである（Rothaermel, 2001: Kelley & Rice, 2002 など）。

　例えば、アライアンスに積極的な企業ほど特許創出力が高い、という関係が実証されている（Hagedoorn & Schakenraad, 1994）。アライアンスのネットワークが幅広く構築されると、そのネットワークの中にある多くのパートナーの技術にアクセスできる。これが、企業の技術ポテンシャルを高め、多くの特許の創出に繋がるからと考えられる。また、Lavie（2007）はソフトウエア企業を対象とした調査を行い、ある企業のアライアンス・ネットワークに含まれるパートナーの技術レベルが高いほど、その企業の業績が良好になると

いう関係を見出している。パートナーの技術レベルが、アライアンスを行う企業の業績に反映するのである。

　競争力構築のもう1つのメカニズムとして、パートナーとの協業によるマネジメント能力の向上についても研究が行われている（Lee & Cavusgil, 2006: Jiang & Li, 2008など）。アライアンスを行うことで異なる強みをもつパートナーから知識移転が進み、蓄積される知的資本がその企業のマネジメント能力を高める。様々なパートナーとアライアンスを行うことは、そのような機会を増やすことになる。またパートナーと組織的な連携を行うことは、社内の組織運営と比べて遥かに難しい。これを多く経験することで組織マネジメントの能力が鍛えられる。企業間の組織マネジメント能力に差異があること、そしてそのような能力をもつ企業ほど、アライアンス成果を競争力構築に繋げていることが指摘されている（Dyer & Singh, 1998）。

　また、アライアンスによって資金的な負担が軽減することも、競争力の向上に影響する。共同開発を行えば、開発費をパートナーと折半しつつ、お互いの技術のシナジーを活かすことができる。共同生産を行えば、設備投資の負担をシェアしつつ、スケール・メリットを追求することができる。単独で行う場合に比べて投資効率は向上し、キャッシュ・フローも改善する。財務的指標が安定することで、経営の自由度や選択肢は増大する（George, Zahra & Wood, 2002）。

　さらに、アライアンスを行うことは事業機会の拡大に繋がる。今まで進出していなかった外国市場で、現地企業をパートナーとするアライアンスを行えば、共同でこの市場を開拓することができる。今まで顧客の1つに過ぎなかった企業をパートナーとして、アライアンス関係を構築すれば、その顧客向けの売上げ拡大が期待できる。このように新たな事業機会を獲得できることも、アライアンスによる競争力構築のメカニズムとして指摘されている（Garette & Dussauge, 2000）。

（3）競争力構築とアライアンス・マトリックス

　アライアンスがどのように競争力構築に繋がるかに関する先行研究では、これまで述べたようにいくつかの異なるメカニズムが論じられている。もう

一度整理すると、イノベーションや特許創出など技術的要因に基づくもの、知的資本の蓄積など組織的要因に基づくもの、投資負担の軽減など財務的要因に基づくもの、あるいは事業機会の拡大など事業的要因に基づくものである。先行研究ではこれらは個別に議論されているが、ここではアライアンス・マトリックスのフレームワークを用いて、包括的に検討してみよう。

アライアンス・マトリックスは、アライアンスを4つのパターンに分類するが、それぞれに対して、企業がそのアライアンスを行う目的は何かが示される。図表4-12（86ページ）を参照しながら、その要点をまとめると以下のようになる。

第1（規模拡大）象限：規模の拡大によりスケール・メリットを活かし、高い効率性や強いコスト力を実現する。

第2（能力補完）象限：異なる能力を融合することによりシナジー（相乗効果）を活かし、イノベーションや新事業を創出する。

第3（垂直統合）象限：バリューチェーン（価値連鎖）の中で実質的な垂直統合を行い、顧客に対する販売を拡大する、あるいはサプライヤーからの安定的な供給を確保する。

第4（機能分担）象限：それぞれ優位な領域・機能を分担してそこに特化し、それぞれの優位性を組み合わせることで全体として強くなる。

各象限で述べられていることは、企業がアライアンスを行うそれぞれの戦略的理由であるが、それは裏を返せば、そのアライアンスを行うことによてどのように競争力を構築するか、というそれぞれのメカニズムを表現している。例えば、第1象限で示されているのは、投資負担をシェアしながら規模を拡大し、それによる効率性の向上やコスト力の強化を図ろうとする狙いである。これを単独で行おうとすると大きな投資負担が避けられないが、パートナーとシェアすることでその負担を軽減できる。その結果、投資効率が向上しキャッシュ・フローも改善するという、財務的要因に基づく競争力構築のメカニズムである。

また第2象限で述べられているのは、異なる能力の補完とその相乗効果によってイノベーションを創出しようとする狙いである。これによって高められたイノベーション創出力や製品開発力が、技術的要因に基づく競争力構築

のメカニズムを実現する。同様に、第3象限は顧客市場を囲い込み事業機会を拡大するという事業的要因、第4象限は異なる強みをもつ企業との組み合わせという組織的要因のメカニズムによって、競争力が構築される。

このように先行研究で取り上げられてきた競争力構築の様々なメカニズムは、アライアンス・マトリックスのフレームワークを用いることで、それぞれの位置づけを整理して把握することができる。これにより、アライアンスがどのように企業競争力を構築するかについて、包括的に理解することが可能となる。

さて、最初に述べたもう1つの研究領域、すなわちアライアンスと企業業績との関係について、アライアンス・マトリックスを用いた分析はどのような知見を提供するであろうか。次節では、半導体業界の主要企業を対象に行ったアライアンス調査について紹介する。そしてその調査結果を用いて、アライアンス・マトリックスのフレームワークに基づく分析を行い、アライアンスと企業業績との関係を見ていくことにする。

2　アライアンス調査とその分析

（1）調査方法

本節では、アライアンスと企業業績との関係について分析を行う（安田、2010）。ここで対象として取り上げる業界は、半導体業界である。この業界は技術の加速度的進展、投資規模の増大、あるいは市場の国際化など、激しい競争環境の変化で特徴づけられる。この環境変化に対応するために、数多くのアライアンスが発表されている。アライアンス事例を調査したのは、半導体業界における売上高上位16社で、その企業名は**図表6-1**に示されている。各社が2003年から2007年までの5年間に発表した、合計883件のアライアンス・データを分析に使用した。アライアンスに関する情報はIC-Insightが提供するデータベースから取得した。

各アライアンスについて、パートナーおよび取引内容を確認し、パートナーとの関係および双方が提供する経営資源の関係に基づく分類を行った。パートナーとの関係を判断するにあたっては、ガートナーグループ（Gartner

Group）の電子産業調査データベースにおいて、半導体企業として区分されたリストを用いた。分析対象の16社はすべてこのリストに含まれるが、パートナーもこのリストに含まれる場合は、同じ半導体企業どうしの水平型アライアンス、そうでない場合は垂直型アライアンスとした。サプライヤーである装置メーカーや材料メーカーとのアライアンス、あるいは顧客である家電メーカーや情報機器メーカーとのアライアンスは垂直型となる。

　経営資源の関係については、それらが同種のものか異種のものかを判断した。経営資源を、販売、技術、人材、生産、資金などのカテゴリーに区分し、同じ区分の経営資源が交換される場合は統合型アライアンス、異なる区分のものである場合には交換型アライアンスであるとした。ただし、双方が同じ区分の経営資源を提供しても、それらが関連性のないものである場合は交換型とした。

　以上述べた分類に従って、個々のアライアンスがマトリックスのどの象限に位置するかを特定した。対象となる16社は、それぞれ企業規模は異なり、それに伴ってアライアンス件数も異なる。従って、アライアンス件数そのものを企業間で比較することは意味がない。そこで、まず企業ごとに、アライアンス・マトリックスの各象限のアライアンス件数を合計件数で除した比率を求めた。そしてこの比率が象限間でどう分布しているかを比較することによって、各社のアライアンス戦略の違いを見ることにする。企業ごとに、各象限に位置するアライアンスの比率を示したものが**図表6-1**である。

（2）アライアンス集中度と企業業績

　図表6-1を見て明らかなように、企業ごとに注力しているアライアンス・マトリックスの象限が異なる（図中、特に比率の高い象限を○印で囲んである）。ある企業はアライアンスの大半が第1象限に集中しているのに対し、別の企業は第4象限に注力している。中には各象限に満遍なく分布したパターンをもつ企業もある。アライアンス・マトリックスの各象限は、それぞれ異なる戦略に対応しているので、このような分布の違いは、各社のアライアンス戦略の相違を反映したものと言えよう。

　さて、このようなアライアンスの相違が明らかになったので、それと企業

企業名	第1象限	第2象限	第3象限	第4象限
Infineon	22%	28%	20%	30%
Philips	15%	26%	23%	36%
Freescale	16%	40%	24%	20%
Chartered	9%	9%	9%	73%
UMC	0%	0%	0%	100%
TSMC	8%	0%	4%	88%
nVidia	16%	20%	44%	20%
Qualcomm	3%	29%	65%	3%
Intel	6%	39%	52%	3%
AMD	5%	52%	11%	32%
TI	11%	73%	10%	6%
STMicro	24%	49%	19%	8%
NEC	47%	14%	9%	30%
Renesas	55%	10%	10%	25%
Toshiba	73%	2%	2%	23%
Samsung	50%	4%	11%	35%

業績との関係を見ることにする。各社の企業業績の代理変数としては、成長性を示す売上高成長率（対象期間中の売上高の伸張を示す比率）と、収益性を示す売上高利益率（対象期間中の売上高に対する純利益の比率）を、それぞれ指標として用いた。**図表6-2**は、各社の売上高成長率と売上高利益率を示したものである。高い企業業績の目安として、売上高成長率30％以上かつ売上高利益率10％以上という基準を設けると、この両方の基準を超えている高業績の企業として、サムスン（Samsung）、テキサス・インスツルメント（TI）、クアルコム（Qualcomm）、ティー・エス・エム・シー（TSMC）の4社が該当する。

　この4社のアライアンスの特徴を見ると、それぞれが特定の象限に集中していることがわかる。Samsungは第1象限（集中度50％）、TIは第2象限（集中度73％）、Qualcommは第3象限（集中度65％）、TSMCは第4象限（集中度

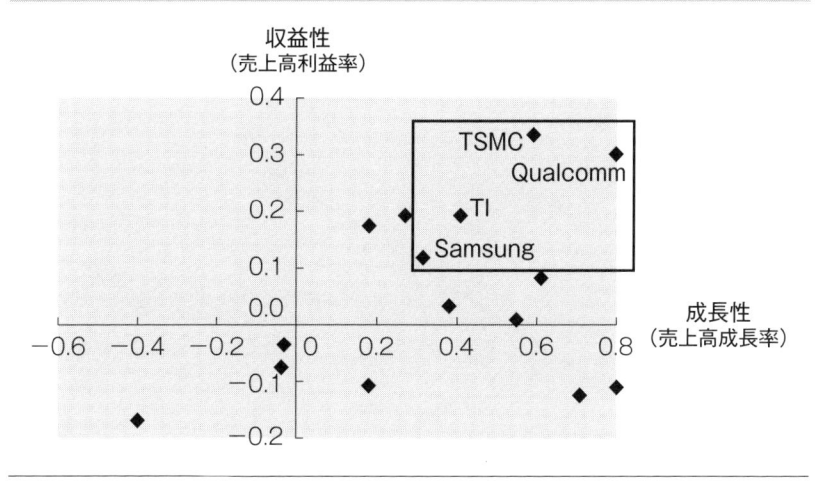

図表6-2　各社の売上高成長率と売上高利益率

88%）である。ある特定の象限に集中する方が、他の象限に集中するよりも高業績に繋がる、というような象限間の優劣は見られない。しかし、集中度の高い企業ほどその業績が良好であるという傾向が見られる。この関係を確認するために、企業ごとにアライアンス集中度とその売上高成長率および売上高利益率との相関を調べた。

　ここで、アライアンス集中度とは、アライアンス・マトリックスの各象限の分布比率の最大値である。1つの象限に集中していれば、その象限への分布比率が最大値として大きな値をもつ。逆に満遍なく各象限のアライアンスを行っていれば、分布比率はどの象限に対しても同等となり、その最大値は小さくなる。こうしてこの集中度が、アライアンス・マトリックスのどれか1つの象限に注力している程度を示す指標となる。

　アライアンス集中度と売上高成長率との相関を示す散布図を図表6-3に、また売上高利益率との相関を示す散布図を図表6-4に示す。前者の相関係数は0.434（有意確率 = 0.093）、後者のそれは0.595（有意確率 = 0.015）であり、いずれも有意な相関関係が確認された。このように、アライアンス・マトリックスの1つの象限に注力してアライアンスを行う企業ほど、成長性および収益性のいずれの点からも高い企業業績を実現している、という傾向が明ら

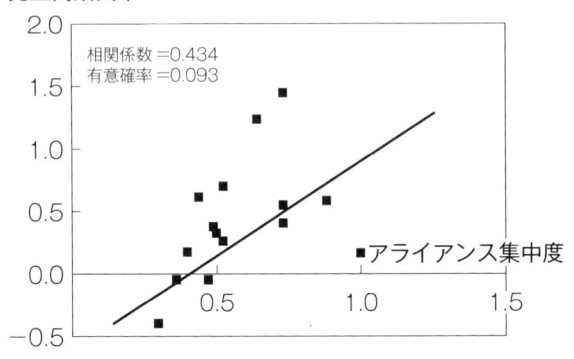

かになった。

（3）高業績企業のアライアンス戦略

　高業績の企業は、アライアンス・マトリックスのどれか1つの象限に注力する傾向がある、ということがわかった。それでは、そのような企業は、4つの象限のうちのどれに注力しているのであろうか。また、その象限は、企業の基本戦略とどのような関係にあるのであろうか。これを明らかにするために、以下では特に高業績の4社（Samsung, TI, Qualcomm, TSMC）を取り上げて、それぞれの基本戦略はどのようなものか、それと注力象限とはどのような関係にあるか、について見ていくことにする【図表6-5】。

　Samsungはメモリ製品を中心に事業を展開している半導体企業である。この事業は汎用品が主体であるため、高いシェアを確保してコスト優位となることが重要である。そのためには生産規模の拡大を図ることが戦略の基本となる。同社は他社を圧倒する大規模な設備投資を継続しており、これがその競争力の源となっている。同社の社長は次のように述べている。「我々はこれまで絶え間ない成長を続けてきた。さらに経営資源を将来の成長のための投資に振り向け、製品、技術、販売等の革新を加速させていく」（Yon, 2003）。ここで強調されているのは、「投資による規模追求」という方針であ

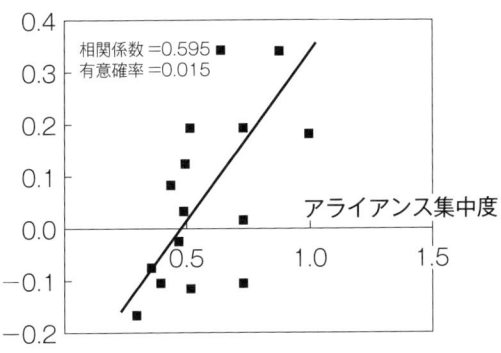

る。そして同社は、この方針に沿った戦略にふさわしい象限、すなわち第1（規模拡大）象限に注力している。

　TIはアナログ、マイクロコントローラやDSP（デジタル・シグナル・プロセッサー）などに強みをもつ半導体企業である。かつてはメモリを中心とした汎用品が主体であったが、用途特定型製品を主体とする事業構造に転換し、それ以降、安定的に好業績を維持している。応用分野ごとに戦略的顧客を選定し、その顧客との協力関係から有望な市場を見出している。同社の社長は、次のようなメッセージを述べている。「我々は様々な業界の顧客と密接に連携し、イノベーションによる優れた製品を提供して、新しい事業を切り開いていく」（Engibous, 2003）。ここに示されている「顧客との連携によるイノベーションと新事業の創出」という考え方が、同社の基本戦略を表現している。同社はこれを実現するのにふさわしい、第2（能力補完）象限に注力している。

　Qualcommは生産工場をもたず、開発とマーケティングに注力するファブレス半導体企業である。携帯電話用半導体に注力し、その分野では絶えず業界をリードしてきた。かつて、世界の携帯電話端末市場で圧倒的なシェアをもったノキアと強固なアライアンス関係を構築し、ノキア向けの販売を中心に大きく売上高を伸ばした。同社の社長は次のように述べている。「我々は

	第4象限	第3象限
交換型アライアンス	「我々の生産受託事業での経験とパートナーの有する力を結合することにより、新しいバリューチェーンを構築していく」M. Chang, CEO, TSMC	「我々は顧客と強い関係を構築しながら、その必要とするものをタイムリーに提供し、顧客の事業を魅力あるものにしていく」P.Jacobs, CEO, Qualcomm
統合型アライアンス	「我々は経営資源を将来のための投資に振り向け、製品、技術、販売等の革新を加速させていく」J-Y Yon, CEO, Samsung	「我々は様々な業界の顧客と密接に連携し、イノベーションによる優れた製品を提供して、新しい事業を切り開いていく」T. Engibous, CEO, TI
	第1象限水平型アライアンス	第2象限垂直型アライアンス

顧客と強い関係を構築しながら、その必要とするものをタイムリーに提供し、顧客の事業を魅力あるものにしていく」（Jacobs, 2001）。「有力顧客と一体となった事業の拡大」が同社の戦略のベースであり、同社はこれを実現するのにふさわしい象限、すなわち第3（垂直統合）象限に注力している。

　最後にTSMCは生産受託に特化した半導体事業モデルの先駆者である。生産機能に特化することで、高品質・低コストでの生産体制を構築し、他の半導体企業向けの生産サービスを提供している。ファブレス企業からの生産アウトソースの需要の高まりを受けて、売上高を伸ばしている。同社の社長はその方針を次のように表現している。「我々の生産受託事業での経験とパートナーの有する力とを結合することにより、新しいバリューチェーンを構築していく」（Chang, 2001）。この戦略の特徴は「生産機能への特化」であり、設計・販売に特化したファブレス半導体企業との間で機能分担を行う。このような戦略実現のためには、第4（機能分担）象限が有効であり、同社はそこに注力している。

　以上、高成長・高収益を実現した4社の事例を取り上げて、それぞれの企業の基本戦略と、注力するアライアンス・マトリックス象限との関係を見て

きた。ここで明らかになったことは、競争力を構築してきた企業に共通する特徴である。いずれの企業も、アライアンスを積極的に活用しつつ、それを特定の1つの象限に集中させている。しかも、その象限は自らの基本戦略を実施するのにふさわしい。すなわち、基本戦略とアライアンスとの間に整合性が見られるのである。

3 競争力構築のための課題

(1) アライアンスと基本戦略のミスマッチ

前節では、高成長・高収益を実現してきた企業に見られるアライアンスの特徴を示した。アライアンス調査でもう1つ明らかになったことは、逆に、企業業績が芳しくない企業が行うアライアンスについてである。そこには2つの特徴が見られる。

1つは、アライアンスが各象限に満偏なく分布しており、特定の1つの象限への集中度が低いということである。もう1つは、特定の1つの象限への集中度は高いものの、その象限がその企業の基本戦略と整合しているとは思えないことである。例えば、規模を追求する事業モデルではないのに第1象限のアライアンスが多い、汎用品事業を中心としているのに第2象限への集中度が高い、というようなケースである。これはアライアンスと基本戦略とのミスマッチと言い換えることができる。

アライアンスが企業経営にとって中枢の役割を担うようになると、アライアンスと企業の基本戦略との整合性が問われる。いくら積極的にアライアンスを行ったとしても、いくら1つの象限に注力したとしても、そこに基本戦略とのミスマッチがあれば、競争力構築に繋げることは難しい。むしろ、競争力に繋がらないアライアンスを多用していることは、企業業績の悪化をもたらすことになりかねない。

(2) 日本企業のアライアンス

日本企業が行うアライアンスをアライアンス・マトリックスを用いて分析すると、1つの特徴があることがわかる。それは第1象限への集中度が高い

ということである。これは製造業、金融業、サービス業をはじめ、多くの業界で見られる傾向である。前節に述べたように、1つの象限に注力するということは、アライアンスを行ううえで好ましい。そして、世界レベルで戦える規模を目指す、あるいはコスト力強化や効率性向上を図るなど、規模を追求する戦略が明確であれば、第1象限のアライアンスに注力することとの戦略的な整合性も見出せる。

　また、最近は内需型の業界を中心に、国内需要の伸び悩みや長期的な市場縮小の問題に直面し、生き残りをかけた再編が多く見られる。この場合、同業企業どうしの統合やアライアンスを行うことが多いので、それらは第1象限に位置づけられる。単独では生き残れないのでパートナーと一緒になるということも、生き残るのに必要な規模を目指すものなので、第1象限の戦略と整合している。

　しかし中には、第1象限のアライアンスであるにもかかわらず、規模を追求しているとは思えない事例もある。例えば、明確な戦略もなく、ただ同業企業と同じことを一緒にやるという取り組みである。これは「横並び」と言い換えることができるかもしれない。同じ業界の似たような企業と、リスクや負担を分け合いながら同じように行動する。このような行動パターンから生まれるアライアンスは、同業界の企業と同種の経営資源を提供し合うため、結果として第1象限に位置づけられる。しかし、規模を拡大して価値を創造しようとする積極的なアプローチではなく、内向きにリスクを最小化するために行うアライアンスである。そこから他社に優る競争力を構築することは難しい。

　日本企業の横並び主義には、手厳しい指摘がされている。下川（2006）は次のように述べている。「かつての日本企業には、ライバル企業が成功すると同じ分野の同質的競争に走り、シェア競争にとらわれて利益の薄い業界にしてしまい、海外企業に足元をすくわれるというケースがままあった」。また、中山（2009）も次のような指摘をしている。「勝ち組は10年前も今も変わらない。ハードからソフトへ舵をきったIBMは不況知らず、新興国戦略が奏功した韓国サムスン電子も家電・半導体でシェアを上げている。日本はなぜ両社を凌駕できなかったのか。横並びを脱せず、突き抜けた戦略を打ち

出せなかった体質に原因があったのではないだろうか」。

　アライアンスは基本戦略に基づいて、それを実行するために行われるものである。自社の戦略を定め、それにふさわしい象限を特定し、そこに注力してアライアンスを行う。このようなアプローチが企業の競争力構築のために重要であることを、本章では示してきた。日本企業がこれからのグローバル競争に勝ち抜いていくためにも、明確な戦略に基づくアライアンスの積極的な活用が求められている。

第 7 章

アライアンス戦略の立案
アライアンスで何を目指すか

　本章から、アライアンスの実践手法がテーマとなる。アライアンスの戦略立案から終結までを7つの基本ステップに分け、それぞれのステップについて以降の各章で取り上げる。本章のテーマは、その最初のステップのアライアンス戦略の立案である。

　アライアンスとは、他社の有する経営資源の活用である。従って、アライアンス戦略の立案で基本となるのは、「どのパートナーが有する、どの経営資源を、どのように活用するか」を明らかにすることである。本章ではこの中で「どの経営資源を活用するか」、すなわち経営資源の特定と、「どのように活用するか」、すなわちアライアンス形態の選択の2つに絞って論ずる。もう1つのパートナーの選定については次章で扱う。

1　アライアンス実践の基本ステップ

　個々のステップを論じるのに先立って、まずアライアンスを実践する際の基本ステップの全体像を整理しておこう【図表7-1】。アライアンスを開始するにあたって、まず行わなければいけないことは、その戦略の立案である（第1ステップ）。何を目的として、どのような経営資源を、どのように活用するかの方針を決める。事業を取り巻く経営環境や自社に不足している経営資源を把握し、社外に求める経営資源は何かを特定する。また、その事業のもつ重要性や将来性も考慮して、どのようなアライアンス形態を選択するかの判断を行う。

　対象とする経営資源、およびそれを活用するための形態が明確になると、次にその経営資源を誰から入手するか、すなわちパートナーの選定を行う（第2ステップ）。そのパートナーが、こちらが必要とする経営資源を保有し

図表7-1　アライアンス実践の基本ステップ

① アライアンス 戦略の 立案	② アライアンス・ パートナー の選定	③ アライアンス 条件の 交渉	④ アライアンス 契約書 の締結	⑤ アライアンス・ ガバナンス の設計	⑥ アライアンス・ プロジェクト の運営	⑦ アライアンス の終結と 評価

ていることは最低限必要であるが、それ以外にも様々な適合性を評価しなければならない。これについては第8章で論じる。

　次のステップはパートナーとの交渉である（第3ステップ）。アライアンスが成立するためには、こちらがパートナーの経営資源を必要とする一方で、パートナーもこちらが有する何か別の経営資源を必要としていなければならない。最適なパートナー候補が見つかったとしても、双方の思惑がここで一致しないとアライアンスは成立しない。この一致点を見つけるプロセスが条件交渉である。これは第9章のテーマである。

　パートナーとの間でアライアンスの諸条件に合意したら、その合意内容をドキュメントにして双方で確認する。このステップがアライアンス契約書の締結である（第4ステップ）。このステップが完了した時点をもって、アライアンスが成立したと見なされる。アライアンス契約書の構成や記載する項目については、第10章で取り上げる。

　アライアンスが成立すると、それ以降は合意した内容に従ってアライアンスを実施する段階となる。両社が同じ目標に向かって共同でプロジェクトを運営し、両社のメンバーが連携して作業を行う。それぞれ独立した企業をどのようにコントロール（統治）するか、すなわちアライアンス・ガバナンスの仕組みを設定する必要がある（第5ステップ）。ガバナンスにはいくつかの異なる方法があり、状況に応じてそれらを使い分けることが求められる。この点については第11章で論じる。

　さて、アライアンスが成立したということは、プロジェクトの出発点に立ったに過ぎない。大事なことは、それをいかに成功に導くかである。そのために、アライアンス・プロジェクトを推進する体制を作り、その運営と管理を行う（第6ステップ）。企業としてのアライアンス運営能力を磨くことも、

アライアンスを成功させるために重要である。このテーマは第12章で扱う。

　そして、アライアンスは必ず終わりを迎える（第7ステップ）。永遠に続くアライアンスは存在しない。どのように終結させるかということを絶えず考えながら、アライアンスを進める必要がある。また、終わった時点で、そのアライアンスがどの様な成果を出したか、成功であったか失敗であったかの評価が問われる。アライアンスの終結と評価の問題は、第13章で取り上げる。

2 　経営資源の特定

（1）自社経営資源の評価

　まず第1のステップ、すなわちアライアンス戦略の立案から始めることにしよう。アライアンス戦略立案の出発点は「どの経営資源を活用するか」、すなわち、アライアンスの対象となる経営資源の特定である。必要とする経営資源を自社が保有していない時、これをパートナーから導入することがアライアンスである。従って、まず自社に欠けているものは何かを評価しなければならない。ここでは経営資源の質と量の両方が問題となる。

　厳しい競争環境の中で事業を行うには、十分に高度な経営資源を、十分な規模で確保しなければならない。人材資源であれば、革新的製品を開発できる技術者の質とともに、開発プロジェクトを構成できる技術者の数も重要である。販売資源については、顧客から支持されるブランドの質と併せて、グローバル市場をカバーできる販売チャネルの規模も必要となる。質的にも量的にも十分なレベルの経営資源を確保することで、競争に勝ち残っていくことが可能となる。

　図表7-2は、ある事業を行うのに必要な経営資源のレベルに対して、自社がそれらをどの程度保有しているかを、イメージ的に示したものである。販売資源は十分なレベルにあるが、人材資源や生産資源は必要なレベルに達していない。そこで、パートナーと共同開発を行うことで人材資源の不足をカバーし、パートナーに生産委託を行うことにより生産資源の不足を補う。事業運営に必要なレベルと自社保有のレベルに差がある時、これをパートナー

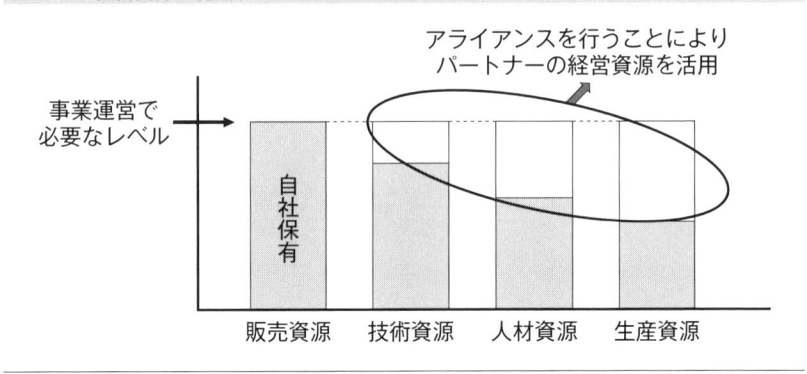

図表7-2　経営資源の特定

アライアンスを行うことにより
パートナーの経営資源を活用

事業運営で
必要なレベル

自社保有

販売資源　技術資源　人材資源　生産資源

の有する経営資源を活用して充足するために、アライアンスを行うのである。こうしてまず、自社の経営資源の評価が行われ、アライアンスの対象とする経営資源が特定される。

（2）経営資源活用の選択肢

　アライアンスの対象とする経営資源が特定されたとして、次にそれを「どのように活用するか」を決めなければならない。ある経営資源をパートナーから導入する時、そこには色々な方法が考えられる。すなわち、アライアンス形態にはいくつもの選択肢がある。例えば、ある電機メーカーが新型のスマートテレビの開発を目指していたとする。そこに必要となるインターネット技術が自社にはないので、これを社外から導入することを検討していたところ、あるIT企業のもつ技術がこの開発目的に適していることがわかった。そこで、そのIT企業をパートナーとしてアライアンスを行うことにしたが、ここでどのようなアライアンスが考えられるであろうか。

　いくつかの方法がある【図表7-3】。まず、パートナーからそのインターネット技術をライセンスしてもらうことである。これによって、その技術を自社での製品開発に活用することができる。通常の技術ライセンスは特許の実施許諾も伴うので、パートナーの有する特許権を侵害することなく、インターネット技術を活用することができる。

　別の方法として、スマートテレビの製品開発をパートナーと共同で行うこ

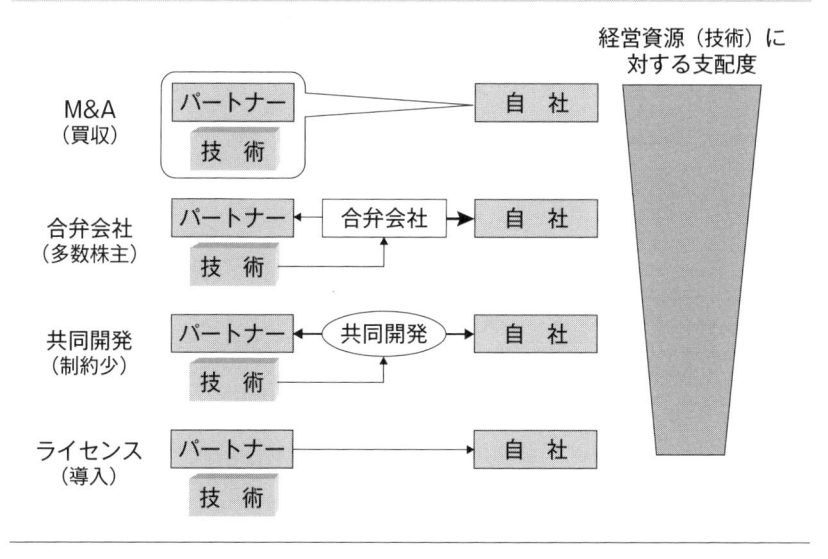

図表7-3　アライアンス形態の選択肢（技術を導入する場合）

とも考えられる。パートナーの技術者と一体となって開発を行うので、インターネット技術のノウハウを、より効果的に製品開発に活かすことができるであろう。ただし、共同開発成果の使用に色々な制約があると、事業を行ううえで障害になるので、制約がなるべく少なくなるようパートナーとの間で合意する必要がある。

　さらに、スマートテレビ事業を行う合弁会社を設立し、その合弁会社で製品開発を行うことも考えられる。パートナーは合弁会社の親会社として、その事業に必要となる様々な経営資源を提供する。当然、スマートテレビに必要となるインターネット技術も提供され、両社から出向した技術者が一体となって、製品開発を行うことになるであろう。ただしこの場合、電機メーカーがスマートテレビを自らの事業として連結対象とするためには、合弁会社の多数株主となり、その経営の主導権をとる必要がある。

　そして、究極の方法として、パートナーの事業を買収することも考えられる。パートナーの有するインターネット技術は自社のものとなるので、社内での新型スマートテレビの開発に自由に活用することができる。

　このように、パートナーの有する技術を必要とする場合、ライセンス、共

同開発、合弁会社、あるいはM&A（買収）と色々な方法が考えられる。どの方法でも、新型スマートテレビの開発という目的を達成することができる。従って、これらアライアンスの選択肢の中からどの形態を選ぶかが、次の課題となる。

（3）経営資源に対する支配度

アライアンス形態の選択については次節で取り上げるが、その際に重要となるのが、経営資源に対する支配度という考え方である。ここで経営資源に対する支配度とは、どれくらい自由に自らのコントロールのもとでその経営資源を活用できるか、という程度のことである。ある経営資源を、自らが意図するまま何の制約もなく活用することができるのであれば、それに対する支配度は高いと言える。逆に多くの制約が課され、自らの意に沿った活用ができないのであれば、その支配度は低くなる。

先に、電機メーカーが、パートナーの有するインターネット技術を活用するケースを取り上げた。電機メーカーとして考えられるいくつかの選択肢が示されたが、その選択の違いによって、技術に対する支配度はどのように異なるだろうか。

まず、ライセンスで技術を導入する場合、そこには技術の使用範囲や使用方法など、様々な制約条件が課される。パートナーとしては、費用や時間をかけて開発した自らの技術を、何の制約もなく自由に使用して良いと認めることはできない。将来、その技術がどのような可能性をもつか不確実であるし、お互いに事業でライバル関係になるかもしれない。様々な状況を想定して、制約条件が設定されるであろう。従って、技術をライセンスで導入したとしても、電機メーカーがもつその支配度は低い。

共同開発を行う場合にも、その成果を活用するにあたって制約が課される。共同開発にはパートナーが提供した技術が用いられるので、パートナーとしてはやはり、その成果に対して自由な使用を認めないであろう。ただ、共同開発の成果は共有となるので、パートナーがその使用に制約を課すと、同じ制約がパートナー自身にも課されることになる。そのため、ライセンスの場合と比べれば、制約はいくぶん緩くなるであろう。さらに、ライセンス

ではパートナーが技術を所有していたが、共同開発の成果は共有であり、電機メーカーとしては半分の所有権を主張できる。従って、ライセンスと比べれば、開発成果としての技術にする支配度は高くなる。

　合弁会社の場合、特に多数株主としてその経営権をもつケースでは、合弁会社の保有する経営資源に対して、実質的に支配することができる。この事例では、パートナーがインターネット技術を合弁会社に提供し、合弁会社がそこで開発されたスマートテレビの事業を行う。電機メーカーが多数株主として合弁会社の経営権をもてば、この技術を実質的に支配しているのは電機メーカーになる。従ってその支配度は高い。ただ、パートナーも少数株主として合弁会社の経営に参加するので、その支配度は完全とは言えない。

　さらに、その技術に対する支配度を完全なものにしようとするなら、パートナーの事業を買収することが考えられる。これによって電機メーカーは、技術を含め事業に必要なすべての経営資源を、自らのものとすることができる。もはや誰に制約されることもなく、獲得した技術を自由に使用することができるようになる。

　このように、異なるアライアンス形態に応じて、経営資源に対しての支配度が異なる。支配度が高いということは、その経営資源を自らの事業目的に沿って、自由に使用できるということである。確かにその分、増えるリスクもある。例えば買収を行うということは、技術ライセンスと比べて資金負担は大きく、失敗した場合のリスクも大きい。しかしこれは、完全な支配度を得るための代償である。変化の激しい経営環境の中で、重要な経営資源の活用に制約があるというのは、それ自体が大きな事業リスクである。買収を行うということは、経営資源を支配していないことによる事業のリスクを、買収という取引のリスクで置き換えるものと考えることができよう。

(4) 経営資源提供の選択肢

　ここまで、パートナーの経営資源を活用する場合の選択肢を考えたが、同様のことは、パートナーに対して自らの経営資源を提供する場合にも言える。例えば、自社の有する技術に対して、パートナーがその活用を希望してアライアンスを行う場合を考えよう。その際に、パートナーに技術を提供す

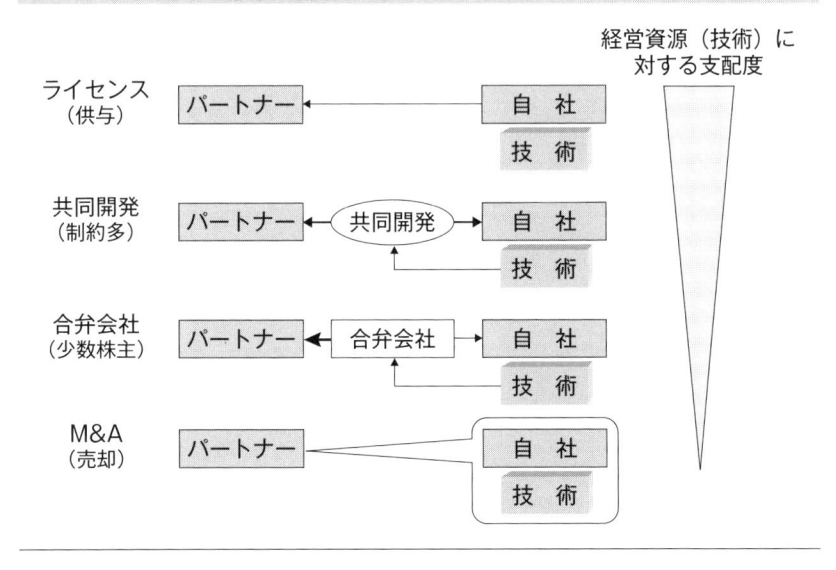

る方法として、いくつかの選択肢が考えられる【図表7-4】。

　まず、パートナーに対して技術ライセンスを行うことが考えられる。その技術に対しての支配度を維持しながら、パートナーにその技術を活用させることができる。またパートナーと共同開発を行い、そこに自らの技術を提供するという方法もある。その成果物は共有となり、それを使用することについての制約が設けられるので、技術に対する支配度は低下する。さらに、パートナーと合弁会社を設立し、自らは少数株主となりパートナーにその経営権を委ねるという方法もある。この場合、合弁会社に提供した技術に対して、少数株主としてのわずかな支配度しか残らない。そして、もしその技術が自社にとって不要、あるいは価値をほとんど生まない場合には、それに関わる事業をパートナーに売却することも考えられる。これによって、その技術に対する支配度はゼロとなる。

　このように、自らの経営資源をパートナーに提供する場合でも、いくつかのアライアンスの選択肢がある。そして、どのアライアンス形態を選択するかに応じて、どの程度の支配度を維持できるかが決まるのである。

3 アライアンス形態の選択

(1) 事業ポートフォリオ分析

　前節では、パートナーの経営資源を活用するにはいくつかの選択肢があること、それぞれの選択に応じて経営資源に対する支配度が異なること、を示した。従って、アライアンス形態を選択するには、対象とする経営資源に対して、どの程度の支配度をもつ必要があるかを判断しなければならない。この判断を行うために、事業ポートフォリオ分析が行われる。

　企業が複数の事業を運営している場合、個々の事業ごとに企業にとっての位置づけは異なる。企業の業績に寄与している事業もあれば、足を引っ張っている事業もある。企業の将来を支える事業もあれば、企業の注力分野と関連のない事業もある。事業としての収益性や将来性、そして全社戦略との整合性も考慮しながら、個々の事業の位置づけを明らかにしていくことが、事業ポートフォリオ分析である。

　事業ポートフォリオ分析を行うにあたっては、定量的および定性的視点からの両方の評価が必要となる。定量的な視点とは、企業業績や企業価値への寄与を評価するものである。利益をどの程度出しているのか、売上げ規模はどれくらいか、成長性はどうか、といった具合に数値を用いて定量的な評価を行う。そこで用いられる指標としては、売上高や利益（営業利益、経常利益、最終利益など）、利益率（経常利益率、株主資本利益率、純資産利益率、投資利益率など）、キャッシュ・フローなどがある。また投下資本に伴うコストを上回ってどれくらいの付加価値を生み出すかを見る、経済的付加価値や市場付加価値などが指標として用いられることもある。

　事業ポートフォリオ分析のもう1つの視点は、全社的立場からの定性的評価である。売上高や利益は過去や現在の経営成績であるが、定性的評価は、その事業が企業の目指す方向にどの程度沿ったものか、全社戦略にとってどのような役割を担うかなど、将来の可能性を問うものになる。企業の将来の方向性は、その抽象度のレベルに応じていくつかの形で表現される。企業が抱いている価値観ともいうべき企業理念、それが投影された経営ビジョン、さらにそれに沿って設定された経営方針などである。これらに示された方向

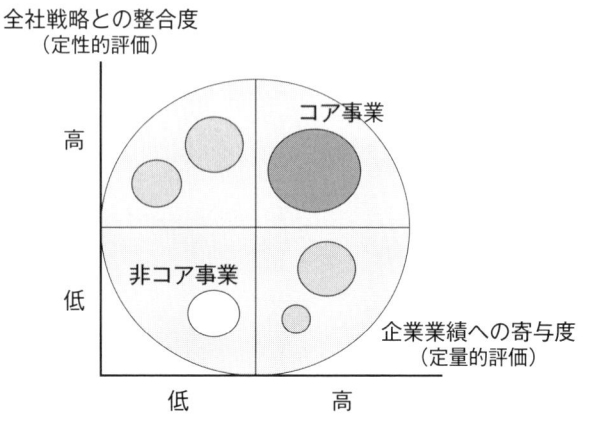

全社戦略との整合度
（定性的評価）

高

低

コア事業

非コア事業

企業業績への寄与度
（定量的評価）

低　　　　　高

に対し、それぞれの事業がどの程度の整合性をもつかという視点から評価が
行われる。

　このように定量的、定性的それぞれの視点から評価が行われたら、それを
ポートフォリオ・マップ上に位置づける【図表7-5】。その事業が高収益を上
げており、かつ全社戦略の方向との整合度が高ければ、それは間違いなくコ
ア度の高い事業、すなわちコア事業と位置づけられるであろう。逆に収益性
が低く、また企業の将来ビジョンとの関連性が薄ければ、コア度の低い事
業、すなわち非コアであると位置づけられるであろう。事業ポートフォリオ
分析ではすべての事業に対して、それぞれのコア度を評価し、その位置づけ
を明確にする。

　もちろん、事業のコア度はこの2つの視点だけで決められるものではない。
他にも考慮しなければいけない要因がある【図表7-6】。例えば、社内の他事
業との関連が強い事業や、企業ブランドを支えている事業であれば、そのコ
ア度は高く評価しなければいけない。また、重要顧客からのニーズがある、
地元経済との繋がりが強いなど、社外の事情が影響することもあるであろ
う。このように、様々な要因を総合的に考慮しながら、事業ごとにコア度の
評価が行われる。

◆他事業との関係：重要事業との関連が強い
◆顧客との関係　：重要顧客が必要としている
◆市場との関係　：企業ブランドに影響する
◆雇用との関係　：多くの従業員を雇用している
◆地域との関係　：地元経済との繋がりが強い
◆社会との関係　：公共的視点から重要である

(2) 事業のコア度とアライアンス形態

　アライアンスの対象とする経営資源が特定され、さらにその経営資源を用いる事業のコア度が評価されると、アライアンスの形態を判断することができる。コア度が高い事業であれば、そこに使われる経営資源の支配度は高くなければならない。コア度が高いということは、重要な事業ということである。重要な事業に用いられる経営資源が、パートナーによってコントロールされ、その使用が制約されるということがあってはならない。自らの判断で自由に使用し、コントロールすることができなければならない。従って、その経営資源に対する支配度を高くするアライアンス形態が選択される。逆にコア度が低い事業であれば、そこに使われる経営資源の支配度は低くても構わない。経営資源の支配度よりも、リスクを避けるという点を重視して、アライアンス形態が選択されるであろう。

　前節で述べたスマートテレビ開発のケースを、もう一度取り上げよう。電機メーカーがこの開発を行ううえで、パートナーからインターネット技術を手に入れる方法は、いくつか考えられた。そして、それぞれの方法に応じて、導入した技術に対する支配度は異なる。もし電機メーカーにとって、このスマートテレビ事業が全社的な視点からあまり重要でない、すなわちコア度が低い事業であるなら、パートナーとライセンス契約を締結してその技術を導入することで十分である。技術の使用に関して色々な制約が課されるかもしれないが、事業を進めるうえで支障のない範囲の条件を見つけて合意すれば良い。

　しかし、もしこの事業が企業の将来の中核を担う重要な事業、すなわちコ

ア事業であったとしたら、このような制約のもとで事業を進めることは適切でない。導入した技術に対する完全な支配度と、その使用に関する完全な自由度をもって、それをスマートテレビ事業の中で活かしていかなければならない。そのためには、この技術を扱うパートナーの事業部門を買収するか、あるいはパートナーそのものを買収することを考える必要がある。また、この事業のコア度がそこまで高くない場合には、パートナーと共同開発を行う、あるいは合弁会社を設立するという選択肢が考えられる。買収に比べて技術に対する支配度は下がるが、事業のコア度に見合ったアライアンス形態を選択すれば良い。

　事業のコア度とアライアンス形態を適合させるという考え方は、自社の経営資源をパートナーに提供する場合も同様である。非コアと位置づけられる事業であれば、パートナーにその事業を売却する、もしくはパートナーとの合弁会社に事業を統合して自らは少数株主に留まる、ということが考えられる。非コア事業を自らが継続するよりも、売却して得た資金を他のコア事業強化のために使用する方が、賢明な選択である。

　このように、事業のコア度の評価を行い、それにふさわしいアライアンス形態を選択することが、アライアンス戦略立案の基本である【図表7-7】。コア度が高い事業であるにもかかわらず技術ライセンスで対応する、逆にコア度が低いにもかかわらず事業を買収する、というような選択は適切ではない。もちろん、アライアンスには相手がいるわけであるから、その意向を無視して考えることはできない。こちらが技術ライセンスを希望するのにパートナーが事業売却（こちらからすると買収）を要求してくる、あるいは逆に、こちらは買収を行いたいのだがパートナーが技術ライセンスにしか応じない、ということもある。

　アライアンスはお互いの選択が合致して、初めて成立するものである。アライアンス戦略を立案したとしても、さらにパートナーを見つける、交渉によって合意点を見出す、その内容を契約書で確認する、などアライアンス成立に至るまでにはいくつものステップを経なければいけない。これらの各ステップは以降の各章で扱うことになるが、それぞれに難しさと課題があり、容易な道程ではない。ただその出発点として、まずは自社としての方針をし

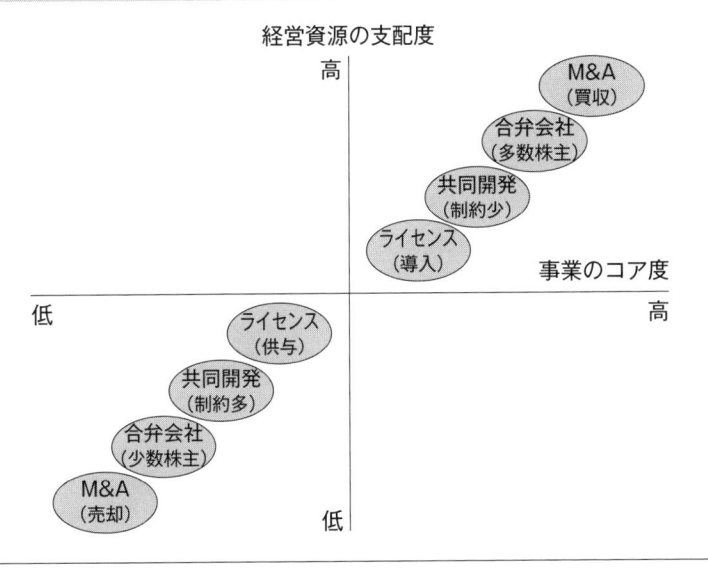

経営資源の支配度

っかりと固めておく必要がある。その意味で、アライアンス戦略の立案は、アライアンスを成立に導く第一歩として重要なステップなのである。

(3) 戦略立案で留意すべき点

　最後に、アライアンス戦略立案の過程において、留意すべき点をいくつか指摘したい。第1に、アライアンスはパートナーとの間で行う経営資源の交換であり、パートナーから手に入れる経営資源があるのと同時に、こちらの経営資源もパートナーに提供しなければいけない。本章ではこれまで、パートナーが有するどのような経営資源を、どのようなアライアンス形態で手に入れるか、という視点から論じてきた。しかし同時に、自社が有するどのような経営資源をどのような形態で提供するか、という視点も重要である。パートナーに経営資源を提供したことによって、自社の競争優位が失われたり、自社にとって不利な状況が生じたりする可能性があるからである。

　特に、パートナーが同業界で競合するライバル企業である場合は、なおさらである。自社の競争力構築を目的に行ったアライアンスが、結果的にライ

バル企業を育て、自社の競争力低下を招いてしまったとしたら、本末転倒である。アライアンス戦略を立案するにあたっては、パートナーから何を得るかということだけでなく、パートナーに何を与えるか、もしくはパートナーから何を守るかという視点も忘れてはならない。

　第2に、アライアンス戦略は時間軸の中で考えなければいけない。アライアンスは必ず終結を迎える。すなわち、終結することを想定して、一定期間を前提とした戦略を考える必要がある。共同開発であれば、どのようなスケジュールでいつまでに開発を終えるかを明確にする。販売委託であれば、自社の直販体制を構築する時期を想定して、どのように委託から直販に移行するかを計画する。合弁会社であったとしても期間を定め、期間満了後の対応を考える。いずれの場合も、目的とする経営資源の活用を期間内にどのように進め、どのように完了させるかを明確にする必要がある。

　アライアンスは、長期間続くことが成功を意味しない。期間を定め、その期間内にどこまで目標を達成できたかが、成功の評価基準である。なかなか成果が出ない場合は計画を見直したり、見切りをつけたりして、終了を早めることもある。アライアンス戦略は、時間軸を強く意識して立案する必要がある。

　第3に、あるアライアンスを行うことが、社内の他の事業にどのような影響を及ぼすかについても注意を払う必要がある。ある事業の強化のためアライアンスを行ったものの、そこで課された制約条件が、他事業の運営に悪影響を与えることもある。例えば、顧客との間でアライアンスを行う時、その顧客の事業と競合する行為を制約する条件が設けられることがある。垂直統合した事業を行う企業の場合、顧客と競合する事業を社内の他部門が運営していることがあり、制約条件がその事業の障害となってしまう。また、顧客とのアライアンスが成功した結果、顧客の競争力が向上し、それと競合する社内の他部門が競争力を失ってしまう、ということも考えられる。いずれの場合も、企業全体としては好ましいことではない。アライアンス戦略は、全社的な視点から立案されるべきである。

第 8 章

アライアンス・パートナーの選定
最適な相手をどのように選ぶか

① アライアンス 戦略の 立案	② アライアンス・ パートナー の選定	③ アライアンス 条件の 交渉	④ アライアンス 契約書 の締結	⑤ アライアンス・ ガバナンス の設計	⑥ アライアンス・ プロジェクト の運営	⑦ アライアンス の終結と 評価

前章では「どの経営資源を活用するか」、すなわち経営資源の特定と、「どのように活用するか」、すなわちアライアンス形態の選択について述べた。アライアンス戦略の立案でもう1つ重要な要素は「誰と組むか」、すなわちアライアンス・パートナーの選定である。アライアンスの対象となる経営資源は特定されているので、それを保有する企業であることがパートナーとなるための必要条件である。

ただ、この条件だけでパートナーが決まるわけではない。その企業と組んだ場合の事業的な影響、その企業と共有できる価値観や目標、あるいはその企業と組むことに伴うリスクなども考慮する必要がある。その企業と過去にアライアンスを行った経験があるかどうかも、重視される要因である。

本章では、パートナー選定の基準となる考え方を整理したうえで、その選定方法がアライアンス成果にどう影響するかを分析した研究を紹介する。最後に、パートナー選定においてしばしば直面する問題と、その対応策について論じる。

1   パートナーの選定基準

（1）戦略適合性

戦略適合性とは、そのパートナーと組むことがアライアンスを行う戦略的な目的にどの程度合致しているか、を示す概念である。アライアンスを行う目的は、何よりも必要とする経営資源を社外から導入することである。従っ

て、必要とする経営資源を保有していることが、パートナーの戦略適合性を評価する基準である。この場合、必要とする経営資源は補強を目的とするものもあれば、補完を目的とするものもある。規模の拡大を目指すアライアンスであれば前者であろうし、自らにない能力を求めて行うアライアンスであれば後者であろう。必要とする経営資源をどの程度パートナーが充足できるか、すなわち経営資源の充足度が問われることになる。十分に充足できるパートナーは戦略適合性が高く、あまり充足できないパートナーはそれが低くなる。

　しかし、戦略の適合性は、このような経営資源の充足度だけで計られるものではない。その相手と組むことが、事業的にどのような好ましい効果を生むか、あるいは逆に不都合な状況を作りだすか、についても評価しなければならない。例えば、同業界のパートナーとの水平型アライアンスを行う場合、その候補としてX社、Y社の2社がいるとする。両社ともこちらが必要とする経営資源、例えばある技術を有しているとする。ただ、X社とは業界でライバル関係にあり、様々な事業で競合しているのに対し、Y社とは事業的な棲み分けが行われ、ほとんど競合していないとする。この場合、X社と組むと、事業的な衝突が増すことが想定されるので、同じ経営資源の充足度であったとたら、戦略の適合性はY社の方が高いと言える。逆にX社と組めば市場での競争状態の改善が期待できるが、Y社とはそのような効果を期待できないとしたら、戦略適合性はX社の方が高いと言えるであろう。

　このように戦略適合性を評価するうえでは、経営資源の充足度と併せて、そのパートナーと組むことでどのような効果が期待できるか、またその効果のレベルはどの程度であるか、についても評価することが必要である【図表8-1】。期待できる効果として、他にも様々なものが考えられる。例えば、顧客をパートナーとして垂直型アライアンスを行う場合に、その顧客に対する販売の増大効果が期待できるならば、それはパートナー選定の重要な要因となるであろう。また、サプライヤーと行う垂直型アライアンスでも、この連携を通して重要な部品や材料の安定的な供給が期待できるならば、やはりそれは魅力的なパートナーとなる。経営資源の充足度が同じであったとしても、このような効果を期待できる企業は、そうでない企業よりも、戦略適合

図表8-1　戦略適合性の評価

効果の期待度
・規模の効果
・範囲の効果
・競争環境の改善
・顧客向け販売拡大
・サプライヤーからの供給

高　　戦略適合性の高い　パートナー候補

低

経営資源の充足度
・経営資源の補強
・経営資源の補完

低　　　　高

性の高いパートナー候補となる。

（2）企業文化適合性

　戦略適合性と並んで、パートナー選定で重要と考えられるのが、企業文化の適合性である。企業文化とは、企業組織のメンバーに共有された価値観や規範である。これがパートナー間で整合していないと、アライアンスを進めるうえで色々な問題に直面する。企業文化とアライアンス成果との関係を調べた研究でも、企業文化の相違がアライアンスの運営を困難にし、アライアンス成果にネガティブな影響を与えることが示されている。企業文化が異なるパートナー間では、認識の違いや誤解が生まれ、方針の不一致が起きやすく、信頼関係の構築が妨げられる（Doney, Cannon & Mullen, 1998）。また、パートナー間で、同じ問題に対して異なる対応をとる傾向が生まれ、機会主義や利害対立の可能性が大きくなり、アライアンスは不安定な状態になる（Kumar & Nti, 2004）。実際にアライアンスの失敗の原因を調べると、その多くが企業文化の不整合に起因している、という報告もある。

　特にこの傾向は、パートナー間で事業の一体運営を行う資本的アライアンス（合弁会社）で顕著である。Makino & Beamish（1998）は企業間の文化的違いを「文化的距離」という概念で説明し、その距離が遠いほど、合弁会社の存続期間が短くなることを実証している。同様に、Hennart & Zeng（2002）

も日米企業間の合弁会社と日本企業どうしのそれとを比較して、前者では企業文化の相違に起因する考え方の対立が生まれやすく、早期に解消される傾向があることを明らかにした。さらに、同じ国際的な合弁会社の中でも、双方の親会社が所在する国の文化的相違が大きいほど、合弁会社の運営の不安定さが増すことも示されている（Meschi & Riccio, 2008）。

このように、アライアンスの安定的な運営を考えた場合、企業文化の適合性はパートナー選定の重要な基準となる。先に述べた戦略適合性が最も重要な選定基準であることは論をまたない。戦略に適合しないパートナーとのアライアンスは、そもそも行う意味がないからである。しかし、アライアンスを成功に導くためには、戦略適合性に加えて、企業文化適合性も併せて考慮する必要がある。そのパートナーの過去のアライアンス実績や、関係者からの評判など、様々な情報に基づいてその評価を行うことになる。

もっとも、今まで経験のないパートナーと初めてアライアンスを行う場合に、前もってその企業のもつ価値観、行動規範や企業文化について、正しく把握することは困難である。アライアンスを開始して、実際に共同でプロジェクトを進める中で、その相違を認識することが多い。このような相違がアライアンス開始後に明らかになった場合、それに起因する問題にどう対処し、どう克服していくかの力量が、企業に問われることになる。

（3）リスク要因と学習要因

Cummings & Holmberg（2012）は、戦略適合性（アライアンス目的に基づく業務要因）と企業文化適合性（パートナーとの関係要因）を重視する従来の考え方に対して、さらに2つの要因を加えて、パートナー選定を成功させるための4つの要因を示している【図表8-2】。その2つの要因とは、リスク要因と学習要因である。

リスク要因とは、そのパートナーと組むこと、あるいは組まないことに伴う様々なリスクのことである。パートナー選定にあたっては、そのパートナーと組むことでどのようなリスクが想定されるか、またそのリスクのレベルはどれくらいか、などを評価することが必要である。例えば、（a）パートナーが楽観的もしくは非現実的な目標をもっていないか（目標リスク）、（b）

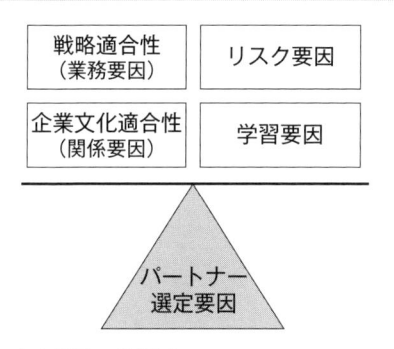

戦略適合性
（業務要因）

リスク要因

企業文化適合性
（関係要因）

学習要因

パートナー
選定要因

Cummings & Holmberg（2012）を参照して筆者作成

パートナーの方針、戦略や経営体制が変わることはないか（変更リスク）、(c) パートナーがこちらの知識や技術を吸収するだけで、こちらが何も得られないということはないか（不公平リスク）、(d) アライアンスを行った結果、パートナーが競合者になってしまう可能性はないか（競合リスク）、(e) パートナーの品質に対する意識や取り組みが不十分で、品質問題を引き起こす可能性はないか（品質リスク）、(f) パートナーと組むことで既存の顧客との関係に支障が出ないか（顧客リスク）、などが考えられる。

　逆に、パートナーと組まなかった場合のリスクも考えられる。例えば、ライバル企業がそのパートナーと組んでしまうと、自社の競争ポジションが悪くなることが想定されれば、それを阻止するために、ライバルよりも早くそのパートナーと組む必要がある。あるいは、ライバル企業の事業にとって重要な経営資源を有しているパートナーがいれば、そのパートナーと組むことによってライバル企業の脅威を弱める、というパートナーの囲い込み戦略も考えられる。いずれも、そのパートナーと組まない場合に想定されるリスクを評価し、対応することになる。

　もう１つの要因として挙げられている学習は、アライアンスの明示的な目的ではないとしても、企業がアライアンスを通して得ることのできる重要な成果である。例えば、前章で述べた電機メーカーが新型スマートテレビを事業化するケースを、もう一度取り上げてみよう。仮に、その電機メーカーが製品の差別化に必要なインターネット技術を有していなかったとしても、そ

の技術に優れたパートナーを見つけ（前章のケースでは、ITベンチャー企業であった）、共同で製品開発を行えば、魅力的なスマートテレビの開発は成し遂げることができる。これでアライアンスの目的は達成されるが、さらに、もしこのアライアンスを通して、電機メーカーがインターネット技術を深く学習することができれば、それは将来、次世代製品の開発など、スマートテレビ事業を発展させていくうえで大きなメリットになるはずである。

　技術を含めて知識には、ドキュメントなどの形で形式知となっているものと、人の頭の中に埋め込まれている暗黙知とがある。パートナーのもつ知識がどの程度、形式知となっているかによって、学習のしやすさは異なる。また暗黙知に関しても、パートナーのノウハウ開示に対する姿勢が、どの程度オープンであるか、両社間の知識プラットフォームにどの程度の共通性があるか、などによって学習の効果は影響を受ける。学習効果を期待できる企業はそうでない企業よりも、パートナーとしての優先度は高くなるであろう。

2　パートナー選定とアライアンス成果

（1）パートナー選定における慣性

　前節で、パートナー選定を成功させるための4つの要因を示した。実はこれらの要因とは別に、パートナー選定に影響するもう1つの要因がある。それは、過去に同じパートナーとアライアンスを行ったことがあるかどうか、という「経験」の要因である。パートナー選定に関する実証研究でも、過去にパートナーであった企業ほど、新たなアライアンスで再びパートナーとなる可能性が高いことが示されている（Gulati & Gargiulo, 1999）。また、これまでアライアンスを行ってきたパートナーとの間に、新たなアライアンスが継続的に行われる傾向があることも示されている（Li & Rowley, 2002）。このように、新しいパートナーを選定するのではなく、従来から継続している、もしくは過去に経験のあるパートナーを選定する傾向があることを、パートナー選定における「慣性」と言う。

　慣性に基づくパートナー選定は、前節で挙げた4つの要因との関係をみても、合理的な判断であることがわかる。既に相手が有する経営資源や能力の

強み・弱みを理解しているので、「戦略適合性」の評価は容易に行うことができる。同様に、相手の価値観や経営スタイルもわかっているので、「企業文化適合性」の評価もできるし、もし適合していないとしたら、それにどのように対処すれば良いかも把握している。また、パートナーとした時の「リスク」も想定できるし、過剰な期待をしてそれが裏切られるというリスクもない。さらに、相手の知識を効率よく「学習」するためのルーチンもある程度、出来上がっている。

そして何よりも既存のパートナーが有利であるのは、これまでのアライアンスを通して、信頼関係が出来上がっていることである。信頼関係があれば、相手の機会主義的な行動を気にする必要がない。環境の変化や不測の事態が生じても、お互いが協力して克服できるという確信があるから、詳細な条件を取り決めて複雑な契約書を作る必要もない。新しいパートナーを探索するコスト、交渉に時間をかけるコスト、契約書を作成するコストなど、パートナー選定に伴う様々な取引コストが、既存のパートナーとの間では必要なくなるのである。

取引コスト理論の含意に従えば、取引コストを小さくする仕組みがアライアンス成果の向上に繋がる。このことを実証的に検証した研究がある（Luo, 2002）。この研究の調査対象は、生産を目的とした合弁会社（JV）290社である。それらを従来からのパートナーとの間で設立したJVと、新しい相手をパートナーとしたJVの2つのグループに分け、その2グループ間で生産会社としての業績指標を比較した。その結果、従来からのパートナーとのJVは、新しい相手をパートナーとしたJVと比べて、その成果が良好であることが明らかになった。さらに、パートナーとのこれまでの協力関係が緊密であるほど、合弁会社の成果が向上するという傾向も確認された。すなわち、パートナーとの従来からの関係が、合弁会社の成果にポジティブな影響を与えることが示された。

（2）新しいパートナーの選定

以上の議論とは逆に、新しいパートナーとアライアンスを行うことの意義を強調した研究もある。Goerzen（2007）は日本企業600社を対象に、それ

らの企業が行った1万8000件に及ぶアライアンスの調査を実施した。その目的は、各企業がアライアンスのパートナーをどのように選択するかということと、その企業の業績との間にどのような関係があるかを分析することである。1社あたりのパートナー数は平均して33社であった。そして、これらパートナーを、過去にアライアンスを行ったことのある繰り返しパートナーと、そのような経験がない新パートナーとに分類した。

　企業業績としては売上高利益率を用いて、これが平均値を上回る企業を業績の良い企業群、下回る企業を業績の悪い企業群として、2つのグループに分けた。それぞれのグループがどのようなパートナー選定を行っているか比較したところ、業績の良い企業群では繰り返しパートナーを選定する比率が24.5%であるのに対し、業績の悪い企業群ではそれが40.9%と、大きな差があることが明らかになった。また、業績の良い企業群では1企業あたりの繰り返しパートナーの平均数が1.4社であるのに対し、業績の悪い企業群ではそれが10.8社と、やはりここでも大きな差が示された。このように、業績の良い企業ほど、同じパートナーと繰り返さず、新しいパートナーを選ぶ傾向があることが明らかとなった。また、技術進歩や環境変化が大きい業界の企業ほど、この傾向が顕著になることも示された。

　企業はアライアンスのネットワークを拡充することで、多くのパートナーが保有する経営資源にアクセスし、それを自らの知識の増大や能力の向上に役立てることができる。新たなパートナーとアライアンスを行うことは、このようなネットワークの拡大を意味し、それによって企業競争力を高める機会を増やすことができる。逆に、繰り返し同じパートナーとアライアンスを続ければ、このような機会を逸することになる。同じパートナーから吸収できることは限られるので、アライアンスを繰り返しても、それは次第に競争力の向上に結びつかなくなる。新たなパートナー選定に積極的な企業と、繰り返しパートナーを選定する企業との業績の相違は、このようなネットワークの拡がりの違いによって説明することができる。

（3）パートナーとの能力的相違

　ここまで紹介した2つの研究は、繰り返しパートナーを選ぶという「慣性」

が業績にどのような影響を与えるかについて、2つの異なる見解を示している。前者は、同じパートナーとアライアンスを繰り返すことで取引コストの負担が減り、それが好業績に繋がるという考え方で、これは取引コスト理論の視点に基づく議論である。後者は同じパートナーとアライアンスを繰り返すことが、新たな知識や能力の獲得の機会を逸し、それが業績にネガティブな影響を与えるという考え方で、これは資源ベース理論（もしくは知識ベース理論）の視点に基づく議論である。

　取引コストに注目するか、知識や能力の獲得に注目するか、というようにそれぞれの立場は異なるが、どちらの立場で捉える方が適切かは、アライアンスのもつ性質や目的によって異なる。前者の研究では、生産合弁会社を調査対象としているが、生産という機能に特化したアライアンスであれば、取引コストの負担をいかに減らすかという視点が重要となるであろう。一方、後者の研究の調査対象に含まれる技術アライアンスでは、自らにはない知識をパートナーから得ることが、新技術の創出という成果に繋がる。従って、新たな知識や能力をいかに獲得するか、という視点がより重視されるであろう。

　さて、ここではもう1つ、新たな知識や能力の獲得という視点から、パートナーとの能力的相違に注目した議論を紹介しよう（Sampson, 2007）。アライアンスによって新しい知識や能力を獲得し、それを自らの競争力構築に繋げるとしたら、パートナーが自らとは異なる知識や能力を有している必要がある。すなわち、能力的相違の大きいパートナーを選定する方が好ましい。しかし、あまりにも能力的相違が大きいと、パートナーからの学習を効率的に行うことが困難になる。企業が効率的に学習することができる力、すなわち学習能力は、パートナーとの能力基盤の類似性に依存する。一般的に、パートナーと類似した能力基盤を有していると学習は容易になり、学習能力は高まる。逆に、パートナーとの能力的相違が大きいと、学習対象の範囲は増えるものの、学習能力が低下する。

　このように学習範囲と学習能力との関係を考えると、能力的相違が小さ過ぎず、また大き過ぎず、中程度であるパートナーと組むことが最も効果的ということになる。Sampson（2007）はこのことを検証するために、米国の通

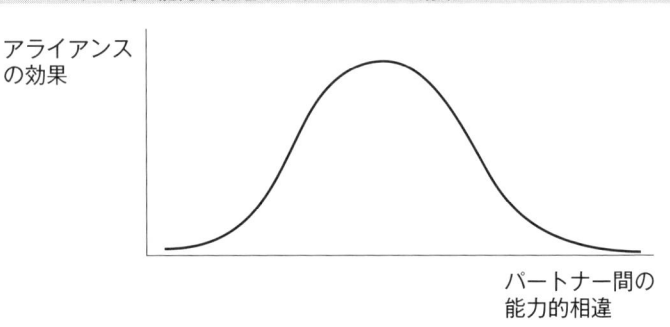

Sampson（2007）を参照して筆者作成

信業界で行われた460件の研究開発アライアンスについての調査を行った。アライアンスを行ったパートナー間の能力的相違は、それぞれの企業の保有特許が、どの程度技術的に異なる分野で登録されているかに基づいて評価した。そしてアライアンスの効果を測定する指標として、アライアンス後の一定期間に出願された特許件数を用いた。パートナー間の能力的相違とアライアンス効果との関係を分析した結果、**図表8-3**に示すように、能力的相違が中程度のところでアライアンス効果が最大となる、逆U字カーブの関係にあることが示された。

　この研究では、さらにアライアンス・サンプルを契約的アライアンスと資本的アライアンス（合弁会社）の2つのアライアンス形態に分けて、上に示した関係がどのように異なるかを比較した。その結果、**図表8-4**にあるように、いずれに対しても逆U字カーブの関係が見られたが、アライアンス効果が最大となる能力的相違のレベルは、資本的アライアンスの方が契約的アライアンスより大きくなることが示された。すなわち、パートナー間の能力的相違が比較的小さい場合は契約的アライアンスが、逆に大きい場合は資本的アライアンスが効果的、ということになる。

　このように、パートナーとの関係とアライアンス形態とは関連しながら、アライアンス成果に影響する。既存技術の改良を目指すアライアンスでは、能力的相違の小さいパートナーと契約的アライアンスを行い、逆に革新的な新技術の開発を目的とするアライアンスでは、能力的相違の大きいパートナ

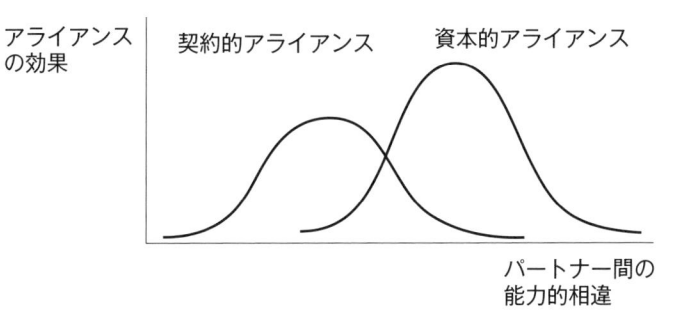

図表8-4　契約的アライアンスと資本的アライアンスとの比較

Sampson（2007）を参照して筆者作成

ーと資本的アライアンスを行う、という使い分けも有効であろう。アライアンス戦略を立案するにあたっては、パートナー選定とアライアンス形態の双方の問題を、一体として考慮する必要がある。

3　パートナー選定で生じる問題

　パートナー選定の過程では、様々な問題に直面する。過去のアライアンス事例の分析に基づいて、パートナー選定でよく生じる問題とその対応策を指摘した研究がある（Bierly & Gallagher, 2007）。そこで取り上げられている問題のいくつかを紹介しよう。

（1）信頼関係が強調され過ぎる

　パートナーとの信頼関係は重要であるが、これが強調され過ぎるあまり、他の重要なことが見過ごされてしまうことがある。例えば、パートナーとの信頼関係が非常に強固であると、戦略適合性が十分に評価されずにアライアンスが形成されてしまうリスクがある。信頼関係を重視する文化の中で、日本企業にとっては特に注意すべき点である。かつて、米国のある大手企業2社が合弁会社を設立した。たまたま両社の経営トップ（CEO）がしばしば一緒にゴルフをするなど懇意で、個人的な信頼関係が強かった。ここから、「両社で一緒に何かやろう」というトップダウンの方針が決まり、戦略適合

性を十分に評価することなく、合弁会社を設立してしまった。しかし、両社の戦略の不一致がしだいに顕在化し、事業の現場では様々な混乱が生まれ、間もなく合弁会社は解消することになった。信頼関係と戦略適合性は、パートナー選定における車の両輪のようなものであり、どちらも欠けてはいけない選定要因である。信頼関係があることで戦略適合性の検討が疎かになることがないよう、留意する必要がある。

（2）パートナー選定の時間が限られる

　情報が十分になく、かつ時間的な余裕もない中で、迅速にパートナーを選定しなければならない状況もある。例えば、アライアンスを行うかどうかの判断の期日が決まっている場合、あるいはパートナー候補に対して別の企業もアプローチしており、こちらが検討している間に、その別の企業にパートナー候補をもっていかれる可能性がある場合などである。スイスの電力機器メーカー ABB（アセア・ブラウン・ボベリ）の社長であったバーネビック氏が提唱する「7：3の公式」というものがある。100％の成功を目指して慎重に行動するのではなく、70％の成功と30％の失敗を前提にして迅速に行動すべきだ、というものである。

　このように、十分に時間をかけて評価を行う余裕がない中で、判断を行わなければならない時、心像（Imagery）と直感（Intuition）が重要となる。心像とは、経営者がアライアンスの成功の姿として抱くイメージ、直感とは、経営者がその経験や訓練の中で培った瞬時の判断力である。パートナーの選定にあたっても、経営者が良い結果を心像として思い描けるか、成功を直感できるか、ということに基づいて判断が行われることがある。時として心像や直感が、戦略適合性の評価よりも正しい判断を導く場合もある。

（3）パートナー選定のノウハウがない

　パートナー選定の判断が、経営者やアライアンス経験者など、特定の個人の能力やノウハウに依存して行われることがある。彼らが判断を行える間は問題ないが、立場が変わったり他部門に異動したりするなどして、判断に関わることができなくなると、パートナー選定に支障が生じる。能力やノウハ

		加重係数	X社（スコア）		Y社（スコア）		Z社（スコア）	
相手の特性	ユニークな強み	0.01	8	0.08	5	0.05	4	0.04
	共存できる経営スタイル	0.01	9	0.09	4	0.04	5	0.05
	共存できる戦略目標	0.03	9	0.27	6	0.18	4	0.12
	優れた技術力	0.01	8	0.08	5	0.05	5	0.05
適合度	相性良い企業文化	0.08	9	0.72	6	0.48	4	0.32
	知識共有への意欲	0.07	9	0.63	5	0.35	5	0.35
	同等な支配	0.04	9	0.36	4	0.16	5	0.20
	柔軟な姿勢	0.08	9	0.72	3	0.24	4	0.32
無形資産	特許、商標、知識	0.05	5	0.25	7	0.35	7	0.35
	評判	0.06	4	0.24	8	0.48	8	0.48
	アライアンスの経験	0.06	4	0.24	8	0.48	7	0.42
	従業員の能力	0.05	6	0.30	8	0.40	7	0.35
マーケティング能力	市場シェアの増大	0.08	3	0.24	9	0.72	5	0.40
	海外販売の増大	0.05	4	0.20	8	0.40	4	0.20
	地域市場の知識	0.07	5	0.35	9	0.63	5	0.35
	管理能力	0.05	7	0.35	8	0.40	8	0.40
補完的な能力	広い市場カバー	0.09	7	0.63	9	0.81	7	0.63
	広範な顧客層	0.05	6	0.30	9	0.45	8	0.40
	販売システム	0.06	5	0.30	9	0.54	8	0.48
	総合得点			6.35		7.21		5.91

Wu, Shih, & Chan（2009）を参照して筆者作成

ウをもつ人材を育成することはもちろん重要であるが、特定の個人に依存し
過ぎることがないよう、組織としての能力やノウハウの構築にも留意しなけ
ればならない。特に企業として、アライアンスを重要な施策として位置づけ
ているならば、このことはなおさら重要である。1つの対応方法として、パ
ートナー選定のテンプレート（選定基準表）を準備することが考えられる。

　図表8-5に例示するように、評価する項目をなるべく数多く取り上げ、そ
れぞれの項目に対してその重要度に基づく加重係数を決めておく。パートナ
ー候補に対して、個々の項目を10点満点で評価し、それに加重係数を乗じ
た値を合計して総合得点を求める。この総合得点に基づいて、パートナー選
定の判断を行うのである。**図表8-5**に示した例では、X社、Y社、Z社の中

でY社の得点が一番高いので、Y社をパートナーとして選ぶことになる。

　このようなテンプレート方式は、判断基準が明確であるため、パートナー選定に関する社内のコンセンサスが得やすくなる。しかし、テンプレートという枠内でのルーチン的な処理となるため、誤った判断を導く危険性もある。従って、戦略的判断の手段としては限界がある。経営者や管理者が行う判断の補助的ツールとして用いるのが適切であろう。

第 9 章

アライアンス条件の交渉
パートナーとどのように合意するか

① アライアンス戦略の立案	② アライアンス・パートナーの選定	③ アライアンス条件の交渉	④ アライアンス契約書の締結	⑤ アライアンス・ガバナンスの設計	⑥ アライアンス・プロジェクトの運営	⑦ アライアンスの終結と評価

　パートナーが選定されると、アライアンス条件の交渉が始まる。「どのパートナーが有する、どのような経営資源を、どのように活用するか」が決まったので、次は「どのような条件のもとで活用するか」についてパートナーと交渉する。パートナーから提供される経営資源はいつまで活用できるのか、どのような制約があるのか、対価はいくらなのか、など様々な条件を決めなければいけない。双方にとって適切な条件を見出すことが、アライアンスを成功に導くうえで重要である。従って、交渉プロセスは慎重に、かつ粘り強く進める必要がある。

　一方で、交渉がまとまらないとアライアンス・プロジェクトをスタートすることができない。経営にスピードが求められる中、タイムリーに交渉を進めることも重要である。時には譲歩することも必要になるであろう。限られた時間軸の中で、どのようにパートナーと交渉しどのように合意するか、これが本章のテーマである。

1　アライアンスにおける交渉

（1）アライアンス交渉の特徴

　アライアンス交渉にはいくつかの特徴がある。条件交渉を行うにあたって、この特徴をよく理解しておくことが重要である。まず、第1の特徴は、交渉の争点が数多くあること、そしてそれらがお互いに関連していることである。製品の売買で見られるように、価格だけの単一条件の交渉ではない。

アライアンス交渉を成功させるためには、数多くの争点をばらばらではなく、一体として合意する必要がある。

　例えば、ある事業を行うために必要な技術があり、それをパートナーから導入するケースを考える。これは技術ライセンスであるが、まずライセンスの対象となる技術が何なのかを明らかにしなければいけない。それはノウハウなのか、特許も含むのか、今後パートナーが成した改良も含むのか、含むとしたら何年先までに行われた改良なのか、などその範囲を明確にする。また、その技術は自由に使って良いのか、特定の製品開発に限定されるのか、無期限に使って良いのか、期間限定だとしたら何年間なのか、など使用に伴う制約条件もある。さらに、技術導入が失敗したらどうするか、技術が第三者の特許権を侵害していたらどうするか、その場合の損害はどう負担するか、など想定されるリスクへの対応も決めなければならない。そして、この技術のライセンス対価や支払い方法も、重要な条件の1つとなる。

　これらの条件は、それぞれライセンサーとライセンシーの立場が対立する。ライセンサーは提供する技術の範囲をあまり広げたくないし、それを使用する際の制約条件も課したい。リスクに対する責任は負いたくないし、ライセンス対価はできるだけ高くしたい。一方、ライセンシーとしては、技術の範囲は広く、かつ制約条件は少なくして、その技術をできるだけ自由に使いたい。技術に問題があった場合はそれを提供したライセンサーに責任をとってもらいたいし、ライセンス対価は安くしたい。

　このように個々の争点で利害は対立するものの、すべての争点はお互いに関連している。それぞれの争点の関係を考慮しながら、どれを譲って（give）どれを取るか（take）の交渉が行われる。技術の範囲を広くするから対価も高くする、制約条件は緩めても良いがそれに伴うリスクは負担してもらう、というように最後は全体をパッケージとして合意する。自社の事業に対する影響はどうか、相手にとっての重要度はどうか、など様々な要因を考慮しながら合意点を模索するのである。

（2）3つの交渉タイプ

　アライアンス交渉のもう1つの特徴は、実はこれが最も重要なことである

が、ウィン－ウィン（Win-Win）を目指す交渉だということである。先ほど、製品売買の価格交渉を取り上げたが、これはウィン－ルーズ（Win-Lose）の交渉である。高い価格であれば、売り手にとっては好ましいが、買い手にとっては不利になる。低い価格になれば、その逆である。どちらかが得をすれば、その分だけ相手が損をする。これに対してアライアンスは、お互いが得をする取引でなければならない。1＋1が3となり、それを1.5ずつ享受する。1＋1が3とならなければアライアンスを行う意味がないし、3になったとしても一方が2で他方が1という不公平な分配が行われれば、その関係は長続きしない。アライアンスが成立し継続するためには、お互いにとって1.5のリターンが必要なのである。そしてアライアンス交渉は、それを満たす条件を見出すために行われる。

　通常、交渉は3つのタイプに分けることができる（印南、2001）。**図表9-1**(a) に示すタイプは分配型交渉と呼ばれる。双方の利害が対立しているので、一方が得れば他方は失う。すなわち、ゼロサムの関係である。先ほどの製品売買の価格交渉はこれに該当する。**図表9-1(b)** に示すタイプは利益交換型交渉と呼ばれる。双方の利害が棲み分けられているので、コンフリクトがない。双方が組むことによってお互いがメリットを享受できる、プラスサムの関係である。お互いにとってメリットをいかに拡大するか、という視点から交渉が行われる。

　さらに**図表9-1(c)** に示すパターンは、創造的問題解決型交渉と呼ばれる。これは利害の対立を解消する方法を見つけ、争点を争点でないようにするために行う交渉である。すなわち、ゼロサムの関係をプラスサムの関係に転換する。アライアンス交渉で特に求められるのが、この創造的問題解決型のアプローチである。

　例えば、日本企業X社と米国企業Y社が新製品の共同開発を始めるにあたり、開発された製品の販売権について交渉しているケースを想定しよう。もしX社が日本市場に重点を置き、Y社は米国市場に注力しているとしたら、新製品の販売に関するコンフリクトは生じない。日本市場での販売権は日本企業のX社が、米国市場での販売権は米国企業のY社がもつようにすれば、お互いの強みを活かしてグローバルに市場をカバーすることができる。新製

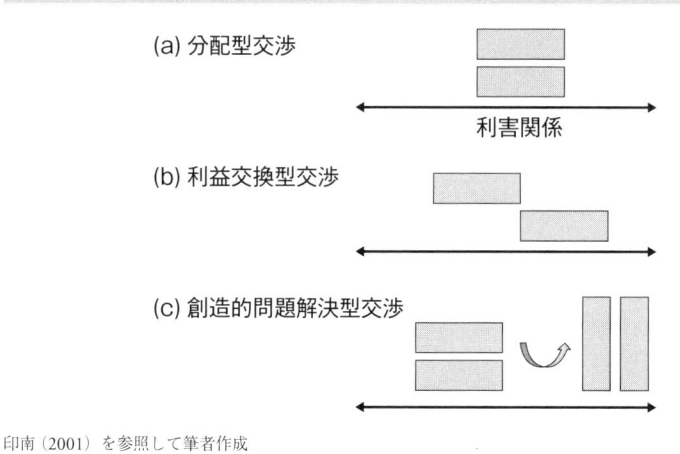

図表9-1　3つの交渉タイプ

(a) 分配型交渉

利害関係

(b) 利益交換型交渉

(c) 創造的問題解決型交渉

印南（2001）を参照して筆者作成

品の存在感は増し、規模の拡大効果もあるので、双方がメリットを享受することができる。このような協力の枠組みを交渉するパターンは利益交換型である。

　一方、双方にとって未開拓だが、これから成長が期待できる中国市場での販売権が争点になると、これは分配型交渉になる。販売権を得た企業は販売拡大のチャンスを得るが、他方の企業はそれを失う。双方に販売権を与えれば、パートナーどうしの販売競争が激化する。それを避けるために販売チャネルの棲み分けを協議すると、それはどのチャネルを取ってどのチャネルを譲るかという、やはり分配型の交渉を行うことになる。

　創造的問題解決型交渉では、このような利害が対立する争点を、利害が対立しない問題に置き換えて、双方にとってメリットとなる条件を見出そうとする。例えば、X社は中国市場で一定のブランド力をもっていたとする。またY社は中国で現地生産を行う量産工場を保有していたとする。そこで「共同開発した製品はY社の現地工場で生産し、それをX社が調達して顧客向けに販売する」という取り決めを行えば、それぞれの強みを活かして、それぞれが事業成果を享受する枠組みになる。このように、お互いの戦略や目標、強みや弱みを理解し合い、そこから双方にとってメリットのある解決策を導きだすことが、創造的問題解決型交渉が目指すアプローチなのである。

（3）アライアンス交渉と取引コスト

　実際のアライアンス交渉では、様々な争点が存在するので、それぞれの争点の性質に応じて分配型交渉、利益交換型交渉、創造的問題解決型交渉が使い分けられる。アライアンスにおけるパートナーとの関係はウィン－ウィンでなければならないので、アライアンス交渉は原則として、利益交換型もしくは創造的問題解決型を目指すべきである。もしその争点に対してお互いがプラスサムの関係にあれば、利益交換型交渉を行うことができる。ゼロサムの関係であっても、なるべく創造的問題解決型交渉によって、プラスサムの関係に転換することが好ましい。しかし、すべての争点がゼロサムの関係からプラスサムの関係に転換できるわけではない。例えば、対価をいくら払うかという争点は、一方が得た分を他方は必ず失う。つまり、ゼロサムの関係を変えることはできない。このような争点については分配型交渉が行われる。

　こうして、分配型、利益交換型、創造的問題解決型の3つのタイプの交渉が行われる。上に述べたように、できるだけ利益交換型もしくは創造的問題解決型の交渉が行われることが好ましい。ただ現実には多くの争点が、分配型の交渉で扱われることになる。その理由は、本来はプラスサムの関係にある争点、もしくはゼロサムの関係からプラスサムの関係に転換できる争点であったとしても、限定合理性と機会主義が存在する中では、ゼロサムの関係となってしまうからである。こうして分配型交渉をせざるを得ないこと、そしてそのために費やされる時間やエネルギーは、アライアンスにおける取引コストとなる。

　限定合理性と機会主義は、第2章で紹介したように、取引コスト理論の前提となる概念であり、いずれも人間や企業の行動の限界を示すものである。限定合理性は限られた情報能力の中で、意図的かつ合理的にしか行動できないという制約を意味する。世の中で起きていることすべてを知ることはできず、またこれから起きることを完全に正しく知ることもできない。従って、限られた情報や限られた能力の範囲で、最も合理的と考えられる行動をせざるを得ない。機会主義は、自らの利益のために、時として相手との約束を反

故にしたり相手を騙したりする可能性があるということである。相手にとって不利益になることがわかっていたとしても、自らの利益を優先した行動がとられる。

このような前提のもとでは、交渉のパターンも影響を受ける。すべてを正しく知ることはできないので、想定が間違っていたらどうするかを考える。将来を正しく予測することができないので、予期しない状況が生じたらどうするかを考える。相手が約束を反故にして自らの利益を優先するかもしれないので、約束が守られなかったらどうするかを考える。このような懸念に双方がそれぞれ対応すると、次々と利害の対立が生まれる。

例えば、日本企業のX社は日本市場、米国企業のY社は米国市場という棲み分けができたとしても、将来自国の市場規模が想定したほど伸びず、そこだけに留まっていられなくなるかもしれない。そのような事態に備えて、X社としては米国市場での販売権を、またY社は日本市場での販売権を確保したいと考える。しかし自らの市場を守りたいと考える相手に、それを認めさせるのは容易ではない。あるいは、Y社の工場で生産、X社のブランドで販売という協力関係を築いたとしても、Y社の工場が災害に被災して操業停止になるかもしれないし、突然、Y社が生産から撤退という判断をするかもしれない。品質問題が発生すればX社のブランドが棄損することもあり得る。このような事態が生じたらどうするか、どちらがどのような責任をとるかについても協議しなければならない。

こうして限定合理性と機会主義のもとで、様々な事態を想定した交渉が行われる。その結果、争点は増え合意は難しくなる。本来は対立しないはずの争点でも、新たな利害の対立が生まれ、ゼロサムの関係に姿を変えてしまうのである【図表9-2】。

2　交渉における合意形成

（1）交渉ポジション

このように、現実に行われる交渉の多くが分配型の要素をもつ。ゼロサムなので、一方が何かを得れば他方はそれを失う。それぞれがより多くのもの

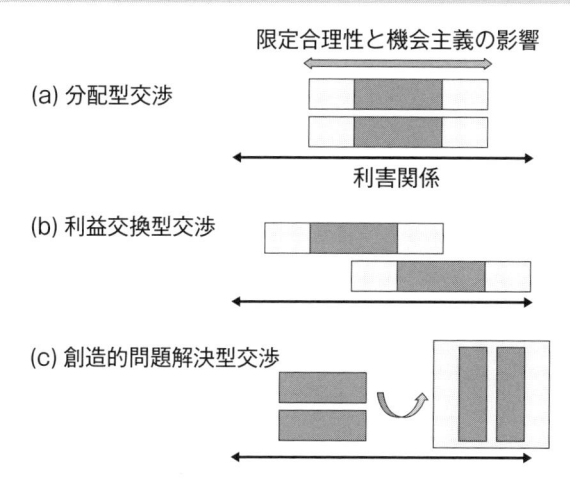

図表9-2　アライアンス交渉と取引コスト

限定合理性と機会主義の影響

(a) 分配型交渉

利害関係

(b) 利益交換型交渉

(c) 創造的問題解決型交渉

を得ようとして交渉するので、合意に至ることは容易でない。しかし、交渉が長引けばアライアンス・プロジェクトの開始も遅れる。その分、本来はアライアンスで得ることができるメリットを、双方が失うことになる。交渉に要する時間やエネルギーはアライアンスにおける取引コストなので、これはなるべく小さくすることが好ましい。ゼロサムの交渉では、いかに有利な条件で、かついかにスムーズにタイムリーに合意を形成するかが問われることになる。

　もっとも交渉当事者の立場が対等でない場合は、合意形成はそれほど難しいことではない。弱い立場にある者は、強い立場にある者の要求を受け入れざるを得ないからである。例えば、このアライアンスが一方の企業にとっては極めて重要であるが、他方の企業にとっては大して重要でない場合、重要度の高い企業の方が交渉上の立場は弱い。交渉が長引いたり決裂したりすれば、それによるダメージがより大きいからである。また、一方の企業は早くアライアンスを開始しなければいけない事情があるが、他方の企業は別に急ぐ必要がないのであれば、時間的余裕のない企業の方が交渉上の立場は弱くなる。譲歩を重ねてでも、交渉の成立を急ぐであろう。

　交渉上の立場を決めるもう1つの要因として、BATNA（Best　Alternative

To Negotiated Agreement：次善の選択肢）がある。もし仮にこの交渉が合意に至らなかった場合、次善の策があるかということである。アライアンス交渉において、今の交渉相手とは別のパートナー候補がいれば、その存在はBATNAになる。BATNAがあれば、合意できなくても別の策があるので、強い交渉が可能になる。BATNAがないか、もしくはあっても条件的に好ましくない選択肢であれば、交渉上の立場は弱くなる。

　図表9-3はX社とY社がある条件を巡って、交渉している状況を示したものである。横軸が、交渉でどのような条件で合意するかを示している。ゼロサムの交渉なので、左側に行くほど条件はX社にとって有利（Y社にとっては不利）、逆に右側にいくほどY社にとって有利（X社にとっては不利）であるとする。X社はBATNAの左側にある条件でしか合意できない。BATNAよりも右側の条件で合意するなら、この交渉をやめてBATNAを選択した方が良いからである。同様にY社もBATNAの右側の条件でしか合意できない。このように、お互いがBATNAをもっていると、その間が双方で合意できる条件の範囲となる。この範囲の中で、お互いできるだけ自らに有利な条件での合意を目指して交渉が行われる。良い条件（X社にとってはなるべく左側、Y社にとってはなるべく右側）のBATNAをもっていれば、合意できる範囲が自らに有利な方向に狭まるので、交渉上の立場は強くなる。

（2）返報原則

　双方の立場が対等である場合には、合意形成を目指してお互いが努力する必要がある。交渉心理学で使われる返報原則という言葉がある。相手が譲っ

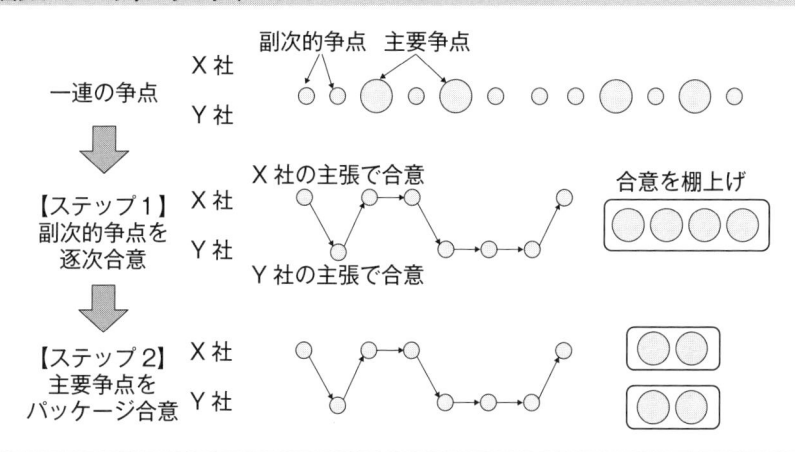

図表9-4　パッケージ・ディール

たら自分も譲る、という譲り合いの原則である。このような予定調和行動に基づき交渉は行われる。この原則が守られない場合は、交渉は成立しない。

　返報原則を明示的に活用して、合意形成を図る交渉もある。例えば、X社とY社が様々な事項を争点として交渉していたとする【図表9-4】。争点の中には主要問題もあれば副次的な問題もある。これを図の中では丸の大きさで示してある。1つ1つの事項を順に交渉し、合意形成していくというプロセスは時間がかかり非効率である。副次的な争点であれば比較的簡単に相手の主張を受け入れられるが、主要争点ではそうはいかない。主要争点では双方が自らの主張を譲らず、そこで交渉が行き詰まってしまう。

　そこでまず、【ステップ1】副次的争点だけを次々と議論し、それぞれについて合意を見出していく。相手の主張が妥当であればそれを受け入れ、そうでなければこちらの主張を受け入れてもらう。主要争点は議論を行うものの、そこで結論を出さず、合意は棚上げにする。そして、【ステップ2】すべての議論が終わった段階で、残っている主要争点のうち、半分は相手の主張を受け入れ、残りの半分はこちらの主張を受け入れてもらう、という方法で合意を形成する。相手の主張を受け入れることで失うものがあるとしても、相手もこちらの主張を受け入れる。ここはお互いに痛み分けをしながら、アライアンスを成立させることを優先し、早くその成果を享受しようとするの

である。

　このような合意形成の方法は、お互いに個々には譲歩が難しい主要争点をパッケージにして解決を図る、という意味でパッケージ・ディールと呼ばれる。相手に譲ってもらう代わりにこちらも譲る、という返報原則に基づくアプローチである。

(3) アンカリング

　お互いに譲り合うことが合意形成には不可欠であるが、それぞれがどのような主張をするかによって、譲り合った結果としての合意点は異なる。最初に相手に対して自らの主張を提示することを、「錨を降ろす」という意味でアンカリング（降錨）と言い、その主張を置く位置（主張の内容）を降錨点と呼ぶ。降錨点は交渉の最終的な合意点に影響する。従って、アンカリングはなるべく自らに有利な条件で行った方が良い。控え目に行うと、結果的に損をすることになる。しかし、いくらでも自らに有利な条件を提示した方が良いかというと、そのようなことはない。

　図表9-5に示すように、X社が自らに有利なように、なるべく左側に位置する条件を提示したとする。もしこれが、Y社のBATNAを超えてさらにその左側に来たとすると、交渉は決裂する。Y社としては、BATNAを選べばより好ましい条件となるので、X社との交渉を継続する意味がなくなるからである。X社が交渉を成立させようとするなら、そのアンカリングはY社のBATNAより右側で行われなければならない。そして、X社のアンカリングが行われると、Y社はその降錨点よりできるだけ右側で合意しようと交渉を行う。

　Y社も同様に、X社のBATNAより左側にアンカリングを行う。そしてX社は、Y社の降錨点よりできるだけ左側で合意することを目指して交渉を行う。こうして、両社がアンカリングを行うと、それぞれの降錨点の間が交渉の範囲になる。お互いに譲歩を行いながら、その範囲の中に合意点を見出すことになる。

　このように、交渉の最初にどこにアンカリングをするかは、交渉の成否や結果を左右する重要な判断である。相手のBATNAがどこにあるかを見極め

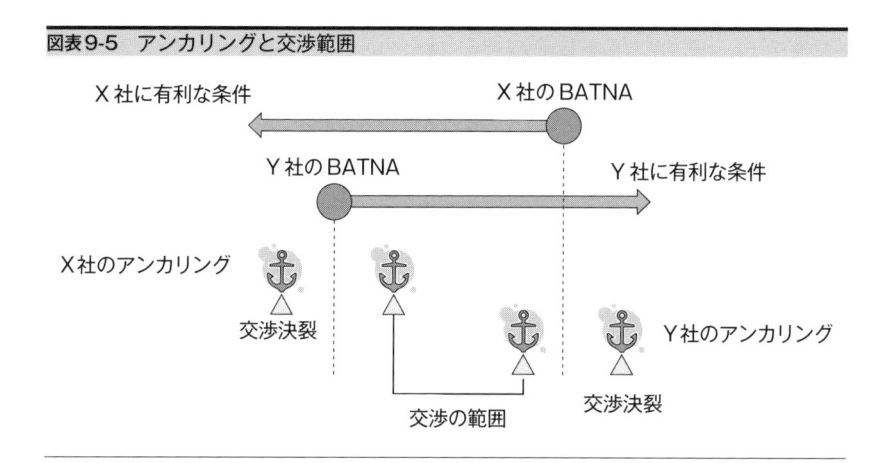

図表9-5 アンカリングと交渉範囲

X社に有利な条件　　　　　　X社のBATNA

Y社のBATNA　　　　　Y社に有利な条件

X社のアンカリング

交渉決裂　　　　　　　　　　　Y社のアンカリング

交渉の範囲　　　交渉決裂

ながら、自らのアンカリングの位置を定めるのである。

3 合意形成のパターン

(1) 争点の重要度

　これまでアライアンス交渉の特徴を2つ述べてきた。1つは、交渉の争点が数多くあること、そしてそれらがお互いに関連していること、もう1つは、ウィン−ウィンを目指す交渉だということである。ここでアライアンス交渉の3つ目の特徴を挙げるとしたら、それは1つ1つの争点がもつ意味や重要度が双方にとって異なる、ということである。一方の企業にとっては重要な争点でも、他方の企業にとっては重要度が低い、ということもある。多数の争点があるため、その重要度の濃淡がお互いに異なるのである。

　技術ライセンスのケースを考えてみよう。限定的な製品しかもたない企業は、技術の使用制限があっても問題ないであろう。しかし、数多くの製品や事業をもつ企業にとっては、この制限は事業の自由度を大きく制約する。また、多くの企業と特許クロスライセンス契約を締結している企業は、第三者の特許権を侵害するリスクをあまり気にしないかもしれない。しかし、そうでない企業にとっては、これに伴うリスクは大きい。

　このように、それぞれの立場によって重要度が異なる多くの争点を、それ

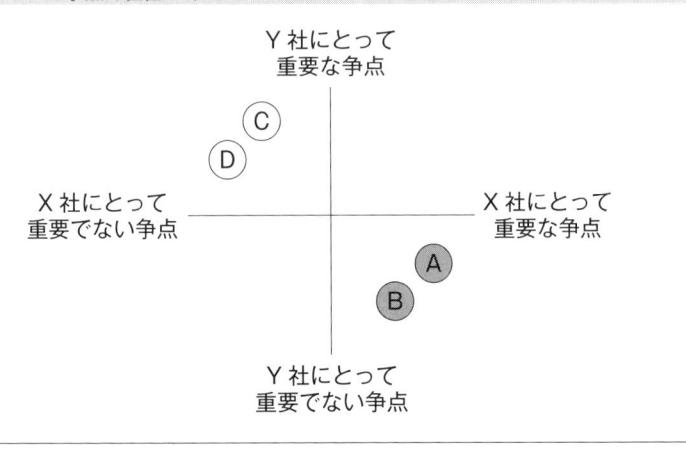

図表9-6　4つの争点の位置づけ（ケース1）

らの関連も考慮しながら、ウィン－ウィンとなる合意点を目指して行うのが
アライアンス交渉である。ここで、このようなアライアンス交渉の特徴を念
頭に置きながら、1つの交渉事例を想定してみよう。

（2）争点の位置づけ

　X社とY社が交渉を行っており、4つの争点（A、B、C、D）があるとする。
X社とY社にとって、それぞれの争点の重要度は異なるが、それが仮に**図表
9-6**に示すような関係であったとする（ケース1）。すなわち、(i) A、BはX
社にとって重要だがY社にとっては重要でない、(ii) C、DはX社にとって
重要でないがY社にとっては重要である。この場合、ウィン－ウィンの合意
点を見出すのは簡単である。AとBはX社が主張するとおり、X社にとって
有利な条件とし、CとDはY社が主張するとおり、Y社にとって有利な条件
とすれば、お互いに満足できるからである。その合意の様子を**図表9-7**に示
す。

　次に、4つの争点の関係が**図表9-8**のようになっている場合を考えよう（ケ
ース2）。すなわち、(i) A、CはX社にとってもY社にとっても重要、(ii)
B、DはX社にとってもY社にとっても重要でない。X社の立場にたてば、A
とCはX社に有利な条件で、BとDはY社に有利な条件で合意が得られれば

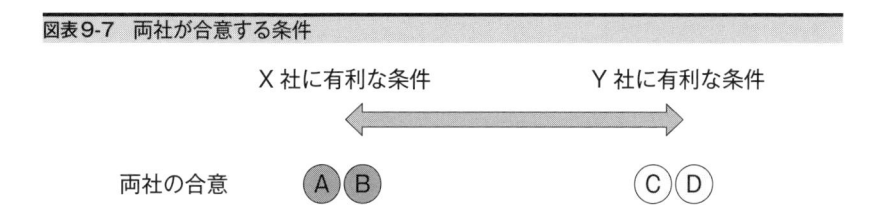

図表9-7　両社が合意する条件

X 社に有利な条件　　　　　　　Y 社に有利な条件

両社の合意　　　　Ⓐ Ⓑ　　　　　　　　Ⓒ Ⓓ

ベストである。しかし、これはY社が同意するはずがない。Y社にとって重要な争点が、いずれもX社に有利な条件となっているからである。結局、このような関係のもとでウィン-ウィンを実現するには、返報原則に基づき、お互いが譲り合って合意するしかない。**図表9-7**に示したのと同様、AとBはX社の主張どおり、CとDはY社の主張どおりとするのである。それぞれにとって重要な2つの争点のうち、1つは自らに有利な条件を確保し、もう1つは相手に対して有利な条件を与えることになる。

　さて、3つ目のケースとして、**図表9-9**に示す関係となっている場合を想定しよう（ケース3）。すなわち、(i) AはX社にとってもY社にとっても重要、(ii) BはX社にとって重要だがY社にとっては重要でない、(iii) CはX社にとって重要でないがY社にとっては重要、(iv) DはX社にとってもY社にとっても重要でない。X社の立場にたてば、ベストな合意は、やはり**図表9-7**に示したものと同じく、AとBがX社に有利な条件、CとDがY社に有利な条件となることである。自らにとって重要な争点はいずれも自らの主張どおりとなっているからである。

　では、この合意はY社にとってはどうであろうか。自社にとって重要な争点と重要でない争点は区別できるが、相手にとってどれが重要でどれが重要でないかはわからない。Y社からすると、X社にとって有利な条件で合意したAとBが、いずれもX社にとって重要な争点であるということはわからない。大事なことは、Y社にとって重要な争点がどうなのかである。ここで、Y社にとって重要な争点の1つであるCは、Y社に有利な条件となっている。すなわちY社にとっては、1つの重要な争点を取ってもう1つの重要な争点は譲った、という合意なのである。これはケース2と同じ結果である。返報原則に基づいて合意を目指すのであるならば、この結果はY社にとって、十

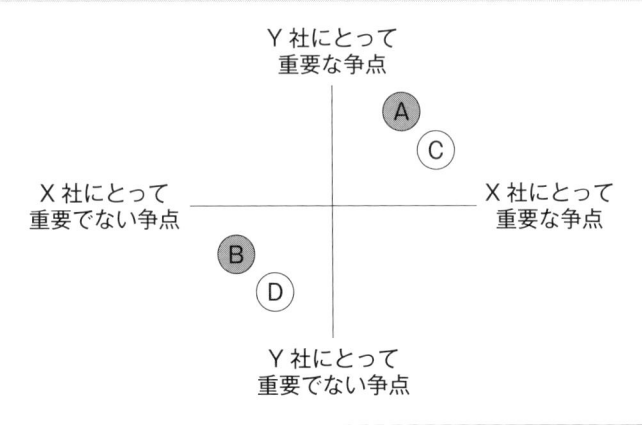

図表9-8　4つの争点の位置づけ（ケース2）

Y 社にとって
重要な争点

X 社にとって
重要でない争点

X 社にとって
重要な争点

Y 社にとって
重要でない争点

分にウィン-ウィンと言えるのである。

（3）合意形成の方法

　上に示したケース3の場合、X社として**図表9-7**にあるような合意に至るためには、どのように交渉を進めれば良いのであろうか。これまで述べてきた交渉の合意形成の考え方も参照しながら、X社にとって好ましい交渉の進め方を考えてみよう**【図表9-10】**。

　【ステップ1】まずアンカリングを行う。前節で述べたように、どこにアンカリングするかが最終的な合意点に影響する。従って、自社にとって有利な位置にアンカリングする必要がある。これはすべての争点（A、B、C、D）に対して同様である。CやDは自社にとって重要でないが、相手にとっては重要な争点かもしれない。そうであれば、返報原則に基づく譲り合いのプロセスの中で大事な交渉材料となる。従って、CやDに対しても、自らの主張をしっかりと伝える必要がある。もちろん、Y社はこのようなX社の提案を受け入れることはできない。Y社にとって重要な争点であるA、Cのいずれも、自らの主張とかけ離れているからである。Y社も自らに有利な位置にアンカリングを行うであろう。この段階では、両社の主張に大きな隔たりがある。

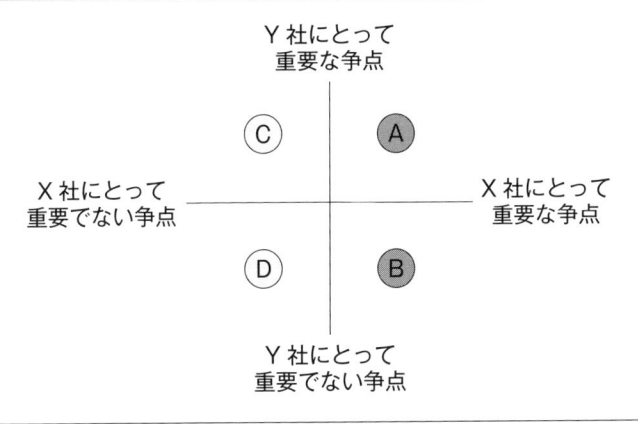

【ステップ2】両社がお互いに合意を目指しているならば、返報原則に基づく譲り合いのプロセスが行われる。相手が譲歩すれば、こちらも譲歩する。こちらが譲歩すれば、相手も譲歩する。このような行動パターンを前提に、X社がここで譲歩すれば、次にY社の譲歩を期待することができる。X社としては、まず自社にとって重要でないDについて譲歩し、Y社の要求を受け入れる。Y社としてDは重要でないから、これを譲歩してもらっても有難くない。しかしY社としては、これがX社にとって重要であるかどうかわからない。X社が譲歩をしたということが重要で、これによって次のステップでY社が譲歩を行う立場となる。

【ステップ3】Y社として重要な争点はAとCである。X社の提案では、このいずれもX社にとって有利な条件が主張されている。Y社として考えられる譲歩は、このうち1つはX社の主張を受け入れても良い、そのかわりもう1つについてはY社の主張を受け入れてもらう、というものである。Y社としてこの交渉を成立させる意思を持っているならば、このような返報原則に基づく痛み分け（双方が1つを得て、もう1つを失う）は合理的な判断である。X社はこれに同意し、AはX社の主張を受け入れ、CはY社の主張を受け入れる、という合意が形成される。

こうしてこの交渉は、AとBはX社に有利な条件で、CとDはY社に有利

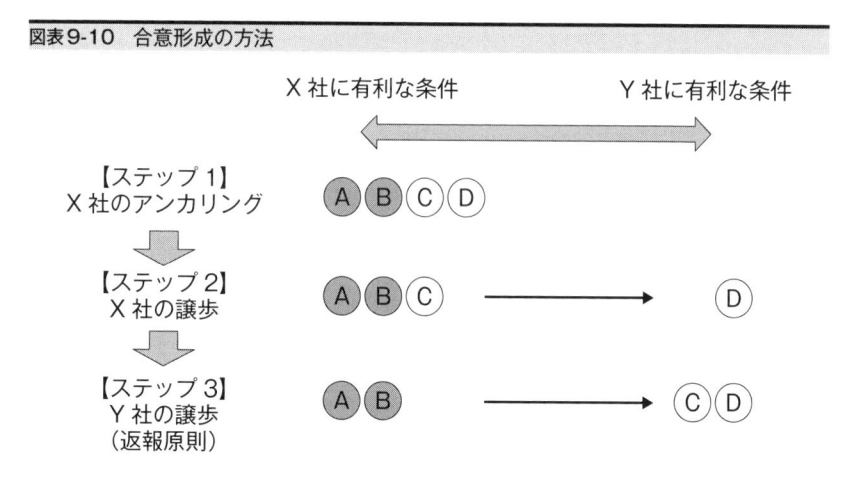

図表9-10　合意形成の方法

な条件で合意に至る。X社にとって重要な争点は、いずれもX社にとって有利な条件で合意されており、ベストな結果であると言える。まずはアンカリングを行い、返報原則に基づく譲歩のプロセスを進めることによって、自らに有利な条件で合意形成が得られたことになる。

第 10 章

アライアンス契約書の締結
パートナーと何を確認するか

① アライアンス戦略の立案	② アライアンス・パートナーの選定	③ アライアンス条件の交渉	④ アライアンス契約書の締結	⑤ アライアンス・ガバナンスの設計	⑥ アライアンス・プロジェクトの運営	⑦ アライアンスの終結と評価

　条件交渉を経て合意された内容は、アライアンス契約書としてまとめられ、締結される。アライアンス契約書が締結された段階で、アライアンスが成立したと見なされる。すなわち、ここまでがアライアンスを構築するフェーズ、ここからがアライアンスを実施するフェーズである。その意味で、アライアンス契約書の締結は、全体のステップの中で大きな節目となる。契約調印式が行われ、アライアンス・プロジェクトがスタートする。どのようにプロジェクトを進めるか、その成果をどのように活用するか、などこれから様々な局面で、契約書の取り決めが判断の拠り所となる。

　従って、しっかりとした契約書を締結することは、アライアンスを進めるうえでの土台を固めることになる。本章ではまず、アライアンスで締結される契約書にどのようなものがあるか、それぞれの役割と特徴を整理する。次に、アライアンス契約書の基本構成について述べる。技術ライセンス、販売協力、生産委託など、アライアンスには様々な形態がある。しかし、経営資源の交換という視点でアライアンスを捉えれば、契約書の構成はいずれのアライアンスに対しても同等である。本章では、巻末の技術ライセンス契約書のサンプルを参照しながら、アライアンス契約書の構成要素ごとに、具体的に何をどのように取り決めるかを示していく。

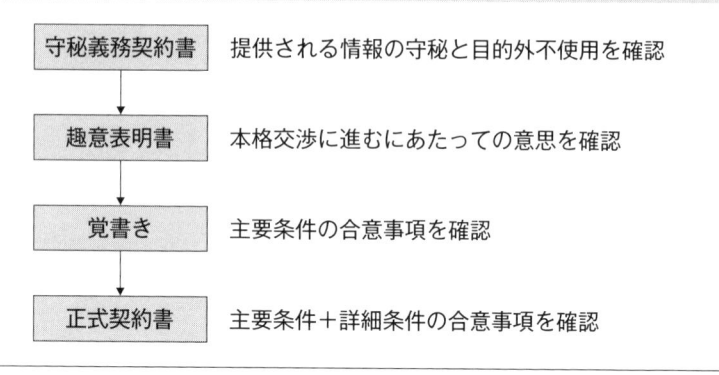

図表10-1　アライアンス契約書とその役割

守秘義務契約書	提供される情報の守秘と目的外不使用を確認
趣意表明書	本格交渉に進むにあたっての意思を確認
覚書き	主要条件の合意事項を確認
正式契約書	主要条件＋詳細条件の合意事項を確認

1　アライアンスと契約書

（1）アライアンス契約書の役割

　条件交渉が合意した段階で締結される契約書は通常、正式契約書（Definitive Agreement）と呼ばれる。これ以外にも交渉の過程で、いくつかの契約書が締結される【図表10-1】。まず交渉を開始する際に、守秘義務契約書（Non-Disclosure Agreement）を取り交わす。アライアンスの枠組みを議論し条件を協議するにあたって、お互いの理解を深めることが必要である。そのために、双方の重要情報を提供し合う。こうして提供された情報は、この交渉の目的以外に使用しないことを確認するのが守秘義務契約書である。この取り決めに違反して、相手から受領した情報を第三者に開示したり、アライアンス以外の目的に使用したりしたら、これは契約違反となる。この守秘義務は、交渉が不調に終わってアライアンスが成立しなかった場合でも、情報を受領した企業を拘束する。

　アライアンスの基本的なコンセプトや枠組みに合意した段階で締結するのが、趣意表明書（Letter of Intent）である。これはいまだ、契約書と呼ぶにはあまりにも大雑把なものであるが、ある程度の具体的なアライアンスのイメージをもって、お互いに真剣に交渉を進めていく意思があることを確認するものである。ここまでの協議は、相手の意思や実力を探り合う、あるいはア

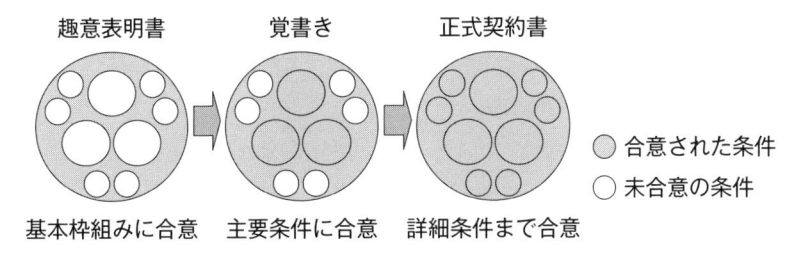

図表10-2　アライアンス契約書の段階的な合意

趣意表明書　　　　　覚書き　　　　　正式契約書

合意された条件
未合意の条件

基本枠組みに合意　　主要条件に合意　　詳細条件まで合意

ライアンスの可能性を見極めるために行われる。趣意表明書を取り交わし、アライアンスの成立に向けて前向きに取り組むことを確認することによって、ここから本格的な交渉がスタートする。

　本格的な交渉が進展して、主要条件が概ね合意した段階で締結するのが覚書き（Memorandum of Understanding）である。いまだ詳細条件までは詰めていないものの、アライアンスの枠組みはだいたい固まり、主要条件について合意が得られたため、それを確認する目的で締結する。新聞紙上でよく見られる「～のアライアンスを行うことに基本合意した。詳細はこれから詰めていく」という発表は、この覚書き締結の段階で行われることが多い。趣意表明書に示された基本的コンセプトや枠組みと比べると、主要条件がかなり具体的な合意事項として記述される。

　詳細条件も含めて、すべての事項が合意された段階で締結するのが正式契約書（Definitive Agreement）である。覚書きで合意された主要条件が、さらに詳細に網羅的に記述される。準拠法をどうするか、紛争解決手段をどうするか、合意事項の見直しをどうするか、などの一般条項も加えられる。正式契約書は記述される条項も多く、また詳細であるため、ドキュメントの量も多くなる。特に合弁会社や大規模プロジェクトなどの場合には、正式契約書が何冊もの分量になることも珍しくない。

　このように、アライアンス契約書を趣意表明書、覚書き、正式契約書と、いくつかのステップに分けて締結するのは、大きな枠組みから主要条件へ、続いて詳細条件へと段階的に合意していく方が効率的だからである【図表10-2】。特にアライアンスが大規模で複雑なものになれば、決めなければいけな

い条件項目は数多く多岐にわたる。これをすべて、1つ1つ順番に合意していくのは至難の業である。また、基本的枠組みや主要条件に合意しないまま詳細条件の議論を進めると、交渉の終盤になって基本的考え方の食い違いが判明し、そこで交渉が決裂するということも起こり得る。そうなると、そこまでに費やした多大な時間やエネルギーが無駄になってしまう。

このようなことを避けるためにも、まずは大きな枠組みで合意して、交渉の基礎をしっかりと固める。そのうえで、主要条件について「小異を捨てて大同につけるかどうか」を確認する。そして最後は、細かい点も含めてすべての条件で合意に至る、というステップを経る。これが交渉の進め方として、また契約書のまとめ方として、最も効率的なアプローチなのである。

(2) 取引コストとしての契約書

正式契約書では、アライアンスで目指すことを明確にしたうえで、それを達成するために両社が果たさなければいけない義務と、それが達成された場合に得られる権利が規定される。このように、アライアンスが計画どおり順調に進み、その目的が達成されることを前提として決められた条項を、正の条件要素と呼ぶことにする。例えば、共同開発を行うアライアンスであれば、開発費を負担し開発技術者を派遣する義務、あるいは開発成果の所有権や使用権などに関する取り決めである。

しかし、契約書にはこれとは反対に、当初の意図とは異なる状況になった場合にどうするかを定める規定も必要となる。これを負の条件要素と呼ぶことにする。負の条件要素は、取引コストを生み出す限定合理性と機会主義への対応である【図表10-3】。限定合理性の前提は、これから起きることをすべて正しく知ることはできないということである。計画が失敗したり、想定外の環境変化が起きたりするかもしれない。経営状態の悪化や災害など、予期しない事態が発生する可能性も否定できない。このような事態にどう対処するかを取り決めておく必要がある。また機会主義の前提のもとでは、相手が約束を守らず、自らの利益を優先した行動をとる可能性も想定しなければならない。契約違反や途中解約にどう対処するか、お互いの利害が対立して膠着状態になったらどうするか、などの取り決めも必要である。

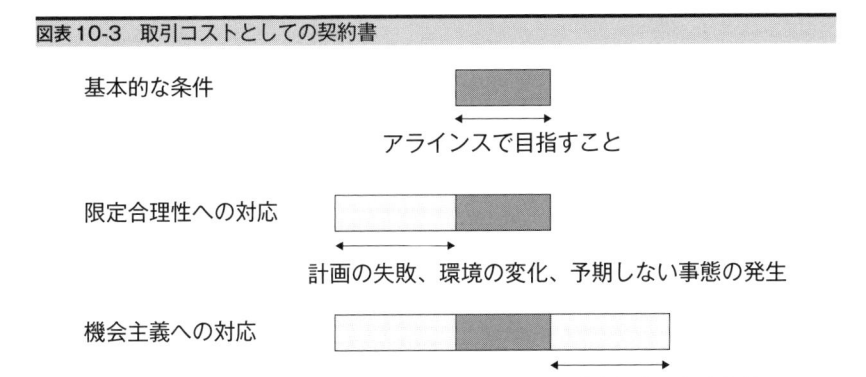

図表10-3　取引コストとしての契約書

基本的な条件

アライアンスで目指すこと

限定合理性への対応

計画の失敗、環境の変化、予期しない事態の発生

機会主義への対応

契約違反、途中解約、紛争解決

　通常、正式契約書の大半は、負の条件要素の記述に費やされる。正の条件要素は、ある特定の目的の達成を前提としたものであるのに対し、負の条件要素は、それに沿わないあらゆる状況を想定しなければいけないからである。しかも、アライアンス・プロジェクト実施の過程で契約書が活用されるのは、負の条件要素に関するものがほとんどである。なぜなら、プロジェクトが順調に進行している間は、契約書に立ち返って何かを確認しなければいけないことはあまりない。むしろ想定していなかった困難に直面した場合に、どのように対処すべきかを確認するために、契約書に立ち返るケースがほとんどである。

　事実、締結された契約書を一度も開くことなく、プロジェクトが成功裡に終了するということもある。逆に、プロジェクトが不本意な状況となり、契約書に基づく判断をしようとしたが該当する条項が存在せず、対応に窮するということもある。「契約書の善し悪しは、困難に直面した時に解決の拠り所になり得るかどうかで決まる」と言われる所以である。

（3）契約書とアライアンス成果

　アライアンス契約書では、プロジェクトの実施にあたってパートナー間で取り決めるべき、様々な条件が定められる。これがしっかりと決められていると、アライアンスは強固で安定したものになるであろう。逆にそこに不備

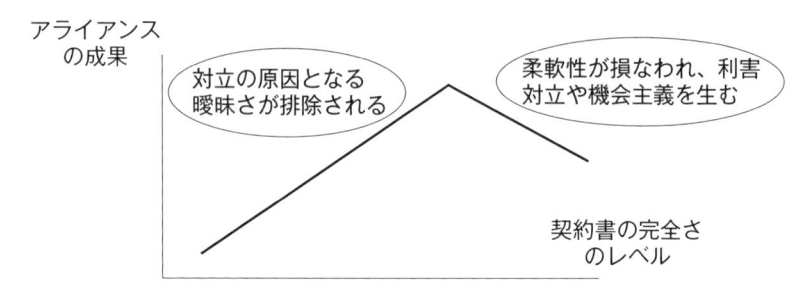

図表10-4　契約書の完全さとアライアンス成果

アライアンス
の成果

対立の原因となる
曖昧さが排除される

柔軟性が損なわれ、利害
対立や機会主義を生む

契約書の完全さ
のレベル

Luo（2002）を参照して筆者作成

があると、アライアンスは脆弱なものになると想定される。契約書が与える
このような影響を確認するために、契約書の完全さとアライアンス成果との
関係を分析した研究がある（Luo, 2002）。この研究では、290の合弁会社を対
象に、契約書に記述されている内容の分析が行われた。条件をどこまで詳細
に記述しているか、予期せぬ事態が起きた場合の対応をどこまで規定してい
るか、などの要因に基づいて、個々の契約書の完全さが測定された。

　分析の結果、契約書の完全さが増すほど、アライアンスの成果が良好にな
る傾向が明らかとなった。契約書の完全さが対立の原因となる曖昧さを排除
し、独自の判断や行動が抑制される。それによってパートナー間の確信と信
頼が増して、良好な成果に結びつくと考えられる。しかし、同じ分析の中
で、契約書の完全さがあるレベルを超えると、アライアンスの成果にネガティ
ブな影響が出ることも明らかになった。

　条件があまりに詳細になると柔軟性が損なわれ、また予期せぬ事態への対
応が過剰に扱われることで、新たな機会主義や利害対立の芽が生まれること
が、その理由として考えられる。契約書の完全さについては最適なレベルが
存在し、それより詳細でも、あるいはそれより簡素でもアライアンス成果に
とって好ましくない、というのがこの研究の結論である【図表10-4】。そして、
その最適なレベルは、アライアンスの特徴、パートナーとの関係、事業環境
など、様々な要因に依存する。

　どのようにアライアンス契約書の取り決めを行おうとも、変化の激しい時
代には、当初想定していなかった状況が生じ得る。契約書を締結した時点で

想定していた前提が、成り立たなくなるのである。そのような場合には、双方が誠意をもって、より現実に則したものとなるよう契約書を見直す必要がある。いったん合意したものだからと既得権であるかのように、既存の契約書の条件に固執することは好ましくない。状況の変化に応じて適切な内容に見直しをする柔軟性が、アライアンスを成功に導くために重要である。

2　アライアンス契約書の構成

　アライアンスとは、パートナー間でお互いの経営資源を活用し合う取引である。経営資源を提供する企業（X社）はパートナー（Y社）に対して、自らの経営資源の使用を認める。この時、X社とY社は何を確認しなければならないであろうか。

　身近な例として、レンタカー会社の車を利用する場合を想定してみよう。その時、レンタカー会社と取り交わす契約書には何が書かれているであろうか。まず、借りる車が何であるか、車種や色、車番が特定される。次に、借り手に対して運転を許可すること、そして車を引き渡す場所や日時などが明記される。そして、運転するにあたってのいくつかの制約条件が確認される。例えば、その車を運転できる人は誰か、何日まで運転しても良いか、運転して良い地域はどこか、何キロまで走行して良いのか、などである。借り手が支払うレンタカー代やその支払い方法も重要な項目である。また、借りた車の調子が悪かったり、トラブルが発生したりした場合どうするかの取り決めは、借り手として注意深く確認する必要がある。そして使用が終わったら、どこにどのように車を返却するかも、具体的に指定されているはずである。

　アライアンス契約書に記載される条項も、基本的にこれと同じである。車を経営資源と置き換えて考えれば良い。その基本となる条項は、**図表10-5**に示すように以下の6つである。まず、提供される経営資源が何であるかが特定される。これが「定義」である。次に、この経営資源がパートナーに提供され、その使用が認められる。これが「実施許諾」である。提供された経営資源をパートナーはどのように使用して良いか、その範囲が定められる。

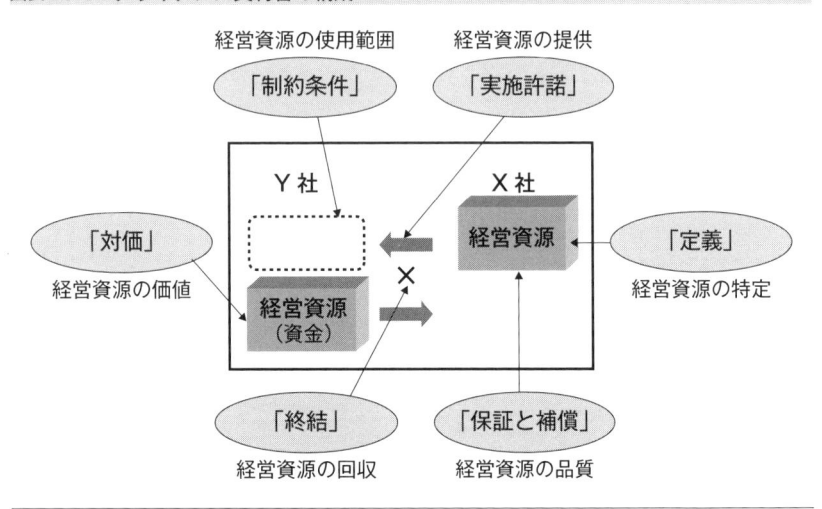

図表10-5　アライアンス契約書の構成

これが「制約条件」である。パートナーがその見返りとして資金を提供する場合、経営資源の価値に見合った金額が決められる。これが「対価」である。提供される経営資源の品質に関する取り決めが「保証と補償」であり、提供された経営資源の回収を定めたものが「終結」である。

　このように、アライアンス契約書は、「定義」「実施許諾」「制約条件」「対価」「保証と補償」「終結」の6つの基本要素から構成される【図表10-6】。この構成は、技術ライセンス（技術資源が提供される）、販売協力（販売資源が提供される）、生産受託（生産資源が提供される）など、様々なアライアンス形態の契約書に対して、原則として同等である。いずれの契約書においても、対象となる経営資源が何であり、それがどのように提供されるかに関する諸条件が規定される。

　次節では、各々の構成要素ごとに、契約書の中で具体的にどのように条件が定められるかを示す。ここでは技術ライセンスを例として取り上げる。巻末に技術ライセンス契約書のサンプルを添付し、そこの各条項を参照しながら説明を行う（参照する条項の番号を付記する）。技術ライセンスの場合は技術資源が提供されるが、これを他の経営資源で置き換えれば、他の形態のア

◆「定義」　　　　：　経営資源を特定する

◆「実施許諾」　　：　経営資源の提供方法を定める

◆「制約条件」　　：　経営資源の使用範囲を定める

◆「対価」　　　　：　経営資源の価値を定める

◆「保証と補償」　：　経営資源の品質保証を定める

◆「終結」　　　　：　経営資源の回収方法を定める

ライアンスに対しても同等の構成の契約書を考えることができる。

3　アライアンス契約書の構成要素

（1）定義：経営資源の特定

　対象となる経営資源は何か、これを明確にするのが定義の役割である。技術ライセンスの場合は、対象となる経営資源は技術なので、これを色々な視点から特定する【図表10-7】。

　まず、それはどのような技術なのかを明確にする必要がある。ある製品を作るための技術か、ある製品を使用するための方法か、あるいは製品そのものか、などである。そして、その具体的な特徴を、過不足なく契約書に表現する。例えば、「A方式に基づき、B装置を用いて、C製品を生産するための技術」という具合である。色々な条件を付加するのではなく、逆に除外項目を規定することで、技術を特定することもできる。例えば、「A製品を製造するための技術、ただしB方式を用いた生産技術は除く」という特定の仕方である（巻末の技術ライセンス契約書サンプル（以下同じ）の第1条）。

　また、提供する技術の範囲についても、それがX社が所有するものすべてを対象とするのか、X社が実施許諾権を有する範囲に限定するのか、注意深い規定が必要である。X社が所有する技術の中には、それを第三者と共同開発したため、他社にライセンスする場合には、その第三者の同意もしくは第三者への支払いを求められるものがある。X社としては、そのような技術は

図表10-7　技術を特定する方法

契約技術	製品を作るための技術 製品の使用方法 製品そのもの 除外規定
適用範囲	X社が所有する範囲 X社が実施許諾権を有する範囲 X社から情報が提供された範囲
適用期間	契約時点でX社が所有するもの 契約期間中にX社が所有するもの 契約期間終了後＿＿年間にX社が所有するもの

提供する範囲から除外したい。その場合には、「X社が第三者の同意および実施料支払いの必要なく実施許諾権を有するもの」という表現で適用範囲を限定する。また、技術情報の詳細を別紙に記載したうえで、対象技術の範囲を「別紙に記載された技術」として定義することも有効である（第1条）。

　さらに、どの時点もしくはどの期間中にX社が所有しているものか、という適用期間の規定も必要である。契約締結時点でX社が所有しているもの（バックグラウンド技術）だけに限定されるのか、あるいは契約期間中にX社が開発し所有するもの（フォアグラウンド技術）も含むのか、区別する必要がある。「契約期間終了後＿＿年の間にX社が所有するもの」というように、契約終了後も含めた期間が設定されることもある（第1条）。

（2）実施許諾：経営資源の提供

　特許や技術ノウハウなど、技術の実施許諾を行うことが技術ライセンスである。特許は、権利者が排他的な使用権を与えられることによって保護される。技術ノウハウや技術情報も、他人がそれを不法に使用することがないよう、トレードシークレット（営業秘密）として保護されている。これらの権利はいずれも、それを侵害しようとする第三者に対して、権利者が自らの排他性を主張することを認めたものである。

従って、権利者がパートナーに対して技術の実施許諾を行うということは、自らの排他性を、そのパートナーに対しては主張しないということである。何かを与えるのではなく、自らが主張を放棄することが、技術の実施許諾の特徴である。ここでは、「X社はY社に対して、契約技術を用いて、契約製品を開発・製造・販売する実施権を許諾する」というような表現が用いられる（第2条1項）。

　通常の技術ライセンスでは、パートナーが技術を有効に活用できるよう、技術情報を詳述した書類が提供される。また、書類を提供しただけではその内容を十分に理解することが難しい場合、パートナーに対するトレーニングやコンサルテーションが行われる。書類にどのような技術情報を記載するか、トレーニングやコンサルテーションをどの程度行うか、またどのようなスケジュールで実施するか、などについて記述する。例えば「X社は最大で＿＿＿人・月までのY社技術者を自らの研究開発センターに受け入れて、技術移転のためのトレーニングを行う」（第3条1項）、「X社は最大で＿＿＿人・月までの自社技術者をY社工場に派遣し、技術移転のための現地支援を行う」（第3条2項）、などである。

　他の形態のアライアンスでも、様々な経営資源に対する実施許諾が行われる。例えば、共同開発や業務受託では、自社の技術者や専門性をもつ人材を、パートナーのための業務に従事させる。従って、これは人材資源の実施許諾となる。同様に生産受託や設備貸与では、自社の有する生産能力を、パートナーの製品を生産するために使用する。すなわち、生産資源の実施許諾である。さらに、パートナーの製品販売に対して、自社の販売チャネルを提供する販売受託や、自社のブランドを提供するOEM販売は、販売資源の実施許諾に他ならない。それぞれの経営資源の実施許諾にあたっては、それに応じた条項を契約書で取り決める必要がある【図表10-8】。

（3）制約条件：経営資源の使用範囲

　X社から実施許諾された技術を、Y社が全く自由に使用できることは稀である。多くの場合、その使用について様々な制約条件が付加される【図表10-9】。例えば、使用目的である（第2条1項）。「ある特定製品を開発・生産・販

経営資源	実施許諾	取り決める条項（例）
技術資源	技術ライセンス 特許ライセンス	技術ドキュメント 技術トレーニング コンサルテーション
人材資源	共同開発 業務受託	人材能力・資格 開発仕様 開発計画
生産資源	生産受託 設備貸与	設備・材料仕様 製品仕様・品質基準 生産工程フロー
販売資源	販売受託 OEM販売	販売体制・組織 販売目標・計画 販促支援

売するため」のような制約があれば、それ以外の目的での使用はできない。技術は様々な製品に応用可能であったとしても、この特定製品を目的としたことに使用が限定される。「ある特定部品を開発・生産し、それを組み込んだ機器を販売するため」のような制約になれば、さらに使用範囲は狭まる。特定部品以外には使用できないし、それを組み込んだ機器としてしか販売できなくなる。

　技術の使用を地域で制約する場合もある（第2条1項）。「日本国内で」「本社が所在する国で」のような制約があれば、それ以外の地域での使用はできない。「日本を除く全世界で」のように除外地域を指定する場合もあれば、「日本国内で生産し、全世界で販売」のように、使用目的によって地域を限定する場合もある。このように使用地域の限定を行うことで、自らが重視する市場での競争激化を避けることができる。ただ、それが公正な競争秩序維持の視点から問題ないか、十分に留意する必要がある。

　技術を使用できる期間が限定される場合もある（第2条3項）。「契約締結から5年間」「契約の有効期間中」「契約終了から3年後まで」などのような

項目	制約条件の例
目的	特定製品を開発・生産・販売するため 特定部品を組み込んだ機器を販売するため
地域	日本国内 本社が所在する国・指定された国
期間	指定された期間 契約の有効期間
子会社	一定比率超の株式を保有する子会社 100％の株式を保有する子会社
再実施権	顧客に対する再実施権 業務委託先・下請け企業に対する再実施権

規定があれば、この期間を超えた技術の使用はできない。技術の継続的な使用が必要な場合は、期間経過後に改めて契約を締結することになる。特に、技術の将来性や事業に対する影響が現時点で良くわからない場合、期間満了時に改めて適正な条件を評価し、見直しを行うことができる。例えば、パートナーがこの技術を使用して事業を拡大し、自社にとって脅威となった場合、使用制限を厳しく見直すなどの対応が考えられる。

　パートナーと併せて、その子会社に対しても技術の実施許諾を行うことがある。その場合、どこまでを子会社に含めるかについて制約が設けられる（第1条、第2条1項）。例えば、2分の1を超える株式を保有している、3分の2を超える株式を保有している、あるいは100％の株式を保有している、などである。また、パートナーが提供された技術を、さらに第三者に使用させることのできる権利、すなわち再実施権の有無についても明確にする（第2条2項）。再実施権が与えられたとしても、パートナーの顧客、業務委託先あるいは下請け企業など、特定の第三者に限定されることが多い。

　実際の契約書では、上に述べたいくつかの制約項目が組み合わさって条件

が定められる場合が多い。例えば、「3年間は再実施権なし、それ以降は業務委託先への再実施を許諾する」という条件は、期間制約と再実施権制約の組み合わせである。また「生産目的の使用は日本のみで可能、販売は全世界で可能」という条件は、目的制約と地域制約との組み合わせである。実施許諾の制約条件には、提供する側と提供される側、それぞれの戦略や事情が絡み合う。その中で、双方が合意できる条件を見出すことは容易ではない。議論を重ねた結果の合意として、多くの項目が複雑に組み合わさった制約条件も、しばしば見受けられる。

（4）対価：経営資源の価値

　技術ライセンスの対価には、一時金とランニング・ロイヤルティの2通りがある【図表10-10】。一時金は定額実施料とも呼ばれ、定められた固定額が支払われる（第4条1項）。一括で支払われることもあれば、契約期間中に分割で支払われることもある。あるいは、「契約締結時に3分の1、技術移転が完了した時に3分の1、その技術を用いた製品の出荷が始まった時に3分の1」のように、いくつかのマイルストーンを決めて、その達成ごとに支払いが行われることもある。

　技術を提供する企業（X社）は、この技術を開発するのに既に多大な開発費を投じている。一時金を得ることで、その一部を回収することができる。一時金は、この技術を用いてパートナーが今後どの程度売上げを実現するか、どの程度事業に成功するかには依存しない。仮にパートナーがこの技術から成果をあげられなかったとしても、額は固定である。X社としては契約を締結した時点で、受領する額を確定することができる。

　それに対して、ランニング・ロイヤルティは継続実施料と呼ばれ、技術を提供された企業（Y社）の成果に応じて支払われるものである（第4条2項）。Y社としては、この技術を用いてどのような事業成果が得られるのか不確定なのに、固定の支払額が確定するのはリスクが大きい。成果が出たら支払う、成果がなければ支払わないとすることで、このリスクを減らすことができる。

　ランニング・ロイヤルティの支払い方には、Y社の製品売上高に一定料率

項目	支払方法
一時金 （定額実施料）	契約時に一括払い 契約期間中に分割払い マイルストーン達成ごとに分割払い
ロイヤルティ （継続実施料）	売上高 × 料率（料率固定、料率変動） 売上個数 × 単価（単価固定、単価変動）

を乗じるもの（料率実施料）と、製品売上個数に一定単価を乗ずるもの（従量実施料）とがある。また、料率や単価が期間を経るに従って減少する、「製品出荷から3年間は5％、それ以降は3％」のような取り決めもある。さらに、支払額が無制限とならないよう、支払期間を限定したり、支払額の上限を設けたりすることもある。

　このように、一時金とランニング・ロイヤルティは、X社とY社にとって、そのリスクの意味合いが異なる。技術を提供するX社としては、対価を回収できないリスクを避けるために、一時金での支払いを求める。逆に技術を提供されるY社としては、成果なく支払い義務だけが残るリスクを避けるために、ランニング・ロイヤルティでの支払いを希望する。両社の交渉の結果として、一時金とランニング・ロイヤルティを組み合わせ、そこに色々な条件を付帯させた支払方法が用いられることが多い。例えば、「一時金としては契約締結時に＿＿円、技術移転完了時に＿＿円、製品出荷時に＿＿円、これに加えて製品出荷後3年間はランニング・ロイヤルティとして売上高の5％、その後2年間は3％、但しロイヤルティ支払累積額は＿＿円を上限とする」などである。

（5）保証と補償：経営資源の品質

　製品の売買において、買い手は売り手に対してその製品の品質保証を求める。アライアンスにおいても同じである。技術の提供を受ける企業（Y社）は、それを提供する企業（X社）に対して、その技術が一定の成果を生み出

すレベルにあること、すなわちその品質について保証を求める。しかし、技術などの経営資源は製品やサービスと異なり、そのまま直接に事業成果を生み出すものではない。企業活動の中で活用され、製品・サービスを作り出し、それが成功することで事業成果となるのである。そして、その成果は経営資源の提供を受け、それを活用する企業の能力や努力に依存する。従って、成果がでなかった場合の原因が、経営資源に問題があったのか、能力や努力の問題であったのか明確にすることは難しい。

ただ、どこまで保証するかを契約書に規定しておくことは重要である。アライアンスがうまくいって十分な成果が出た場合は、問題は生じないであろう【図表10-11】。しかし、成果がでなかった場合、契約書の規定に基づいた対応が行われる。あらかじめ、X社が保証する範囲を決めておけば、その範囲内で生じた損害に対して補償を行う。逆に保証しないということを決めておけば、補償しなくて良い。問題は、契約書に規定がない場合である。両者間で争いが生じることになる。

経営資源の品質の保証とは、具体的にどのように行われるのであろうか。技術の保証を例にあげれば、主として3つのパターンがある。第1に、X社がその技術を所有していること、さらにそれを提供する権限を有していることの保証である（第5条1項）。その技術を不当な手段で入手していない、第三者に対して排他的な実施許諾をしていない、などを表明するのである。第2に、その技術の効力が有効であることの保証である。具体的には、それが第三者の知的財産権を侵害していない、将来第三者からのクレームにより、無効になったり使用できなくなったりすることはない、などを表明する（第5条2項は非保証）。第3に、その技術がある特性を実現すること、それを用いて作られた製品がある性能を達成すること、などを保証する（第5条3項は非保証）。

Y社としては、なるべく広い範囲で保証してもらいたい。例えば、導入した技術が将来、第三者から特許侵害で訴えられ、多額の賠償金を支払うことになっては困る。もしそのようなことが起きたら、X社に補償してもらいたい。一方、X社としては、そのようなリスクはできるだけ抱えたくない。両社の利害は正面から対立するので、厳しい交渉が行われる。保証は行うもの

		経営資源の使用成果	
		成果あり	成果なし
経営資源の品質保証	保証する	問題は生じない	補償する
	規定なし		争い
	保証しない		補償しない

の、その範囲を限定したり補償額に上限を設けたりして、双方の合意点を見出すこともある。

(6) 終結：経営資源の回収

　アライアンスは必ず終結を迎える。何回も延長や更新を繰り返して長期間継続するものもあるが、原則としてすべてのアライアンスは終結する。どのように終結するかは、いくつかのパターンが考えられる【図表10-12】。アライアンス契約書では、それぞれのパターンに対し、提供されていた経営資源（ここでは技術）をどのように扱うかについて取り決める。

　第1の終結パターンは、契約期間の満了である（第9条1項）。あらかじめ定めた期間が経過したので、アライアンスを終結する。両社が合意すれば、期間を延長して継続することもあり得るが、そうでなければここでいったん関係を解消する。提供された技術の扱いについては、ロイヤルティの支払いを条件に、引き続き実施許諾を認めることもあれば、そこで実施許諾を解除することもある。また、いったん解除したうえで、改めて条件について協議を行い、新しい条件のもとで実施許諾を継続する場合もある（第9条2項）。

　第2の終結パターンは、お互いの同意に基づく見直しである。アライアンス・プロジェクトを開始してみたものの、いつまでたっても成果が出ない、お互いの方針に食い違いが出てきた、経営環境が変わってプロジェクトの意義が薄れた、などの理由でこのまま継続する意味がなくなることがある。両社が同意すれば契約を見直し、当初予定していた期間の満了を待たず、途中

図表10-12　アライアンスの終結パターン

終結の仕方	終結の理由
契約期間の満了	予め定めた期間の経過
同意による見直し	途中で終結することの同意
契約違反による解約	一方の当事者による契約違反 ・契約義務の不履行 ・破産、買収
終結権の行使	予め定めた条件の成立 ・事業環境の変化 ・当初目標の未達成 ・膠着状態の継続

でアライアンスを終結することになる。提供された技術の扱いについては、その時点で双方が協議して決める。

　第3の終結パターンは、契約違反による解約である（第7条）。一方の当事者（違反当事者）が、契約上の義務を履行しない場合、他方の当事者（被違反当事者）が契約を解約して、アライアンスを終結させる。契約上の義務が履行されない理由としては、故意や過失の他に、破産や買収に伴う履行能力の喪失も考えられる。この場合は、違反当事者に対するペナルティとして、被違反当事者から違反当事者への実施許諾が解除される。さらに、被違反当事者が違反当事者に対して、被った損害に対する賠償請求を行えることなどが契約書に明記される（第8条）。

　第4に終結権を設定して、それを行使してアライアンスを終結するパターンもある。終結権とは、あらかじめいくつかの条件を定めておき、それが満たされれば、どちらの当事者も一方的にアライアンスを終結できるという権利である。例えば、「市場の成長が当初見込みを＿＿＿％下回った」「開発スケジュールが当初計画より＿＿＿ケ月遅れた」「重要事項の方針に＿＿＿ケ月にわたって合意できない状態（膠着状態）が続いている」などの条件を定める。ただ、あまり容易に終結権の行使ができてしまうと、アライアンスに対する

コミットメントが希薄になる。そこで、終結権を行使した当事者に対しては、被行使者から許諾された実施権が解除されるなどのペナルティを設けて、その行使が抑制されるよう工夫が行われる。

第 11 章

アライアンス・ガバナンスの設計
パートナーをどのように統治するか

① アライアンス戦略の立案　② アライアンス・パートナーの選定　③ アライアンス条件の交渉　④ アライアンス契約書の締結　⑤ アライアンス・ガバナンスの設計　⑥ アライアンス・プロジェクトの運営　⑦ アライアンスの終結と評価

　正式契約書の締結をもってアライアンスは構築され、これからアライアンスを実践するフェーズへと移る。すなわち、アライアンス・プロジェクトがスタートする。アライアンスでは独立した企業どうしがパートナーとして連携するため、個々の企業の利得追求でなく、全体としての目標達成が優先されるよう、それぞれの行動が効果的に統治される必要がある。このように、アライアンスに参加するパートナーの行動を統治する仕組みのことを、アライアンス・ガバナンスという。プロジェクトのスタートにあたって、まずガバナンスの仕組みを作る必要がある。

　本章では、パートナーを統治する方法として、資本的ガバナンス、契約的ガバナンス、関係的ガバナンスの3つを取り上げる。アライアンス形態が決まり、正式契約書が締結されたこの段階では、資本的ガバナンスと契約的ガバナンスの仕組みは、既にその大枠が出来上がっている。従って、ここでは主として関係的ガバナンスを中心に仕組み作りが行われる。ただ、本章はアライアンス・ガバナンス全般の問題をテーマとするため、これら3つのガバナンスを取り上げ、それらを比較しながら、どのような状況や条件のもとで、どのようなガバナンス選択が行われるかを論じる。

　最後に、KLM航空とノースウエスト航空、および日産自動車とルノーの2つのアライアンス事例を取り上げて、それぞれのガバナンスの仕組みについて考察する。

資本的ガバナンス	契約的ガバナンス	関係的ガバナンス
資本関係に基づく統治	取り決めに基づく統治	関係性に基づく統治
（例）・合弁会社　・少数出資　・相互出資	（例）・契約書　・意思決定ルール　・組織体制	（例）・コミュニケーション　・共同作業チーム　・経営者の交流

1　パートナーを統治する方法

　アライアンス・ガバナンスの目的は2つある。1つは、パートナーが自らの利益を追求するあまり、あらかじめ定めた義務を果たさない、合意したはずの約束を遵守しない、相手企業を騙したり裏切ったりする、などの機会主義的行動をとらないよう管理することである。もう1つはパートナーと協力することで、アライアンスとして最大の効果を生むことができるよう、お互いの行動を調整することである。このようにアライアンス・ガバナンスの設計では、管理と調整の2つを同時に、しかも効果的に行える仕組みを作る必要がある。

　アライアンス・ガバナンスは通常、資本的ガバナンス、契約的ガバナンス、および関係的ガバナンスの3つに分けて論じられる（Judge & Dooley, 2006）。資本的ガバナンスはパートナーとの資本関係に基づいて、契約的ガバナンスは契約書などの明示的取り決めに基づいて、そして関係的ガバナンスはお互いの関係性に基づいて、それぞれ統治を行う【図表11-1】。以下、各ガバナンスがどのようにパートナーを管理し調整するか、その特徴を見ていくことにする。

（1）資本的ガバナンス

　資本的ガバナンスとは、パートナーとの資本関係を通して管理と調整を行う仕組みである。例えば、双方の企業が出資して別会社を設立する合弁会社、一方の企業がパートナーに対して出資を行う少数出資、お互いに出資を

し合う相互出資などは、資本的ガバナンスのもとで行われるアライアンスである。

このような資本関係のもとでは、出資を行った企業は合弁会社やパートナーが実現する損益に対して、自らの持ち分比率に応じた割合を自らの損益として認識する。従って、アライアンス成果を優先して行動することで、それが合弁会社やパートナーの良好な業績に結びつけば、その持ち分比率に応じた利益を自らのものとすることができる。逆に、自らの利益を追求した機会主義的行動によって、合弁会社やパートナーが悪影響を受ければ、それは自らの業績悪化として跳ね返ってくる。このように資本関係をもつことによって、アライアンス成果と自らの利害が整合する。その結果、機会主義的行動は抑制され、最大のアライアンス成果を目指そうとするインセンティブが生まれる。

また、資本的ガバナンスのもとでは、パートナーの行動に対する監視や命令のメカニズムがしっかりと設定される。合弁会社の経営を監視し重要な意思決定を行う取締役会は、双方の企業から派遣されたメンバーによって構成される。また、一方の企業から合弁会社に出向した従業員が他方の企業から出向した従業員と上司・部下の関係となり、上司は部下に対して業務を命令し、部下は上司に対して報告をする。こうしてお互いが牽制し合い、一方の企業が他方の企業に気づかれずに、機会主義的に行動することができない管理体制となる。また、合弁会社の業績という明確な共通目標があるので、その達成に向けてお互いの行動が調整される。

一方で、資本的ガバナンスには運営上の負担や難しさがある。合弁会社を設立するための手続きは、他のガバナンスに比べて手間や費用がかかる。会社としての管理を行うために、総務、人事、経理など一通りの機能を置き、そのための人員も配置しなければならない。さらにアライアンス関係を終結する、あるいはその枠組みを変えようとする時も、簡単にはいかない。いったん設立した会社を清算するには様々な手続きが要るし、双方の出資比率を変更するにも、企業価値や買い取り価格を協議し合意しなければならない。当初の計画どおり運営していれば問題ないが、経営環境の変化や経営方針の変更に対して、迅速に柔軟に対応することは容易ではない。

さらに合弁会社の場合、もう1つの難しさとして、企業間の利益相反の問題がある。アライアンスを行う当事者である双方の企業に加えて、もう1つ合弁会社が加わることにより、2社間の関係が3社間の関係となる。パートナーとの利益相反に加えて、合弁会社との間にも利益相反の問題が生じる。従って、パートナーと合弁会社それぞれとの関係を考慮しながら、アライアンスを進めていかなければならない。このような合弁会社のガバナンスに関する問題については、第14章で改めて論じることにする。

（2）契約的ガバナンス

　契約的ガバナンスは、アライアンス契約書など、明示的な取り決めに基づいて統治を行う仕組みである。双方の企業がやらなければいけないこと、あるいはやってはいけないことが規定されるので、企業はそれに従って行動することで、自らの役割を疎かにしたり、パートナーに不利益を与えたりすることは自ずと抑制される。もしその取り決めに従わなかった場合は、契約違反としてペナルティが課される。従って契約的ガバナンスは、強制力をもって双方の企業の行動を統治することができる。

　Poppo & Zenger（2002）は、パートナーの機会主義的行動に繋がる脅威として、資産特殊性、評価の困難さ、環境不確実性の3つを挙げ、契約的ガバナンスがその脅威を除去するうえで果たす役割を説明している。資産特殊性とは、企業がアライアンス固有の投資（設備購入や人材育成など）を行って得た資産が、他の用途では役に立たないということである。その結果、アライアンスから身を引くことができなくなり、パートナーがその状況を利用して、自らに有利な要求をしたり不当な利得を求めたりする（これをホールド・アップと言う）。このようなことを防止するには、パートナーが遵守しなければいけないルール、それに違反した場合のペナルティ、争いが起きた場合の解決方法などを、契約書で予め規定する必要がある。

　2番目の評価の困難さとは、パートナーがどの程度の寄与を行いどの程度の成果を出しているか、正しく評価することが難しいということである。そのような評価がしっかりと行われないと、パートナーは本来提供すべき技術や人材を出し惜しみし、アライアンス成功のために必要な努力を怠るかもし

れない。これを防止するためには、何をどこまで提供すべきか、どのような成果を目標とするか、またそれをモニターし検証する方法などについて、契約書に記載して確認する必要がある。

3番目の環境不確実性とは、技術の進展や競争の激化など、環境の変化を正確に予期できないということである。そのため、パートナーが途中で経営方針を変え、アライアンスから脱退するかもしれない。これに対しては一方的な脱退を禁じ、もしそれが止むを得ないのであれば、どのように関係の見直しを行い、どのようなペナルティを課すか、などを予め決めておく必要がある。

このようにいくつかの脅威に対して、契約書が予防措置としての役割を担う。従って、脅威の程度が大きいほど、詳細で複雑な契約書を準備する必要がある。もちろん、あらゆる状況を想定した取り決めを事前に行うことは不可能なので、完璧な契約書（いわゆる完備契約書）を準備することはできない。その意味で、契約書によって統治できる行動の範囲には限界がある。

またアライアンスが進行する過程で、経営環境や経営方針が変化し、契約書で合意した条件が現実に合わなくなることもあり得る。詳細な条件を契約書で取り決めた結果、かえって状況変化に対する柔軟性を失い、それによってお互いが疑心暗鬼となり、その関係をぎくしゃくしたものにしてしまう可能性もある（Lee, 2007）。どのような内容をどの程度詳細に契約書に規定するか、またどのような状況のもとでどのように契約条件の見直しを可能とするか、などは契約的ガバナンスを考えるうえでの重要な留意点である。

(3) 関係的ガバナンス

関係的ガバナンスでは、資本関係や契約書など明示的な取り決めを根拠とするのではなく、信頼関係や一体感といったお互いの関係性に基づいて企業の行動を統治する。従って関係的ガバナンスは、仕組みとして直ちに機能するものではなく、頻繁なコミュニケーション、共同チームとしての作業、経営者どうしの交流などの取り組みを通して、その結果として構築されるものである。その構築には時間がかかるものの、信頼関係は時間とともに蓄積され、継続することによってより強固なものとなる。

企業間に強固な信頼関係が築かれれば、自らの利益のためにパートナーに対して機会主義的な行動をとることは抑制される。またその関係を維持、発展させたいという意欲があるため、何よりもアライアンス成果を優先した行動がとられる。パートナーに対しても、決して自分たちを裏切ることはないだろう、アライアンス成果を優先して行動するだろうという確信をもつことができ、自分たちもパートナーの期待に応えようと行動する。こうしてお互いの関係性に基づいて、それぞれの行動が管理・調整されることになる。

　関係的ガバナンスの基本は、義務を果たす、約束を守る、期待に応える、ということに対するお互いのコミットメントである（Poppo & Zenger, 2002）。このような規範や協力の姿勢は、契約的ガバナンスの項で述べた、資産特殊性、評価の困難さ、環境不確実性といった脅威に対しても効果的な予防策となる。お互いが長期的な関係を求めて、アライアンス固有の投資に積極的になるため、資産特殊性を利用した利己的な行動は抑制される。相手の寄与や貢献について短期的な評価が困難であったとしても、いずれ長期的な成果に貢献するはずだという信頼があれば、それは脅威とはならない。さらに、お互い柔軟に対応しようという姿勢があれば、避けられない不確実性も脅威でなくなる。

　関係的ガバナンスは状況変化や想定しない事態の発生に対しても、柔軟に対応することができる。コミュニケーションや共同作業に依拠しているため、協議し協力しながらお互いにとってウィン－ウィンの方向を見出していくことになる。その一方で、良好な信頼関係を前提としているため、問題が生じた場合や生じそうな状況で関係が悪化すると、このガバナンスは機能しなくなる。相手に対する信頼が崩れれば、それぞれが自らの利益を優先して考えるようになり、パートナーの行動は統制が困難になる。相手の意に反した強制力にも限界があり、ガバナンスとして脆弱な面もある。

2　アライアンス・ガバナンスの選択

（1）ガバナンスの補完性

　上に述べた3つのガバナンスは、それぞれ異なる方法で企業の行動を統治

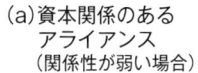

図表11-2　アライアンス・ガバナンスの選択

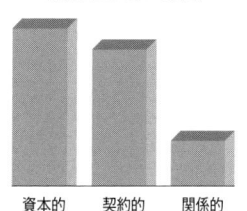

(a)資本関係のある
アライアンス
（関係性が弱い場合）

資本的ガバナンス　契約的ガバナンス　関係的ガバナンス

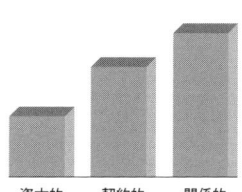

(b)資本関係のある
アライアンス
（関係性が強い場合）

資本的ガバナンス　契約的ガバナンス　関係的ガバナンス

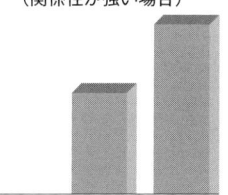

(b)資本関係のない
アライアンス
（関係性が強い場合）

資本的ガバナンス　契約的ガバナンス　関係的ガバナンス

するが、それらはお互いに補完し合う関係にある。アライアンス・ガバナンスの選択といっても、3つのうちからどれか1つを選ぶということではなく、これら3つのガバナンスを、どのように重みづけながら、どのように組み合わせるかという問題である【図表11-2】。

　例えば、資本的ガバナンスの程度は、どれくらいの出資比率をもつかによって決まる。全く資本関係をもたないアライアンスであれば、このガバナンスは存在しないが、資本関係をもつアライアンスでも、高い比率の出資をして取締役を派遣する場合と、影響力をもたないレベルの名目的な出資をする場合とでは、ガバナンスの程度は異なる。

　また、アライアンスを行うにあたっては、パートナー間で契約書を取り交わすことが原則であるから、契約的ガバナンスは必ず存在する。ただ、どの程度詳細に契約書の諸条件を決めるか、どの程度の強制力を契約書にもたせるか、どの程度柔軟に契約書の見直しができるようにするか、などは個々のアライアンスによって異なる。それに応じて契約的ガバナンスの程度も異なったものになる。

　さらに、アライアンスを行うパートナー間には一定の信頼関係があるはずなので、関係的ガバナンスも必ず存在する。ただこの場合も、どの程度お互いの信頼関係に依拠した運営を行っているかは、個々のアライアンスによって異なる。契約書でほとんど取り決めを行わず、具体的な方針はパートナー間でそのつど協議して決めていくような場合、関係的ガバナンスの程度は強

くなる。逆にお互いのコミュニケーションをあまりとらず、契約書で取り決めたことに従って淡々と進めていくアライアンスでは、関係的ガバナンスは弱くなる。

このように、資本的ガバナンス、契約的ガバナンス、関係的ガバナンスはそれぞれの仕組みに基づいて、アライアンスに参加する企業の行動を統治する。それらはお互いに関連しながら、ある時は補完的に、ある時は代替的に機能する。Judge & Dooley（2006）は、企業の機会主義的行動を抑止するうえで、この3つのガバナンスの効果がどのように異なるかを実証的に比較した。彼らは米国のヘルスケア業界でアライアンスを行った企業を対象に、アンケート調査を実施した。各企業のアライアンス担当者に対し、資本関係の有無、契約書の条件の詳細さ、パートナーに対する信頼のレベルを尋ね、併せてアライアンスの中でどの程度の機会主義的行動があったか（アライアンスとしての利益よりも自社の利益を優先した、パートナーと合意した方針と異なる行動をとった、など）について、企業の自己評価を測定した。

これらの関係を分析したところ、パートナーに対する信頼のレベルが最も強く機会主義的行動を抑止する効果を示し、契約条件の詳細さがそれに次ぐ効果を示した。資本関係が存在することで、機会主義的行動が少なくなる傾向は示されたものの、その影響の程度は有意なレベルではなかった。この結果から、パートナー間の機会主義的行動を抑制する仕組みとして、最も効果があるのは関係的ガバナンスであり、その次に重要なのは契約的ガバナンスであることが明らかとなった。それらに比べると、資本的ガバナンスの効果は限定的であり、資本関係をもつこと以上に、信頼関係の構築やしっかりとした契約書を準備することの重要性が示された。

（2）ガバナンスを実現する仕組み

アライアンス・プロジェクトがスタートすると、まずその体制を決めることになる。これがアライアンス・ガバナンス設計の基本となる。この段階では既にアライアンスの形態（共同開発か合弁会社か、など）は決まっているので、資本的ガバナンスの有無やその程度は明らかである。正式契約書も締結されているので、契約的ガバナンスの大枠も固まっている。

ただし、契約的ガバナンスには、アライアンス契約書以外にも、明示的な取り決めに基づいてパートナーの行動を統治する様々な仕組みが含まれる。プロジェクトの組織体制や各チームに与えられる役割と権限、人事配置や指示命令系統なども、明示的な規定として契約的ガバナンスの機能をもつ。プロジェクトを進めるにあたっての意思決定ルールや決済規則なども同様である。それらが細かく厳密に規定されるほど、契約的ガバナンスの程度は強くなり、逆にあいまいで緩やかであるほど、それは弱くなる。

　関係的ガバナンスは、双方の関係性に基づくものであるが、プロジェクト体制がそれに大きく影響する。どのようなチームを構成し、どのようなメンバーを配置するか、各チームがどのように連携し、各メンバーがどのように業務を進めるか、などがすべて企業間の関係性に影響するからである。双方の経営者が顔を合わせる機会や、各レベルの管理者が協議を行う会議体の設定は、企業間の関係をより緊密なものとする。これらが様々なレベルで頻繁に行われれば、関係的ガバナンスの程度は強くなり、逆にあまりこのような交流がなければ、その程度は弱くなる。懇親会やイベント開催など、業務を離れた交流も、関係的ガバナンスの強化に寄与するであろう。

　図表11-3は、プロジェクト組織体制の一例である。プロジェクトの司令塔となるのが、アライアンス運営チームである。それぞれの企業のアライアンス・プロジェクト責任者であるアライアンス・チャンピオン（事業部長や担当役員など）や主要メンバーが参加して、プロジェクトの運営方針や予算、人員配置など、重要事項の決定を行う。プロジェクトが直面する問題や双方の意見の対立を解決するのも、このチームの役割である。双方のアライアンス・チャンピオンがしっかりと信頼関係を築き、関係的ガバナンスが機能していることが、プロジェクト成功にとって重要である。

　アライアンス運営チームのもとに、プロジェクトの実務を担う専門チームが構成される。販売チーム、技術チーム、生産チーム、経理チームなど、双方の企業から各分野の担当者がメンバーとして参加し、アライアンス運営チームが決めた方針に基づいて、日々の実務を遂行する。各メンバーが日常的に同じ執務場所で一体となって業務を行う場合もあれば、普段はそれぞれの企業で業務を行い、定期的にそれを持ち寄って打ち合わせる、というスタイ

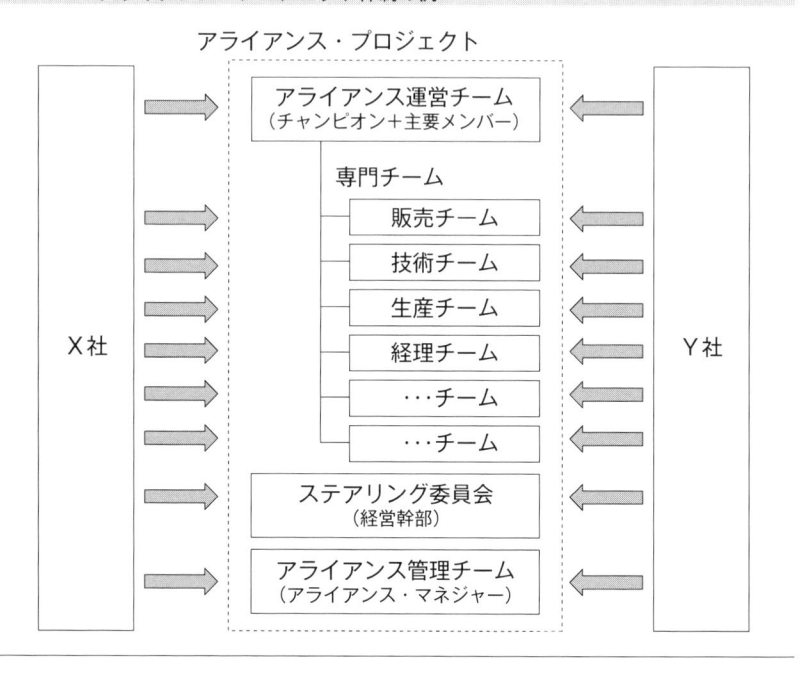

ルもある。このような業務の進め方の違いも、関係的ガバナンスの程度に影響する。

　ステアリング委員会は、双方の経営幹部（社長や役員など）が定期的に顔を合わせ、プロジェクトの進捗状況を確認する場である。重要な運営方針や投資などの承認を行うとともに、アライアンス運営チームで解決できない問題についても、協議し解決する。経営幹部は日常的にプロジェクトに関与することはないが、定期的な意見交換や交流の機会を設けることで、企業間の関係はより強固なものとなる

　アライアンス管理チームは、事務局としての機能をもち、プロジェクト全体の管理を行う。双方のアライアンス部門からアライアンス管理の専門家（アライアンス・マネジャー）が参加し、スケジュール管理や各専門チーム間の調整など、プロジェクトを円滑に進めるための業務全般を担う。両社のアライアンス・マネジャーは、お互いにアライアンス成功のミッションを共有

しているので、個人レベルでも緊密な連携が行われる。両社間の公式な協議では解決が難しい問題でも、アライアンス・マネジャーどうしが本音ベースで知恵を出し合うことで、解決の糸口が見出されることもある。

(3) 契約的ガバナンスと関係的ガバナンス

契約的ガバナンスの存在しない（すなわち契約書のない）アライアンスは原則としてないし、関係的ガバナンスの存在しない（すなわちお互いに関係性のない）アライアンスもあり得ない。従って、この2つのガバナンスはアライアンスの中に必ず存在する。しかし、その相対的な程度の違いは様々である。契約条件や意思決定ルールが明確に規定され、契約的ガバナンスがしっかりと機能したアライアンスでは、経営者どうしの交流やメンバー間のコミュニケーションが希薄であったとしても、プロジェクトは問題なく進行するであろう。逆に、双方の間に強い信頼関係が築かれ、関係的ガバナンスの強いアライアンスでは、詳細な契約書もお互いの行動を監視する仕組みも必要ないかもしれない。このように、この2つのガバナンスは補完的に機能し、その相対的な強弱はアライアンスごとに異なる。では、どのような要因がこの2つのガバナンスの関係を決めるのであろうか。以下、このテーマを扱ったいくつかの実証研究を紹介しよう。

Lee & Cavusgil（2006）は、アライアンスを取り巻く経営環境に注目し、どのような環境のもとではどのようなガバナンスが好ましいかについて分析を行った。経営環境が安定し、将来が比較的先まで見通せる状況のもとでは、契約書に詳細な取り決めを行う契約的ガバナンスが、プロジェクトの運営を効率的にする。逆に、環境の変化が大きく将来が不確実な状況では、契約書の取り決めが現実に沿わなくなることがある。このような場合には、当初の計画を柔軟に見直すことができるよう、誠意をもって協議できる関係が重要となる。彼らは米国企業が行った技術アライアンスを対象とした調査に基づき、経営環境の変化が大きいほど、関係的ガバナンスがアライアンス成果に与える影響が顕著になる、という傾向を見出した。

契約的ガバナンスと関係的ガバナンスの最適な構成が、アライアンスに関わる資産のタイプに依存する、ということを論じた研究もある（Hoetker &

Mellewigt, 2009)。彼らは資産のタイプを知識ベース資産（ノウハウやスキル）と財産ベース資産（法的に保護された物的資産）とに分類して比較した。知識ベース資産は、その多くは表現することが難しい暗黙知であり、企業間のやり取りも試行錯誤である。このような資産が主体となるアライアンスでは、規則に従って管理を行う契約的ガバナンスは適さず、逆に、柔軟な軌道修正ができる関係的ガバナンスが適している。一方、財産的資産はその存在や権利が明確であり、契約的ガバナンスで効果的に管理できる。彼らは、ドイツの通信業界で行われたアライアンスを対象とした調査を行い、このような議論の妥当性を実証した。

　Arranz & Arroyabe（2012）は、アライアンスの目的に応じて、それにふさわしいアライアンス・ガバナンスがどう異なるかを、欧州の医薬品業界で行われた共同研究開発アライアンスの調査に基づき分析した。その結果、基礎研究を目的としたアライアンスでは、関係的ガバナンスの方が成果を向上させる効果が大きく、逆に応用開発を目的としたアライアンスでは、契約的ガバナンスの方が良好な成果に結びつくことが明らかとなった。基礎研究型のアライアンスでは、どのような問題に直面し、どのような成果が生まれるか不確実なことが多いため、柔軟な対応が可能な関係的ガバナンスが効果を発揮する。一方、応用開発型のアライアンスでは、業務ルーチンも定まり、目標に向かって担うべきお互いの役割を明確にできる契約的ガバナンスが有効になると考えられる。

　同一のアライアンスでも、その進展に伴って契約的ガバナンスと関係的ガバナンスの役割が変化する。Olanderら（2010）は、研究開発アライアンスの進展プロセスを、(i) 研究開発テーマを模索するフェーズ（探索期）、(ii) 目標の達成に向かって開発に取り組むフェーズ（開発期）、(iii) 開発成果の事業化を検討し始めるフェーズ（終盤期）、の3つのフェーズに分類した。そしてプロジェクト責任者に対するインタビュー調査に基づき、それぞれのフェーズで契約的ガバナンスと関係的ガバナンスとの関係がどう変化するかを観察した。その結果、(i) 探索フェーズでは関係的ガバナンスが重要な役割を担う、(ii) 開発フェーズになると、契約的ガバナンスと関係的ガバナンスが補完的に機能する、そして (iii) 終盤フェーズでは契約的ガバナンスが

支配的になる、という傾向があることを見出した。

　実際のアライアンスでよく生じる問題として、契約書が十分に準備されない状況でアライアンスがスタートし、それが成果を生み出す段階になってパートナー間で方針の相違や利害の対立が顕在化することがある。その段階で問題を解決しようとしても、契約書に該当する取り決めがなく、結局何も決めることができずにアライアンスは破局する。

　この問題が生じる背景には、上に示したように、ガバナンスの重要性がアライアンスの進展とともに変化することがある。初期の段階では、関係的ガバナンスが中心的な役割を担うため、契約書の重要性が認識されにくい。しかし、アライアンスが進展するとともに、契約的ガバナンスの重要性が増し、特に事業化が近い終盤になると、契約書の取り決めに依拠した運営が行われる。しっかりとした契約書が締結されていないと、この段階でアライアンスの運営が困難に直面する。アライアンスを成功裡に終えるためには、スタートの段階から、後々を見据えてしっかりと契約書を準備しておくことが重要である。

3　アライアンス・ガバナンスの事例

　ここでは2つのアライアンス事例を取り上げ、これまで述べてきた3つのガバナンスについて、それぞれどのような仕組みが設定されているかを見ることにしよう。

(1) KLM航空とノースウエスト航空のアライアンス

　KLM航空（以下、KLM）とノースウエスト航空（以下、NW）のアライアンスの開始は1989年に遡る。それ以降、航空業界は競争の自由化、湾岸戦争や米国同時テロによる旅客数激減、航空アライアンス・グループ（ワン・ワールド、スター・アライアンス、スカイチーム）の形成など、様々な環境変化に直面してきた。また、KLMは2004年にエール・フランス航空と、NWは2008年にデルタ航空と統合するなど、大きな転換を図りつつ、このアライアンスは4半世紀にわたる運営を維持してきた。それを可能としたガバナ

ンスの仕組みとはどのようなものだろうか。

　関係者へのインタビューや関連資料の調査などに基づいて、本アライアンスについて分析を行っているのが Man, Roijakkers & Graauw（2010）の研究である。本研究の著者の1人は、KLMで実際に本アライアンスに携わった従業員であり、実際にどのような関係構築が行われたかを詳しく観察している。この研究を参照しながら、このアライアンスのガバナンスについて整理すると、以下のようになる。

　かつてKLMはNWに対して25%の出資を行い、両社は資本関係に基づく連携強化を図っていたが、1997年にKLMは保有していたすべてのNW株式を放出し、資本関係は解消された。それに伴い、資本的ガバナンスの仕組みはなくなったが、その一方で、従来よりも踏み込んだ内容のアライアンス契約書が締結された。この契約のもとで、これまで以上に両社の協力関係を強化し、一体となった事業運営が行うための取り決めが行われた。その内容は、以下のとおりである。

（a）すべての大西洋路線およびインド路線を協業の対象とする。

（b）KLMは北米における営業拠点をすべて廃止し、NWがその業務を代行する。NWは欧州、中東、アフリカにおけるすべての営業拠点を廃止し、KLMがその業務を代行する。

（c）大西洋便の事業を担う統一事業体（仮想的合弁会社）を設ける。

（d）両社がそれぞれ50%-50%の責任を担い、またその事業体へのコスト配賦方法を決めたうえで、得られた利益を折半する。

（e）アライアンスの期間は無期限とする。止むを得ない事情がある場合、10年目以降の解約は可能であるが、3年前までの事前通知を要する。

　このように、双方が強く結びつき、実質的に一体となって事業を行うことを契約で決めており、その運用方法も具体的である。また契約の解除は長期間にわたって行うことができず、その見直しにも高いハードルが設けられている。すなわち、柔軟性よりも連携強化を重視した、強いレベルの契約的ガバナンスであると言うことができよう。

　それでは関係的ガバナンスはどうであろうか。本アライアンスのプロジェクト体制を**図表11-4**に示す。そこでは、以下のような協議や交流の場が設

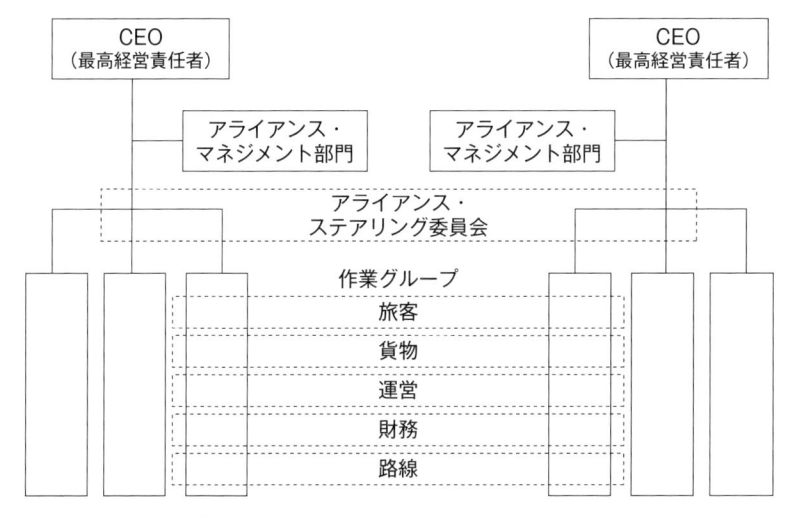

Man, Roijakkers & Graauw（2010）

定されている。

(f)　両社のCEO（最高経営責任者）が、それぞれ相手の取締役会に非常勤取
　　 締役として参加し、アライアンスを含む経営方針について協議を行う。

(g)　両社の経営幹部がアライアンス・ステアリング委員会を構成し、アライ
　　 アンスの状況について意見交換を行う。また委員会の後には懇親会やパ
　　 ーテイを行い、お互いの交流を深める。

(h)　両社の実務的なメンバーによって作業グループを構成し、アライアンス
　　 の日常的な運営を行う。作業グループは、旅客、貨物、路線、財務など
　　 いくつかのチームに分かれてその任にあたるが、両社からその分野を専
　　 門とする担当者が参加して、一体となった作業を行う。

(i)　両社のスタッフ組織としてアライアンス・マネジメント部門を設けて、
　　 アライアンス・ステアリング委員会の設定、作業グループの進捗フォロ
　　 ー、両社間で生じた問題の調整などを共同で行う。またアライアンスと
　　 しての対外的な活動や外部機関との連携についても、共同で対応する。

　　このように、両社間で経営トップ（CEO）、経営幹部、実務担当者、アラ
イアンス・マネジャーなど様々な階層ごとに協議の場が設けられ、交流が図

られ、緊密な関係を築くための仕組みが作られている。先に述べたように、強い契約的ガバナンスのもとでは、柔軟性が損なわれ、お互いの関係がぎくしゃくとしたものとなる危険性がある。本アライアンスでは、強い契約的ガバナンスが設定されているが、それに伴う問題を打ち消すかのように、強い関係的ガバナンスの構築も重視されている。契約的ガバナンスと関係的ガバナンスのバランスをとりながら、一体となった事業運営を効率よく進めるための体制を築いていると言えよう。

（2）日産自動車とルノーのアライアンス

　1999年3月、経営危機の状態にあった日産はその打開策として、フランスのルノーとアライアンス関係を構築した。その後、ルノーから着任したカルロス・ゴーン氏のもと、生産拠点の集約、子会社や取引先の統合や車種ラインアップの整理など抜本的な改革が行われ、それと併せて、ルノーとの間で様々な協業が進められた。これらの効果もあって日産の業績はその後急回復し、リーマンショック以降は毎年、販売台数、売上高ともに過去最高の業績を更新し続けた。日産・ルノー連合としての年間販売台数も自動車業界のトップ・グループに位置し、最も成功した国際的アライアンスとして評価されている。同社のホームページ[39]には、日産・ルノーのアライアンスが紹介されているので、これを参照しながら、このアライアンスのガバナンスについて整理をしてみる。

　ルノーは日産株式の43.4%、日産はルノー株式の15.0%を保有する相互出資の関係にある（2016年1月現在）。また両社は50%:50%の出資比率で合弁会社（ルノー・日産BV）を設立し、そこにアライアンスを共同統治する機能を置いている。このようにお互いに影響力を持ち合う資本関係に基づき、アライアンスには強い資本的ガバナンスが効いている。

　両社はこれまで様々な分野で協業を進めてきたが、そのいくつかを挙げると以下のとおりである。個々のテーマごとに両社間で個別契約が結ばれ、その取り決めに従って協業が行われていると考えられるが、それは広範な分野に及んでいる。

（a）共同研究開発（ディーゼルエンジンの共同開発など）

(b) プラットフォームの統一化、エンジンやトランスミッションの共用化

(c) 情報システムの共通化、共通のグローバル・ネットワークの構築

(d) 部品や材料の共同購買

(e) 相互OEM供給（日産からルノー車の供給、ルノーから日産車の供給）

(f) 共通の製造基準の標準化と生産拠点の相互活用（日産によるルノー工場の活用、ルノーによる日産工場の活用）

　本アライアンスのプロジェクト体制を**図表11-5**に示す。両社の様々な階層間で意思決定、関係構築やコミュニケーション促進のための仕組みが設けられている。

(g) アライアンス・ボード：ルノー、日産それぞれ3名のシニア・エグゼクテイブから構成され、アライアンスの基本的戦略方針の決定、新規協業の機会の開拓、アライアンス進捗状況のフォローなどを行う。

(h) アライアンス・ダイレクターズ・チーム：両社のアライアンス・ダイレクターから構成され、両社間のシナジー創出とベストプラクティスを共有し、幅広い協力関係をさらに促進するための提言を行う。ルノーまたは日産においてシナジー向上の妨げになるような施策があれば、それに異論を唱えることもある。

(i) ステアリング委員会：両社の経営幹部がメンバーとなり、CCT/FTT（下記）のリーダーも参加して、CCT/FFT間の調整や情報共有を行う。さらにアライアンス・ボードの準備と意思決定の支援を行う。

(j) CCT（Cross Company Team：クロス・カンパニー・チーム）：個別機能や事業ユニット、地域ごとに、両社からのメンバーが共同で情報交換やフィージビリティ・スタディを行う。各社固有のベストプラクティスのベンチマークを通して、相互学習を行う。

(k) FTT（Functional Task Team：ファンクショナル・タスク・チーム）：CCTの活動を支援し、サポート機能面から両社間のシナジー創出に寄与する。

　序章でも紹介したように、2014年4月、両社はさらなる関係の強化に向けて新体制に移行した。開発、生産、購買、人事の4つの機能を実質的に統

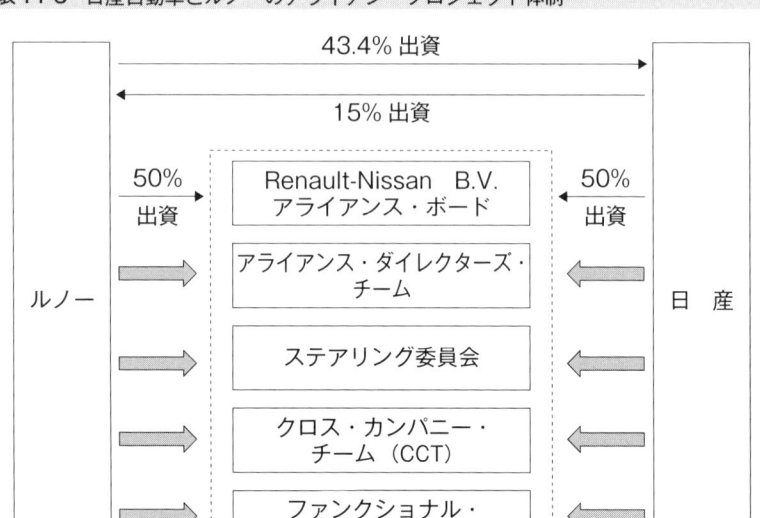

日産自動車ホームページを参照して筆者作成

合し、運営の一体化を目指したのである。それぞれの機能ごとに責任者を定め、その責任者は両社を跨いで「日産・ルノー連合」としての意思決定を行う。さらに、経営幹部の人材データベースを両社間で統一し、日産でもルノーでも、その役割と時期に応じて必要な職務に従事できるようにする。

　関係的ガバナンスが、双方メンバーの関係性に依拠するものであるとしたら、同一の責任者が両社を跨いで意思決定を行う、あるいは同一の経営幹部が日産でもルノーでも職務に従事するということは、究極の関係的ガバナンスの姿であると言えよう。あたかも1つの会社であるかのようにガバナンスを徹底させ、意思決定の迅速化と一層のアライアンスの深化を目指した動きであると言えよう。

第 12 章

プロジェクトの運営とアライアンス能力
アライアンスを成功させる力とは何か

| ① アライアンス 戦略の 立案 | ② アライアンス・ パートナー の選定 | ③ アライアンス 条件の 交渉 | ④ アライアンス 契約書 の締結 | ⑤ アライアンス・ ガバナンス の設計 | ⑥ アライアンス・ プロジェクト の運営 | ⑦ アライアンス の終結と 評価 |

　アライアンス・プロジェクトがスタートすると、アライアンスを成功させるために、パートナーと連携して様々な業務を進めることになる。アライアンスは期間が定められているので、その間にどれだけの成果を生み出せるかがその成否を決める。

　アライアンスが期待どおりの成果を出したかどうかの評価に基づき、その成功率を調べると、そこには企業間で大きな差がある（Schreiner, Kale & Corsten, 2009）。多くのアライアンスを成功させている企業もあれば、なかなか成果を出せない企業もある。すなわち、企業によってアライアンスを行うことに、得手不得手がある。プロジェクトをうまく遂行し、アライアンスを成功に導くことができる力は、企業がもつ固有の組織能力である。

　ここでは、アライアンスを成功に導き、それによって競争優位を構築することのできる企業の力を、アライアンス能力と呼ぶことにする。アライアンス能力とはどのような力なのか、それはどのようにして構築されるのか、どのように高めることができるのか。アライアンス能力に関するこれらの問題を論じることが、本章のテーマである。

1　アライアンス能力

（1）アライアンスを成功に導く力

　アライアンス能力を構成する力は、2つのレベルで考えることができる。1つはプロジェクト・レベルで、個々のアライアンスを成功に導く力、もう

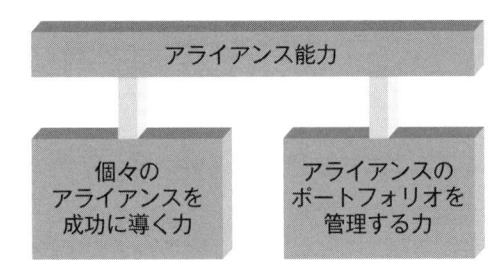

図表12-1　アライアンス能力を構成する力

アライアンス能力

個々の
アライアンスを
成功に導く力

アライアンスの
ポートフォリオを
管理する力

1つは企業レベルで、その目標達成のために様々なアライアンスを上手に組み合わせる力、言い換えれば、アライアンス・ポートフォリオを管理する力である【図表12-1】。

　まず、個々のアライアンスを成功に導く力とは何かを考えてみよう。Leischnig, Geigenmueller & Lohmann（2014）は、アライアンスを成功させるためには、アライアンスを先取する力（先取力）、変化に適応する力（適応力）、組織間の調整を行う力（調整力）、他組織から学習する力（学習力）、の4つの力が必要になるとしている【図表12-2】。

　アライアンスを先取する力とは、最適なパートナーを見出し、価値あるアライアンスの可能性を特定できる力である。そのために、経営環境の変化や他社の動向など絶えずチェックしつつ、良い機会が出現したら直ちにそれに向けた行動をとらなければならない。広範に情報を収集し、それを適切に分析したうえで、積極的にパートナーにアプローチする行動力が求められる。

　変化に適応する力とは、環境の変化に対応して、アライアンスの仕組みやパートナーを柔軟に見直すことができる力である。アライアンスの最適な仕組みは、最初から出来上がっているわけではない。プロジェクトの進展と共に、契約書の条件を見直したり、ガバナンスの枠組みを変えたりすることも必要となる。時には、パートナーそのものを見直すことさえあり得る。どのような状況でも、適切に対応することのできる柔軟性が求められる。

　組織間の調整を行う力とは、アライアンスの中で必要となる業務を特定し、それをどのように分担するかについて、パートナーの同意を得ながら主

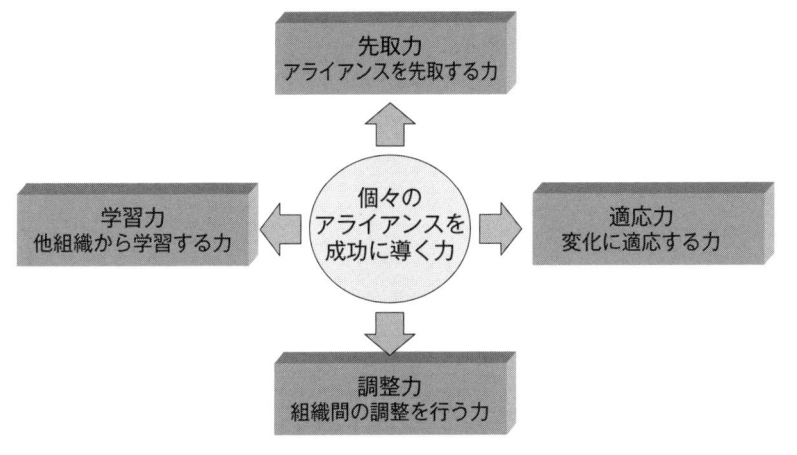

Leischnig, Geigenmueller & Lohmann（2014）を参照して筆者作成

導的に決めていく力である。パートナーとの関係を把握しながら、どのような分担のもと、どのような進め方で行うのが効率的であるかを判断し、その認識をパートナーと協議し共有していく必要がある。

　最後の、他組織から学習する力とは、アライアンスを通してパートナーのもつ能力、知識やノウハウを吸収し、自社のもつ力と組み合わせて、自らの競争力構築に繋げていく力である。新しい知識やノウハウの吸収は、アライアンスを行う主目的の1つである。パートナーからできるだけ多くのことを学習し、それを自社内で効果的に活用する力が求められる。

　このように、最適なパートナーを見出し、変化に柔軟に適応し、パートナーとの関係を調整し、効果的に学習するという4つの要素は、アライアンスの成功にとって不可欠である。一つ一つの要素を着実に積み上げていく力が、アライアンスの成功に繋がるのである。

（2）アライアンス・ポートフォリオを管理する力

　アライアンス能力を構成するもう1つの力は、企業レベルで、様々なアライアンスを関連させながら管理し、企業目標を達成することのできる力である。多くの場合、企業はいくつものアライアンスを目的に応じて使い分け

る。多様なアライアンスを数多く行うことは、社外にある多様な知識やノウハウにアクセスできる機会が増えるため、企業の成長やイノベーションの創出にとって好ましい。しかし、あまりに多様であまりに数多くのアライアンスを行うことは、それらの管理を困難で複雑にする。アライアンス間の調整に労力をとられ、かえってアライアンス成果を低下させることになりかねない。

　ここで企業に求められるのは、アライアンスの適切な組み合わせを判断し、それぞれのパートナーや枠組みを選定して、全体としてのアライアンス成果を最大化する力、すなわちアライアンス・ポートフォリオを管理する力である。複数のアライアンスを同時に行うため、アライアンス間における利害調整や情報管理にも留意する必要がある。また、限られた人材や資金を有効に活用するため、重複するアライアンス、あるいは成果の出ないアライアンスを終息させ、それに代わって将来性のあるアライアンスを新たに立ち上げる、という判断も行わなければならない。

　Rothaermer & Deeds（2006）は、実際に以下のような方法で、アライアンス・ポートフォリオを管理する力の測定を行った。対象としたのはバイオ・ベンチャー企業である。医薬品業界では、新薬の探索、開発から商品化に至るまで、バイオ・ベンチャー企業の果たす役割は大きい。ただ、経営資源や資金が限られるバイオ・ベンチャー企業にとって、それらの活動を単独で行うことは難しく、様々な相手と数多くのアライアンスを実施している。これらのアライアンスの成果は、新薬の開発に反映されるので、どれくらいの新薬が開発されたかを見ることで、その企業のアライアンス管理能力を評価することができる。

　そこで彼らは、ベンチャー企業が実施したアライアンスの数と、開発された新薬の数との関係を調べた。その結果、そこには逆U字カーブの関係があることが示された【図表12-3】。すなわち、数多くのアライアンスを行うほど、開発される新薬の数も増加するが、アライアンスの数があるレベルを超えると、新薬の開発数が減少に転じる。これは、企業の能力の範囲内であれば、アライアンスを数多く行うことが成果向上に寄与するが、能力を超えた数のアライアンスを行うと、アライアンスの効率的な運営が妨げられ、成果

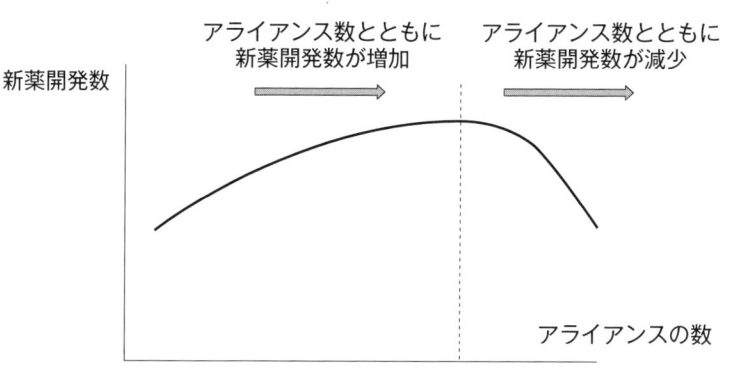

図表12-3　アライアンス・ポートフォリオを管理する力

新薬開発数

アライアンス数とともに
新薬開発数が増加

アライアンス数とともに
新薬開発数が減少

アライアンスの数

アライアンス・ポートフォリオ
を管理する力

Rothaermer & Deeds（2006）を参照して筆者作成

の悪化に繋がると解釈できる。ここで、開発される新薬の数が上昇から下降に転じるアライアンス数のレベルが、アライアンス・ポートフォリオを管理する力を示していると言える。

　彼らの研究ではさらに、アライアンスの目的を探索、開発、商品化と分けて比較を行い、探索を目的とする場合は、開発や商品化を目的とする場合と比べて、成果の転換点となるアライアンス数が少ないという傾向を見出した。これは基礎的で探索的なテーマであるほど、その不確実性や複雑性が増し、必要とされる能力のレベルが高いので、効率的に管理できるアライアンス数が少なくなると解釈できる。また、アライアンスの経験が豊富な企業ほど、この転換点となるアライアンス数が多いという傾向も示された。これは、アライアンス経験を積むことが、アライアンス・ポートフォリオを管理する力の向上に繋がることを示唆している。

(3) アライアンス能力の構築

　ここまで、アライアンス能力とは、個々のアライアンスを成功に導く力と、アライアンス・ポートフォリオを管理する力の2つから構成されることを示した。それでは、このようなアライアンス能力はどのように構築される

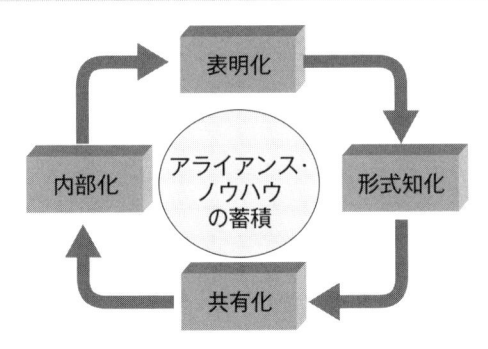

Kale & Singh（2007）を参照して筆者作成

のであろうか。Kale & Singh（2007）は、アライアンスに関するノウハウを、組織の中で表明化（articulation）、形式知化（codification）、共有化（sharing）、内部化（internalization）していく知識プロセスの重要性を指摘している。このようなプロセスを通して、アライアンス・ノウハウは組織の力として蓄積され、アライアンスを成功に導く原動力となる【図表12-4】。

　表明化とは個々人の頭の中にある暗黙知を表明し、他者がそれにアクセスできるようにすることである。過去にアライアンスを経験した者はそこから様々な教訓を得ている。しかし、もしそれが個々人の頭の中にのみ留まっていれば、他部門で行われるアライアンスにその教訓を活かすことはできない。経験者が転勤や退職をすれば、それは自然と消滅してしまう。貴重な教訓を組織のノウハウとして活かすためには、社内ミーテイングや社内レポートなど、それらを表明できる場が存在する必要がある。

　形式知化とは、そのようなノウハウを、ドキュメントとして時空を超えて共有できる形にすることである。パートナー選定のガイドライン、交渉を進める際のチェックリスト、契約書の標準テンプレート、プロジェクトの運営マニュアルなどが整備されれば、社内の各部門でそれらを活用し、それぞれのアライアンスの運営に役立てることができる。過去に社内で行われたアライアンスのベスト・プラクティスを収集・整理することも、新たなアライアンスを進める際の参考とすることができる。

　共有化は、こうして形式知となったノウハウを、組織や個人の間で共有す

ることである。全社的なアライアンス会議やフォーラムの開催、マニュアル
やチェックリストのデータベース化、ベストプラクティスの公開などによっ
て共有化が進む。アライアンス専任組織を設置してノウハウを集中管理する
ことも、共有化の手段の1つである。また、文書化できない暗黙知は、対人
的な会話を通してしか伝えることができないので、アライアンス経験者を計
画的に他部門にローテーションさせる人事配置も、共有化を推進するための
施策として考えることができる。

　最後に内部化とは、組織に共有されたノウハウについて、個々人のレベル
で学習が行われ吸収が進むことである。学習を推進し普及するために、アラ
イアンスに関する研修や講習会が開催され、イー・ラーニングなどの教育プ
ログラムが提供される。重要な役割を担う従業員に対しては、メンター（指
導者）をつけたOJT（実務を実践しながらの指導）で、より実践的なノウハウ
を身につける指導が行われる。さらに、社外のビジネススクールやセミナー
への従業員派遣も、より幅広い知識の習得を促すうえで効果的であろう。

　アライアンス能力は、このようなプロセスが組織の中で繰り返し行われる
ことで高められていく。従って、アライアンス能力を構築するうえで、ここ
で示したプロセスが組織ルーチンとして、業務の中にしっかりと埋め込まれ
ていること、そしてそれを可能とする仕組みが設定されていることが必要で
ある。Heimeriks & Duysters（2007）は、アライアンス能力を構築するうえ
で重要な仕組みを（a）ツール、（b）組織体制、（c）管理・評価、（d）社外
との連携、の4つに整理して示している【図表12-5】。

　ツールとはガイドライン、チェックリスト、運営マニュアル、ベストプラ
クティス、会議・フォーラム、研修・OJTなど、表明化、形式知化、共有
化、内部化の各ステップを進めるための手段である。そして、知識プロセス
を推進するための組織体制としてアライアンス統括責任者、アライアンス専
任組織、アライアンス・マネジャーなどの役割が設定される。また、アライ
アンスの成果指標を明確にし、それを定常的にモニタリングする管理・評価
の仕組みも、組織ルーチンを確かなものとするために不可欠である。さら
に、弁護士、会計士、コンサルタントやアドバイザーなど、社外の専門家と
連携し、その力を効果的に活用する仕組みも、企業のアライアンス能力を構

図表12-5　アライアンス能力を高める仕組み

仕組み	具体的な項目
(a) ツール	パートナー選定ガイドライン 交渉チェックリスト 契約書テンプレート プロジェクト運営マニュアル ベストプラクティス アライアンス会議・フォーラム アライアンス研修・ＯＪＴ
(b) 組織体制	アライアンス統括責任者 アライアンス専任組織 アライアンス・マネジャー アライアンス経験者
(c) 管理・評価	モニタリング 成果指標 評価基準
(d) 社外専門家 との連携	弁護士 会計士・税理士 コンサルタント 大学・研究所 アドバイザー

Heimeriks & Duysters (2007)を参照して筆者作成

築するうえで欠かせない要因である。

　このような仕組みをしっかりと設定することで、アライアンスに関する様々なノウハウが着実に組織内に蓄積し、アライアンスを成功させる力が高められるのである。

2　アライアンス能力を高める組織体制

（1）アライアンス専任組織

　Kale, Dyer ＆ Singh（2002）はアライアンス能力を高める仕組みとして、特にアライアンス専任組織（Dedicated Alliance Function）の重要性につい

て指摘している。企業は過去のアライアンス経験から様々な教訓を得て、それを次のアライアンスに活かしていく。従って、豊富なアライアンス経験は企業のアライアンス能力の向上に繋がる。しかし、企業として経験から学習を行うためには、その経験に基づく様々な知識を結びつける主体が必要であり、その主体としての役割を担う組織が必要となる。この組織がアライアンス専任組織である。知識を全社的に共有し活用するには、それを形式知として伝承できる形にしなければならないが、そのためのガイドラインやチェックリスト、マニュアルや契約書テンプレートなどを整備するのも、アライアンス専任組織の役割である。

　またこの組織は、アライアンス人材の育成に関しても重要な役割を担う。アライアンス実務の専門家を長期的・計画的に組織内で育成するとともに、社内各部門の人材を短期的ローテーションとしてこの組織でアライアンス業務に従事させる。これによって、アライアンス経験のある社内の人材の層が厚みを増す。さらに、全社的なアライアンス・フォーラムや研修会を主催することで、経営幹部や従業員の知識レベルの底上げにも貢献する。対外的にもこのような専任組織の存在は、その企業がアライアンスに積極的であるという評判を生み、有望なアライアンス案件の申し入れが増えるとともに、成長可能性の高い企業として、企業の評価を高めることにも繋がる。

　このように、アライアンス専任組織をもつことで、企業のアライアンス能力は向上する。Kaleらはこれを実証的に検証するために、米国の医薬品、化学、エレクトロニクス、サービス業界の企業が行ったアライアンスの調査を行った。80社の企業を対象として、アライアンス専任組織の有無を確認するとともに、アライアンスの成功・不成功の評価を行い、その関係を分析した。その結果、アライアンス専任組織を有する企業ほど、アライアンスの成功率が高いという傾向が明らかとなった（アライアンス専任組織を有する企業の平均成功率は63%に対し、有さない企業の平均成功率は50%であった）。アライアンス専任組織の有無によって、アライアンス成果に有意な差が生じたことは、その組織の存在がアライアンス能力の向上に繋がることを示している。

（2）アライアンス組織体制の事例

　Kaleらが、最も充実したアライアンス専任組織を有する企業として紹介しているのが、米国のコンピュータ・メーカーのHP（ヒューレット・パッカード）である。同社では、全社的なアライアンス統括責任者としてアライアンス担当副社長が任命され、その指揮下にアライアンス専任組織がある。そして、この組織はアライアンスに関する様々な知識を蓄積し、ドキュメント化し、それらを社内各部門に提供する役割を担っている。例えば、詳細なアライアンス・マニュアルを整備し、アライアンス戦略の企画・立案からアライアンス・プロジェクトの終結まで、すべてのステップにおける評価ツールを準備している。

　また、このアライアンス専任組織は独自のアライアンス研修プログラムを開発し、全従業員を対象としたアライアンス教育を実施する。さらに、社内のアライアンス関係者が一堂に会するアライアンス・サミットを主催し、お互いの経験や教訓の共有を図るとともに、社内のアライアンス・ネットワークの拡充にも努める。全社的にアライアンスの重要性が認識される中で、その司令塔としての役割を果たしている。

　米国の通信機器メーカーであるシスコも、アライアンス支援体制が充実した企業として有名である（Bierly & Gallagher, 2007）。同社のアライアンス専任組織は多数のスタッフを擁し、パートナー候補の調査・評価やスクリーニンなどに重点を置いている。パートナー候補の評価基準を明確に定め、例えば3年以内に年間5億ドル以上の事業を築けるパートナーかどうかといった基準に基づき、迅速なアライアンス構築の判断を行う。

　シスコは、買収で成長した企業として有名であるが、実は買収件数をはるかに上回る件数のアライアンスを実施している（ダイヤー, ジェフリー, ケール&シン, 2005）。同社のアライアンス戦略で特徴的なことは、これが自社研究開発、M&A（買収）と並んで、3つの選択肢の1つとして位置づけられていることである。事業開発を統括する上級副社長のもとに研究開発担当、アライアンス担当、M&A担当の3人の副社長がいる。ある事業を開発するうえで、アライアンスの選択肢が好ましいと上級副社長が判断すれば、アライアンス担当副社長の指揮下でアライアンス専任組織がその開発プロジェクトを

図表 12-6　アライアンス・マネジャーの役割

初期段階 → 戦略者（strategist）

実行段階 → 連携者（facilitator）

調整段階 → 仲裁者（moderator）

事業化段階 → 推進者（promoter）

終結段階 → 決着者（settler）

Spekman, Isabella, MacAvoy & Forbes（1996）を参照して筆者作成

担当する。アライアンスを足がかりに買収に進むこともあり、これらの選択肢の間の連携も緊密に行われるという。

(3) アライアンス・マネジャーの育成

アライアンスのノウハウを蓄積する組織が設けられたとして、そこで業務を行うのは個々の人材である。優秀な人材がいて、はじめて組織は機能する。アライアンス専任組織の設置とともに、そこで中心的な役割を担う人材、すなわちアライアンス・マネジャーを育成することも、企業のアライアンス能力の向上のために欠かすことができない。

アライアンスは生成してから、いくつかの段階（ステージ）を経ながら進展し、最後はその目的を遂げて終結する。アライアンス・マネジャーとは、アライアンスの生成から終結までその生涯にわたって、段階ごとの方向性を示し、課題の解決に取り組む責任者のことである。Spekman ら（1996）によれば、アライアンスを成功させる企業には、アライアンス・マネジャーを育成する文化があるという。彼らはアライアンス・マネジャーの果たす役割を、5つの段階に分けて論じている【図表12-6】。

アライアンスが生成される初期の段階では、アライアンス・マネジャーはアライアンスのビジョンや方向性を示す戦略者（strategist）である。ビジョ

ンや方向性が経営者によって示される場合は、それをアライアンスに参加する多くの関係者に、正しくかつわかりやすく伝える役割を担う。アライアンスが実行段階になると、パートナー、社内各部門、関係会社や協力会社などが、それぞれの役割のもとで業務を進める。アライアンス・マネジャーは、関係者間の意思疎通や情報伝達を支えながら、これら様々な業務をアライアンスの共通目標に向けて連携させる連携者（facilitator）となる。

実行段階が進むと、パートナーとの間や社内部門間で、意見相違や利害対立が顕在化する。それに伴って、業務間での様々な不整合や非効率が生じる。仲裁者（moderator）として調整役を担い問題を解決していくのも、アライアンス・マネジャーの役割である。自社にとって好都合なことでも、パートナーが不利益を被っていたのではアライアンスは成功しない。アライアンス・マネジャーは、アライアンスとしての成功を何よりも重視し、その立場からの調整を行う。

アライアンスの成果を事業化する段階になると、パートナーとの間では新たな利害対立が生まれる。各社が独自に事業化を行う場合には、お互いの事業化の方向を確認しつつ、良好な関係維持を重視した対応が求められる。アライアンス・マネジャーは、アライアンスの理念、目的とスコープを改めて関係者全員と共有したうえで、事業化への円滑な移行を進める推進者（promoter）の役割を担う。

さて、アライアンスが終結する段階になると、アライアンス・プロジェクトを円滑に終息するための処理が必要となる。最終成果物のドキュメント化、提供物の回収と受領物の返却、費用負担の調整、今後生じる問題への対応など、成功裡に終結するために行わなければならない事項は数多い。プロジェクト参加者の多くが、終結後の次の業務に気をとられる中で、アライアンス・マネジャーは終結処理が完遂するよう、その管理を徹底する決着者（settler）となる。

これら様々な役割を担うアライアンス・マネジャーには、ビジネス・マネジャーとは異なるスキルが求められる。一般的なビジネス・スキルやスタッフとしての専門知識は当然として、さらにパートナーや社内各部門、あるいは社外関係者との関係性を管理するスキルが重要になる。組織間の意見の食

い違いや利害対立をどのように解決するか、企業文化や組織文化が異なる組織どうしをどのように連携させるか、プロジェクトに参加するメンバー間の信頼関係をどのように深耕するか、など関係性を重視した役割が期待されているからである。

このような人材を確保するには、適性をもった人材を早期に見出し、長期的に育成していくことが必要である。社内に幅広く人的ネットワークをもち、企業の文化や意思決定の仕組みを熟知しているという必要条件を考えると、外部の人材をリクルートするのではなく、社内での人材育成を基本とすべきである。アライアンス・マネジャーの計画的な育成と、社内におけるそのキャリアパスの確立は、企業がアライアンス能力を強化していくうえで、重要な施策の1つと言えるであろう。

3　社外専門家との連携

アライアンスは企業の外にある経営資源を活用することであるが、アライアンスを遂行するための人材も、企業の外にある専門家を効果的に活用する必要がある。アライアンスがグローバル規模で行われ、その仕組みが複雑となるに従って、その遂行には高度に専門的な知識が求められる。弁護士、会計士、コンサルタント、大学・研究所、ファイナンシャル・アドバイザー（FA）など、それぞれの領域でのプロフェッショナルな専門家との連携が不可欠である【図表12-7】。

そのためにも常日頃から、社外専門家との広範なネットワークを築き、それぞれの専門家の強みや得意分野を把握し、必要な時にタイムリーに支援を依頼できるようにしておくことが好ましい。社内人材の育成をとおして組織に蓄積された力と併せて、社外の専門家の力を活用してアライアンスを成功に導くスキルも、アライアンス能力の重要な要因と言える。以下では、それぞれの分野の専門家による支援とその活用について述べる。

（1）弁護士
アライアンス契約書の作成は、社内の法務部門が主として担当するが、重

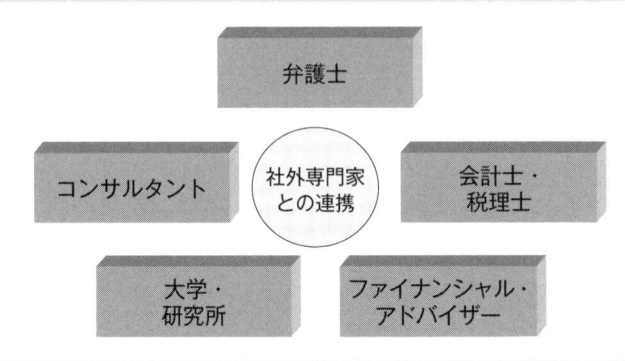

要かつ複雑なアライアンスではその量も膨大となり、またその内容も高度で専門的になるので、必要に応じて社外の弁護士の支援を得ることが有効である。アライアンスの実施には様々な法令が関係するため、それに照らした契約内容の確認が不可欠である。例えば、販売協力では独占禁止法、技術ライセンスや共同開発では特許法、業務委託や生産委託では下請法、少数出資やM＆Aでは金融商品取引法、というようにアライアンスの内容によって確認すべき法令も異なる。法律事務所やそこに所属する弁護士にも得意とする分野があるので、それぞれの分野ごとに、それを専門とする弁護士と常日頃からネットワークを築いておくと、いざ支援が必要となった時に素早い対応が可能となる。

　さらに外国企業とのアライアンスでは、外国為替および外国貿易法など、外国取引に係る法令の確認が必要となる。またパートナーの所在国の法律を遵守する視点から、その国の法令について最新の理解を得ておくことも重要である。時には、その国の法律がアライアンス契約書の準拠法になることもある。このような場合には、グローバルなネットワークをもつ法律事務所に依頼して、相手国の弁護士の支援を得ることが望ましい。

（2）会計士・税理士

　アライアンスを行うにあたって、特に会計・税務的な検討が必要な場合には、会計士や税理士など専門家の支援が有効である。パートナー間の事業再

編や複雑な仕組みのアライアンスを行う場合、どのようなスキームとすることが、会計的・税務的に好ましいかの検討をすることになる。また対価の支払いを伴う取引では、その適正価値の評価が必要となる。例えば技術ライセンスにおける技術の価値、販売協力におけるブランドの価値、出資やM&Aにおける企業の価値などは、高度に専門的な手法を用いてその評価が行われる。このような場合、その対価の妥当性を専門家に評価してもらい、これを経営判断の材料としたり、対外的な説明に使用したりすることもある。

　また外国企業とのアライアンスで、外国との資金流入出がある場合には、外国における会計や税務の知識も必要となる。移転価格や見なし配当の回避、両国を通算した税率の最適化、外国での税額控除の活用など、国際取引に伴う問題は複雑かつ難解である。「すべての国際的なアライアンスは税務問題の理解のうえに成り立っている」という指摘もある（ハービーソン、1999）。このような問題に対処するには、国際的なネットワークをもった事務所の会計士・税理士による支援が効果的である。

（3）コンサルタント

　企業が行うアライアンスに対して、様々な支援を行うコンサルティング会社がある。アライアンス戦略の立案、パートナー候補の紹介、相手との交渉の代行、アライアンス・プロジェクトの管理・運営まで、アライアンスの一連のプロセスに沿って多くの支援サービスを提供する。アライアンスの経験が豊富で、社内にアライアンス専任組織や同等な体制を有する企業では、このような支援は不要であろうが、そうでない場合には、社内で不十分なスキルを補うために活用することがある。また外国企業とのアライアンスで、あまり馴染みのない国のパートナーを相手とする場合には、その国の文化や商習慣について理解を深め、相手とのコミュニケーションを円滑にするうえで、コンサルタントの支援が役に立つことがある。

　但し、コンサルタントの支援を得る場合には、アライアンス当事者としての自らの立場を明示し、交渉や連絡をコンサルタント任せにしないよう留意する必要がある。アライアンスはパートナー当事者間の関係であり、当事者どうしの意思や熱意を、直接確認しながら進めていくことが重要である。コ

ンサルタントはアライアンス専任組織のアウトソースとして位置づけ、パートナーとの交渉や協議は、自らが主体的に対応するよう心掛けるべきである。

(4) 大学・研究所

　大学や研究所は、学術的な基礎研究を行う役割を担っているが、それを実用研究に発展させ、さらに事業化に繋げていくうえでは産業界との連携が欠かせない。最近は、技術ライセンス・オフィスや産学連携室などの体制を整備する大学も増えており、積極的な情報発信を行って企業との連携を推進している。また大学や研究所での研究成果を活かして、教員や研究者自らがベンチャー企業を創業する動きも増えており、それを支援する体制も充実してきている。もともと米国の大学では、このような事業化志向の研究活動が活発であり、例えば米国シリコンバレーで創業され成功した企業の多くが、スタンフォード大学やカリフォルニア大学など、地元の有力大学での研究成果をルーツとしている。このような動きが、徐々にではあるが日本でも広がっている。

　企業にとって大学や研究所は、将来の有望な技術やそれを担う優秀な人材の供給源である。これらの機関と共同研究を行い、学会などを通して交流を深めることは、革新的な技術の芽をいち早く掴み、それを新規事業へと導くための貴重な機会となる。技術の高度化に伴い、新たな技術的ブレークスルーを実現するうえで、基礎研究との連携の重要性が増している。産学連携は企業にとって、重要なアライアンス・モデルの1つと言えるであろう。

(5) ファイナンシャル・アドバイザー

　M&A（買収）を行う際には、買収価格が重要な論点となる。ターゲットとする企業の価値を算定し、それに基づいて交渉を行い買収価格に合意する。このプロセスにおいて、企業価値算定の助言を行い、交渉の支援を行うのがファイナンシャル・アドバイザー（FA）である。過大な価格で買収してしまうと、損失を被るだけでなく、取締役の善管注意義務違反や忠実義務違反が問われることになる。適正な企業価値を算定するためにも、専門家の評

価（オピニオン）は不可欠であり、重要な買収案件ではファイナンシャル・アドバイザーの活用は必須である。

　ファイナンシャル・アドバイザーはこれ以外にも、買収スキーム（どのような形態で買収を行うか）の策定、買収資金の調達、デューデリジェンスの実施など、買収プロセスにおける様々な業務の支援を行う。時には、交渉が難航している局面で、双方のファイナンシャル・アドバイザーどうしが話し合って妥協点を探り、合意点を見出すこともある。ファイナンシャル・アドバイザーの報酬は、通常は成功報酬方式（例えば、買収金額の1～5%）が用いられ、買収規模によっては相当な高額になる。高額な報酬に見合うだけの成果を得られるよう、ファイナンシャル・アドバイザーを上手に効果的に活用する能力も、企業に求められている。

第 13 章

アライアンスの終結と評価
アライアンスをどのように終えるか

① アライアンス戦略の立案	② アライアンス・パートナーの選定	③ アライアンス条件の交渉	④ アライアンス契約書の締結	⑤ アライアンス・ガバナンスの設計	⑥ アライアンス・プロジェクトの運営	⑦ アライアンスの終結と評価

　アライアンスは必ず終わりを迎える。アライアンスを開始するにあたっては、それをどのように終結させるかをあらかじめ、良く考えておく必要がある。アライアンスの終わり方には、いくつかのパターンがある。成功裡に目標を達成して終わるものもあれば、成果を出せずに途中で解消するものもある。パートナーとの信頼関係を深めて終わることもあれば、契約違反した相手と争いになって終わることもある。本章の前半では、アライアンスがどのように終結するか、そのパターンを整理する。

　後半ではアライアンスの評価の問題を取り上げる。アライアンスの評価は事業評価とは異なる。アライアンスとして成功したものの、事業的な成果に結びつかないこともあれば、逆にアライアンスの目標は達成できなかったものの、そこから予期しない事業成果が生まれることもある。アライアンスの成果指標とは何か、アライアンスの成果はどのように評価するか、そもそもアライアンスの成功とは何を意味するのか、などのテーマを本章では取り上げる。

1　アライアンスの終結パターン

（1）満了

　アライアンスの終結にはいくつかのパターンがあることは、第10章で述べた。基本パターンは、満了、見直し、解約、終結権行使の4つである【図表13-1】。満了は、アライアンス期間が経過し、契約書の取り決めに従って終

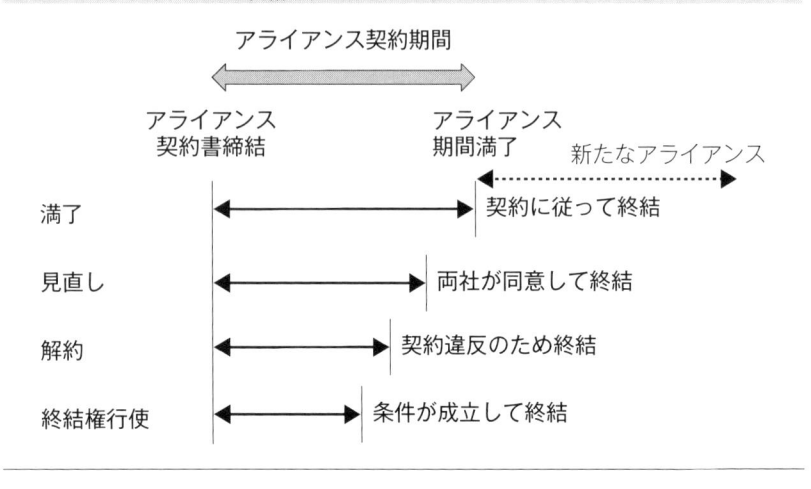

図表13-1　アライアンスの終結パターン

アライアンス契約期間

アライアンス
契約書締結　　　　　　　　　アライアンス
　　　　　　　　　　　　　　　期間満了　　　　新たなアライアンス

満了　　　　　　　　　　　　　　契約に従って終結

見直し　　　　　　　　　　両社が同意して終結

解約　　　　　　　　　契約違反のため終結

終結権行使　　　　　条件が成立して終結

結するものである。計画どおり、もしくはそれ以上の成果を出して成功裡に
終わるものもあれば、期待どおりにいかなかったものの期間満了まで継続し
たものもある。

　目標を達成して終結した場合は、アライアンスは成功したと言って良いで
あろう。満了後もアライアンス関係を解消することなく、次の目標を定めて
新たなアライアンスを始めることもある。成功裡に終結したアライアンスの
パートナーは、次のアライアンスでも再びパートナーになることが多い。こ
の傾向は、パートナー選定における「慣性」と呼ばれる。これまでの関係を
通してお互いの理解が深まり、それぞれの強みや弱みもよくわかっている。
どのようにプロジェクトを運営すればうまくいくか、意見の対立が生じたら
どのように解決するか、などのノウハウも共有されている。これらは企業間
に生まれた関係性という資産であり、この資産を次のアライアンスでも活用
するよう同じパートナーを選ぶのである。

　満了して終結したものの目標を達成できなかった、スケジュールが遅延し
た、計画を大きく超える費用が生じた、ということもある。アライアンスは
成功したとは言えないが、途中で解消せずに最後まで続けたことで一定の評
価はできよう。ただ、ほとんど成果が期待できないにもかかわらず、漫然と

プロジェクトを継続して期間の満了を待つ、という進め方は良くない。成果を生まないアライアンス関係は、企業活動の足かせとなる。プロジェクトを続けることに意味がないと判断したらパートナーと協議を行い、次項に示す見直しにより期間途中でも解消することが望ましい。

（2）見直し

　見直しでの終結とは、両社が同意して契約期間を満了することなく、また当初決めた計画を完遂することなく、アライアンスを途中で解消することである。見直しせざるを得なくなる理由として、環境要因、企業要因、関係要因の3つがある。環境要因とは、契約締結後に経営環境が変化し、プロジェクトを継続する意味がなくなってしまうことである。ターゲットとしていた市場が期待したほど成長しない、有力企業の参入で予期しない競争が生まれた、開発目標の技術が新技術の出現で陳腐化してしまった、など想定外の事態が生じたため、方針を転換せざるを得なくなるケースである。両社が合意すれば、ここでプロジェクトを中止することになる。

　企業要因とは、双方もしくは一方のパートナーの内部事情によるものである。経営者の交代で戦略が変更された、経営状態が悪化して資金的な余裕がなくなった、など企業内の事情に起因してプロジェクトを進めることができなくなる場合である。相手のパートナーがその事情に理解を示せば見直しとなるが、そうでない場合は義務を履行しない契約違反として、次項に示す解約となる可能性もある。

　関係要因とは、両社の組み合わせに起因する理由である。お互いに良い相手だと思っていたが、いざプロジェクトを開始したらそうでないことがわかった、ということはよくある。能力が期待外れであることがわかった、方針の違いが明らかになった、企業文化や意思決定プロセスが違い過ぎる、などパートナーとしての相性が良くない場合である。パートナーを選定する際に十分な整合性評価を行っていないと、このようなことが起きる。

　このような要因を両社が認識し、協議を行って同意が得られれば、契約を見直してアライアンスを終結する。アライアンスの目標は達成できなかったものの、このまま継続することの意味が失われたのであれば、止むを得ない

判断である。もっとも、終結はせずに計画の内容や範囲、スケジュール、体制などを大幅に見直したうえで、プロジェクトを継続することもある。パートナーとの関係を解消することなく、意味のある形に枠組みを変えるのである。ただ、この場合は継続というよりも、アライアンスの再出発と考える方が適切であろう。

（3）解約

　最も好ましくない終結パターンは解約である。どちらか一方が契約違反をしたため、他方が契約書の規定に従いアライアンス関係を解除するのである。契約で定めた対価を支払わない、技術提供の義務を履行しない、情報管理を遵守しないなどは、契約の違反行為である。また、破産、清算、民事再生、会社更生などで契約当事者たり得なくなる場合、あるいは営業停止や差し押さえで契約義務の履行ができなくなる場合も、契約違反として相手から解約されることになる。最近は業界再編が進む中で、買収や合併、株式移転、会社分割、営業譲渡などが日常的に行われるようになってきた。これによってアライアンスの対象事業が影響を受ければ、やはり解約事由となる。

　このように、契約違反によってアライアンスが解約されることは、違反した方（違反当事者）、された方（被違反当事者）の双方にとって不幸な結末である。契約書ではあらかじめ、違反当事者にはペナルティが課され、被違反当事者には救済が行われるよう規定する。しかしそれが行われたとしても、双方が失うものは大きい。直ちにアライアンスに代わる選択肢を探し、それに伴う方針転換をしなければならない。両社の関係悪化も避けられないであろう。損害賠償などの係争に発展すれば、そこに多大な時間やエネルギーを割かねばならない。無論、アライアンスは失敗として評価されることになる。

（4）終結権行使

　「見直し」では、両社が合意してアライアンスを途中で終結するが、一方の企業（X社）が終結を希望しても他方の企業（Y社）は終結させたくない、というケースも考えられる。例えば、ターゲットとしていた市場が期待した

ほど成長しない場合、X社にとってはプロジェクトを進める意味がなくなったとしても、Y社は別の市場への応用を考えてアライアンス成果を引き続き必要とする、ということがあり得る。このような状況では、Y社がアライアンス終結に同意しない限り、X社は意味のないことだと思いつつ、最後までプロジェクトに参加しなければいけない。一方のパートナーがやる気を失ったままアライアンスを継続する、というのは決して好ましい状況ではない。

そこで、一定の条件を定めておき、この条件が満たされたらどちらの企業も一方的にアライアンスを終結できる、という権利を設定することがある。これが終結権である。上の例で言えば、「市場の成長が当初見込みを＿＿＿％下回った場合には終結できる」という終結権を設定しておけば、X社はこの権利を行使してアライアンスを終結することができる。この他にも「契約締結から＿＿＿年が経過した場合には終結できる」、「開発スケジュールが当初計画より＿＿＿ケ月遅れた場合には終結できる」、「重要事項の方針に＿＿＿ケ月にわたって合意できない状態（膠着状態）が続いている場合には終結できる」などの設定が考えられる。

以上、満了、見直し、解約、終結権行使という4つの終結パターンについて説明した。どのように終結したかは、アライアンスの評価を決める。目標を達成して満了すれば、アライアンスは成功したと言えよう。見直しを行い途中で終結したアライアンスでも、そこまでに一定の成果をだしていれば、ある程度の成功として評価して良いであろう。アライアンスの評価は終結のタイミングとは関係がない。長く継続したことがアライアンスの成功を意味するものではなく、また早期に終結したことが失敗を意味するものでもない。成果をだして終結することが重要なのである。

2 アライアンスの評価方法

(1) アライアンス成果の評価

アライアンスが終結すると、このアライアンスがどのような成果を生み出したかを評価することになる。当初の目標を達成することができたか、できなかったとしたらどの程度のレベルに留まったのか、またできなかった原因

はどこにあるのか。このような評価を行うことで、そこから得た教訓を次の
アライアンスに活かすことができる。

　アライアンス成果を論じる実証研究では、その成果の定量的な評価が行わ
れる。その際に、財務的評価、安定性評価、効率性評価の3つの方法が用い
られる（Arino, 2003）。

　財務的評価は、アライアンスによって売上高がどれだけ伸びたか、利益が
どれだけ増したか、コストがどれだけ削減されたか、などの企業業績を測定
する。パートナーと合弁会社を運営する資本的アライアンスではよく用いら
れる。合弁会社は独立した事業体として、その売上高や利益を測定すること
ができるからである。しかし契約的アライアンスでは、売上高の伸長や利益
の増加がどこまでアライアンス成果の寄与によるものか、正しく対応させる
ことは難しい。企業はアライアンス成果を活かして事業を行うが、事業の成
果である売上高や利益は、アライアンスとは関係のない要因の影響も受ける
からである。多くの場合、企業業績とアライアンス成果とを1対1で結びつ
けて考えることは適切でない。

　安定性評価は、アライアンスの継続期間、契約条件変更の少なさ、ガバナ
ンス変更の少なさなど、アライアンスがどの程度安定していたかによって評
価する。アライアンスが長期間安定して継続していることと、良好な成果を
生むこととが関連している、という考え方を前提とした評価方法である。し
かし前節で指摘したように、成果を出さずに漫然と継続しているアライアン
スもある。逆に、成果を出して早期に終結するアライアンスもある。この場
合、存続期間が短いことが評価を下げることにはならないはずである。特に
変化の激しい環境のもとでは、安定していることが必ずしも良いこととは言
えない。そのような場合には、アライアンスの安定性と成果とを結びつける
ことはやはり適切ではない。

　効率性評価は、インタビューやアンケートを行い、アライアンス当事者で
ある企業の経営者や担当者から、どの程度アライアンス結果に満足している
か（全体満足度）、どの程度の目標を達成できたか（目標達成度）、どの程度ア
ライアンス成果を全社的に活用できたか（スピルオーバー度）、などの回答を
得て評価するものである。アライアンスを最も良く知っている当事者による

アライアンス	成果指標
販売協力	販売目標をどれくらい達成したか 販売費用をどれくらい削減したか 市場シェアをどれくらい増やしたか
共同開発	開発目標をどれくらい達成したか 開発費用をどれくらい削減したか 開発期間をどれくらい短縮したか
生産委託	生産目標をどれくらい達成したか 生産コストをどれくらい削減したか 生産稼働率をどれくらい向上したか
合弁会社	売上目標をどれくらい達成したか 利益目標をどれくらい達成したか キャッシュ・フローをどれくらい改善したか

評価であるから、信頼できる評価方法と考えられる。ただ、当事者には自ら
が関与したアライアンスを、できるだけ良く評価しようとする傾向がある。
どうしても評価にバイアスが加わってしまう。また、主観的な評価であるた
め、回答者に誰を選ぶかによって結果が変わってしまうという問題もある。

(2) アライアンスの成果指標

　このように、上に示した評価方法はそれぞれに限界がある。どれか1つの
方法を用いるのではなく、これらを組み合わせて総合的に評価することが適
切である。実務においてアライアンス成果を評価する際にも、上の3つの評
価方法に基づく成果指標を活用することができる【図表13-2】。例えば、共同
開発が完了した時点で、開発目標をどれくらい達成したか（効率性評価）、開
発費用を予算に対してどれくらい削減したか（財務的評価）、開発期間を当初
計画よりどれくらい短縮したか（安定性評価）、などを成果指標としてそれぞ
れに対する評価を行う。それらを総合して、多角的な視点からアライアンス
成果を評価するのである。

図表13-3　アライアンス成果と事業成果

アライアンス成果	成果指標
製品の共同開発	開発目標をどれくらい達成したか 開発費用をどれくらい削減したか 開発期間をどれくらい短縮したか

事業成果	成果指標
製品の事業化	売上目標をどれくらい達成したか 利益目標をどれくらい達成したか 製品シェアをどれくらい増やしたか

（3）アライアンス成果と事業成果

　既に述べたように、アライアンス成果と事業成果とは別のものである。製品の共同開発において開発目標を達成したなら、このアライアンスは良好な成果を出したと評価して良いであろう。しかし、製品が開発されただけでは企業にとって価値を生まない。アライアンスを行うことの最終的な目標は、この製品を販売し、シェアを拡大し、利益を生み、事業として成功することである。それがどのように事業成果に寄与したかが、考慮されなければいけない【図表13-3】。

　かつてエレクトロニクス業界で、主力製品をパートナーと共同開発している企業があった。非常に難しい開発であったためにライバル企業は製品の開発にてこずり、次から次へとこの事業から撤退していった。この企業はパートナーの力も活かして開発に成功し、市場で優位なポジションを得られるものと期待していた。ところが予期していなかった市場環境の変化が起こり、この製品の市場価格が急落してしまった。その結果、この企業は大きな損失を出すことになった。他社は開発に失敗して早々と撤退していたため大きな損失を免れたが、この企業はアライアンスに成功したがために撤退の判断が遅れ、かえって事業的に失敗してしまったのである。

　このようにアライアンスとして成功しても、事業として失敗する例は数多

くある。また、同じアライアンス成果を享受しても、一方のパートナーはそれをうまく事業で活用したが、他方のパートナーは事業に結びつけることができなかった、ということもある。アライアンスが本当に成功したと言えるのは、その成果が事業の中で活かされ、企業の業績に貢献した時である。アライアンスの成果は、事業成果を強く意識しながら評価する必要がある。

3 アライアンスと市場の評価

(1) イベント・スタディ

これまで述べてきたように、アライアンスの評価は通常、アライアンスが終結した時点で、その終結の仕方や目標の達成度などに基づいて行われる。ここで紹介するのはそれとは異なり、アライアンスを開始する時点で、その成果の予測に基づいて評価する方法である。

イベント・スタディとは、アライアンスやM&Aなど企業の重要な活動に関する発表が、その企業の市場価値（すなわち株価）にどのように影響するかを調べる研究のことである。通常、アライアンス契約を締結した時点で、企業はそれを公表する。それに対して、投資家やアナリストなどの市場参加者が、そのアライアンスの成果を予測し評価を行う。そしてその評価は、株価の変動に反映される。アライアンスが高く評価されれば株価は上昇するし、評価が悪ければ下落するであろう。このような市場価値の変動が、アライアンスの長期的な成果と有意な相関をもつことが、多くの研究によって実証されている。

Kale, Dyer & Singh（2002）は、米国の大手企業が発表した1500を超えるアライアンス事例を対象に調査を行った。まず、それぞれのアライアンスが発表された時点で、その企業の株価がどのように変動したかを調べた。発表翌日の株価が発表前日の株価と比べて、どれくらい増減しているかを株価変動の指標とした。次に、それぞれのアライアンスの発表から2年後に、その企業の経営者を対象としたインタビュー調査を行った。「アライアンスの目標は達成できたか」、「アライアンスを通して企業の競争力は高まったか」、「アライアンスを通して重要なスキルや能力を獲得できたか」などの質問に

対して、経営者が7段階評価を行い、その結果を総合してアライアンス成果を示す指標とした。こうして、アライアンス発表時の株価変動と、2年経過後のアライアンス成果との関係を分析したところ、その間に強い相関があることが確認された。

　株価の変動に反映しているのは、アライアンスの将来予測に基づく市場参加者の評価である。一方、企業経営者が評価したのは、過去の実績に基づく実際の成果である。この2つの評価の間に有意な相関があるのである。すなわち、市場参加者による評価は将来実現されるアライアンス成果をかなり正しく予測している、と言うことができる。

（2）市場の能力

　このような市場のもつ予測能力について、野口（2007）は「株式市場は正しい答えを導く能力を持っている」と指摘する。株価は、多数の市場参加者が取引を行うことによって決まる。すなわち、様々な人々が様々な情報を持ち寄り合理的な判断を行った結果であり、その総意を反映して出した結論である。多数者が有する情報やその判断レベルは完璧ではないにしても、1企業が当事者として有するそれを上回ることがある。つまり、多数の意見の積み重ねが正しい（少なくともそれほど間違っていない）結果に収斂する。多数者は総体として、正しい答えを知ることができるのである。

　アライアンスの当事者として、企業がその成功を確信していたとしても、自らの実力、パートナーとの相性、プロジェクトの困難さ、対象市場の将来性などを、その企業がすべて正しく把握しているわけではない。市場参加者の知識の総体が、それに勝ることもある。このような市場が行う評価は、アライアンスを進めるうえで参考にすべきである。アライアンスを実施するにあたっては社外へのメッセージ発信を心掛け、それに対する市場の反応に留意する必要がある。

　もっとも、市場の評価を参考にすることの限界もある。まず、非公開企業はそもそも株価が形成されない。また、アライアンスの対象となる事業が企業の中でマイナーな位置づけの場合は、アライアンスの発表が株価に与える影響は限定的である。他の理由によって株価が変動しているにもかかわら

ず、それをアライアンスと結びつけてしまうと誤った評価となる。さらに戦略的なアライアンスである場合、その情報のすべてが公表されるわけではない。むしろ重要事項が非公表になることも多い。市場が把握できる情報が限定されていれば、その評価は必ずしも正しい答えを言い当てているとは言えない。

　また市場の能力は、そこで共有される情報のレベルに依存する。情報開示の体制が十分に成熟していることが、市場による評価が確かなものとなるための条件である。イベント・スタディの研究の多くが米国企業を対象とした調査を行っているのも、米国が情報開示先進国であることと無関係ではないであろう。

4　アライアンスを失敗としないために

(1) アライアンスの成功率

　「アライアンスを行う者は、気をつけなければいけない。見かけとは全く違う現実がある。確かに経営資源の活用、技術の導入、市場の開拓が可能になるかもしれない。確かに社内で知識やスキルを蓄積するよりも短期間に、パートナーから多くのものを学ぶことができるかもしれない。得られるものは多く、それは素晴らしいものに見えるであろう。しかし現実のデータは、それとは全く異なる惨憺たる結果を示していることを忘れてはいけない」(Spekman, Isabella, MacAvoy & Forbes, 1996)。これは、アライアンス成果の調査を行った研究者が、アライアンスは思ったとおりいくものではないことを強調した言葉である。ここで指摘されているように、実はアライアンスが成功する確率は決して高くない。

　アライアンスの成功率はどれくらいか、に関する調査は数多く行われている。その多くが、50%程度の成功率を示している（Kale, Dyer & Singh（2002）など）。60%という比較的高い成功率を示すものもあるが（Pekar & Allio, 1994）、40%程度を示しているものもある（Spekman他, 1996）。技術アライアンスに限定すると、成功率はさらに低くなる。バイオ・医薬品業界の研究開発アライアンスを対象にした調査では、パートナー双方が目的を達成できた

と評価できるものは、わずか15%くらいであった（Reuer & Zollo, 2005）。このように、半分もしくはそれ以上のアライアンスはうまくいっていないのである。アライアンスはリスクの大きい経営手法であると言わざるを得ない。

(2) 見直すことの重要性

　アライアンスを失敗としないために指摘されているのが、見直すことの重要性である（アーンスト & バンフォード, 2006）。経営環境の変化、パートナーの戦略の変化、意見の相違や利害対立の顕在化など、当初想定していなかった様々な状況変化の影響を受けることを、アライアンスの不安定性と言う。アライアンスは不安定になると継続が困難となり、目標を達成できないまま終結に至ることも多い。不安定性はアライアンスを失敗に導く要因となるので、それに対処するためにパートナー選定、ガバナンス設計からプロジェクト運営に至るまで、細心の注意が払われる。

　一方で不安定性とは反対に、安定性の問題というものもある。アライアンスがあまりに安定し過ぎていると問題が先送りされて、それが失敗に繋がることがある。安定さに安住することなく絶えず現状の問題点を拾い出し、適宜アライアンスの枠組みや条件を見直していくことも重要である。

　確かにアライアンスの枠組みや条件は、アライアンス開始時に契約書で決めているので、それを変更することは容易にはできない。お互いに協議を行い、双方が同意する必要がある。通常、アライアンス契約書にはどのようにアライアンスを終結させるかについて、詳細な取り決めが記載されている。しかし、アライアンス関係を見直すべき状況についてはほとんど扱っていない。せいぜい、「契約書を修正するには、両社の同意を要する」程度の取り決めである。

　むしろ、アライアンスを絶えず軌道修正していくことを前提に、柔軟に見直しができるための条件を契約書に規定すべきであろう。プロジェクトの方針が両社の戦略からずれていないか、現在の経営環境のもとで目標が不十分ではないか、プロジェクトの組織体制が非効率になっていないか、など適宜協議を行い、その結果に基づいた見直しを行う。それを行うための方法やルールを契約書に明記して、そのような見直しをルーチン的に行えるようにす

るのである。

　このような柔軟性をもつことは、安定性の中に隠れている問題の芽を早く発見し、早く対策することを可能とする。アライアンスを失敗として終わらせないためにも留意すべき点である。

第 14 章

合弁会社（ジョイント・ベンチャー）
強い絆をどのように作るか

　合弁会社（ジョイント・ベンチャー：JV）とは、特定の目的をもってパートナーどうしが共同で設立した会社のことである。アライアンスの分類の中で、資本的関係をもった企業間結合として位置づけられる【図表14-1】。契約的アライアンスと比べて高い退出コストを伴うため、双方のパートナーは強いコミットメントを求められ、かつ強い絆で結びつくことになる。パートナーが両親とすると、合弁会社はその鎹（かすがい）としての子供に例えることができる。

　本章ではまず、合弁会社の目的を、販売、開発、生産など特定機能の統合、もしくは事業の統合として整理する。いずれの場合も、親会社であるパートナーを支えるための活動を行う。従って、合弁会社が目指すものは、双方のパートナーいずれの戦略とも整合していなければならない。

　続いて、合弁会社のガバナンスの問題を取り上げる。合弁会社は独立した企業体であるため、親会社であるパートナーとの間に利害相反が生まれる。双方のパートナーに合弁会社を加えた3社間の問題となるので、2社間の契約的アライアンスと比べると、ガバナンスの仕組みは複雑になる。

　最後に、オプション戦略としての合弁会社について述べる。不確実性の高い環境のもとでは、ステップを経ながら段階的に経営判断を進めていくリアル・オプション戦略が有効である。買収というリスクの高い取引を行うにあたって、合弁会社をオプションとして活用する手法について説明する。

1　合弁会社の目的

（1）販売機能の統合

　図表14-2に示すのは、双方のパートナー（X社、Y社）がそれぞれの販売機能を、合弁会社に統合するケースである。このように販売活動を目的とし

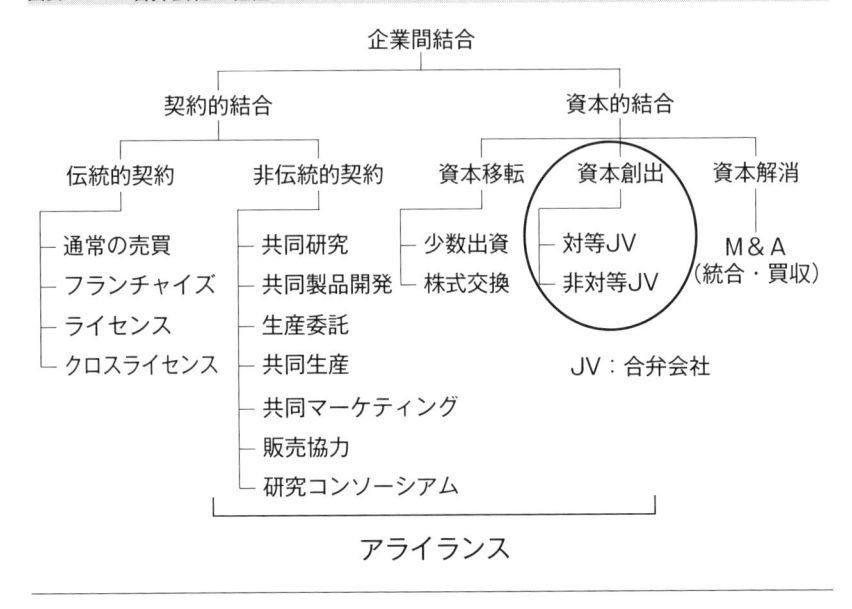

図表14-1　合弁会社の位置づけ

て設立される合弁会社は、販売合弁会社（販売JV）と呼ばれる。両社の製品を一体で販売することで、顧客に提供できる選択肢や利便性を増し、これを自らの競争力強化に繋げることが、販売JVを設立する目的である。

　また、外国市場に進出する際に、現地企業のもつ販売チャネルを活用することを目的として、販売JVを設立することもある。外国市場で、新たに独自の販売体制をゼロから構築するのは、時間的にもコスト的にも得策でない。既に強固な販売チャネルを有する現地企業があれば、販売JVを設立することで、そのチャネルを活用することができる。

　双方のパートナーにとって販売JVは、販売機能を担うコスト・センターである。パートナーは販売JVに対して製品を納入する。その取引条件が、自社単独で販売した場合や販売代理店に販売委託した場合と比べて、どれくらい有利であるかが、パートナーが販売JVから得る利益（取引利益）となる。

　販売JVの例としては、アサヒビールとロッテ（韓国）が設立したロッテ・アサヒ酒類がある。アサヒビールにとっては、韓国市場向けの販売を強化す

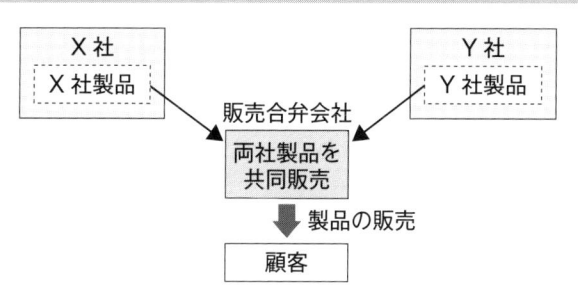

るために、韓国の有力食品メーカーであるロッテの販売チャネルを活用することがその目的である。一方、ロッテはこの販売 JV を、輸入酒類事業を担う子会社として位置づけている。アサヒビールをパートナーとすることで、製品の品揃えを充実させ、その事業の拡大を目指したのである。

（2）開発機能の統合

　パートナーの開発機能を統合して設立される合弁会社が、開発合弁会社（開発 JV）である【図表14-3】。両社一体となった開発体制を構築し、差別化された製品の実現によって競争力を強化することが開発 JV の目的である。

　技術や製品の共同開発は、契約的アライアンスでも行うことができる。しかし、開発 JV を設立し、双方の技術者が 1 つの会社に所属することで、企業間の壁を取り払い、より一体感をもった共同開発を行うことができる。また、契約ベースの共同開発では開発期間が終了すると、技術者のもつ知識やノウハウはパートナーそれぞれに分散してしまう。開発 JV が組織として存続すれば、開発過程で得られた知識やノウハウをそこに蓄積し、それを将来の開発に活かすこともできる。

　開発 JV も販売 JV と同様、双方のパートナーにとってコスト・センターとなる。パートナーは開発 JV に対して開発委託費を支払い、その開発成果を受け取る。自社で開発した場合、あるいは第三者に開発委託した場合に比べて、どれくらい低コストで優れた成果を獲得できるかが、パートナーが開発 JV から得る利益（取引利益）である。

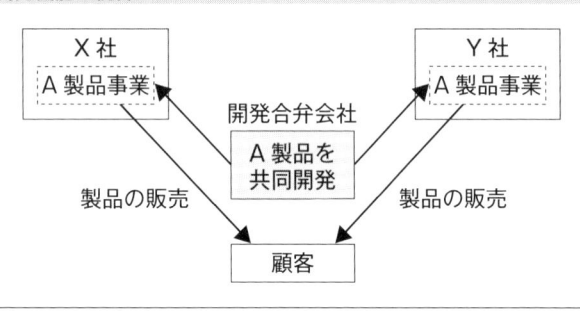

パートナー両社（X社、Y社）は、それぞれが顧客に対して販売を行うため、市場では競合する関係にある。すなわち、開発JVのパートナーであると同時に、事業的にはライバルでもある。開発JVで共同開発するため、双方が販売する製品の機能や性能に大きな違いはない。それぞれのブランド力を活かし、販売戦略やサービスで特徴を出しながら事業を競うことになる。

開発JVの例としては、日産自動車と三菱自動車が軽自動車を共同開発するために設立したNMKVがある。ダイハツやスズキに比べて軽自動車市場で後れをとった両社が、それぞれの技術的な強みを融合させて、燃費や機能でライバルを凌駕する新車の開発を目指したものである。自動車の開発は、様々な技術要素を緻密に調整しながら行う、まさに刷り合わせの世界である。両社の技術者が席を並べ、緊密なコミュニケーションができる環境を実現することで、効率的に開発を行える体制を構築した。

（3）生産機能の統合

パートナーの生産機能を統合して設立される合弁会社が、生産合弁会社（生産JV）である【図表14-4】。両社の生産を合わせることで生産規模を拡大してコスト力を高め、それによって競争力を強化することが目的である。

生産規模が拡大すれば、装置や材料などサプライヤーに対する交渉力が強まり、調達コストを低減できる。工場の運営に必要な管理業務も、生産JVに一本化することで効率化し、運営経費の削減も図れる。また、パートナー双方から生産を受託することで、需要変動による稼働率の増減を平準化し、

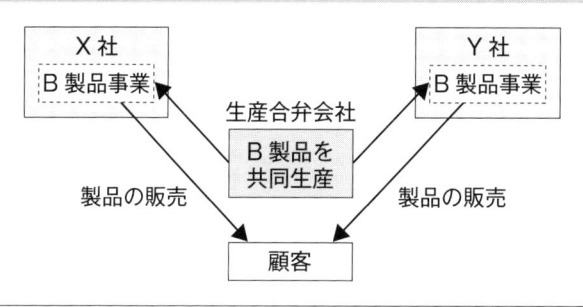

図表14-4　生産機能の統合

操業を安定化できる。このような効果から実現されるコスト優位性が、製品の競争力を生み出す。

　双方のパートナーにとって、生産JVはコスト・センターである。パートナーは生産された製品を生産JVから、コストを基準とした価格で購入する。単独で生産した場合、あるいは第三者に生産委託した場合のコストに比べて、この購入価格をどれくらい安くできるかが、パートナーが生産JVから得る利益（取引利益）となる。

　X社とY社は、やはり市場で競合する関係にある。生産JVで共同生産するため、製品のコストや品質は基本的に同等である。魅力的な製品企画や効果的なマーケティングで、お互いを差別化することになる。

　生産JVの例としては、東芝とサンディスク（米国）がフラッシュメモリ生産のために設立したフラッシュアライアンスがある。両社を併せることで、他のライバル企業を超える生産規模を実現した。最先端半導体技術を用いた製品を大規模に生産するためには、数千億円規模の設備投資が必要となる。市況の変動が大きい中で、このような投資を単独で行うことはリスクが大きい。両社は市場では競合しつつも、生産機能に関しては共同運営を行い、競争と協調を両立させた関係を築いた。

（4）事業の統合

　これまでの3つのタイプの合弁会社は、販売、開発、生産など特定の機能の統合を目的としていた。それに対して**図表14-5**に示すのは、双方のパー

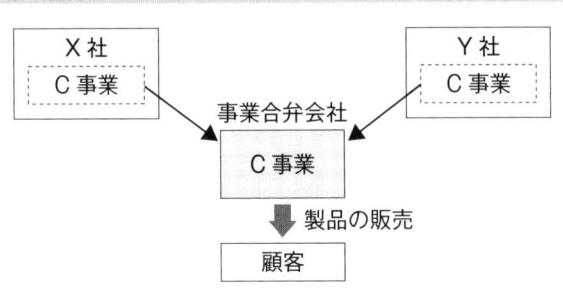

トナーがそれぞれの事業（C事業）を合弁会社に統合するケースである。このように事業の統合を目的として設立される合弁会社は、事業合弁会社（事業JV）と呼ばれる。

　単独での事業展開には限界があるので、これを統合して規模を拡大し、市場シェアを高めて競争力を構築しようとするものである。成長するグローバル市場でグローバル・トップ企業と競争していく場合、あるいは縮小する市場の中で生き残りを図る場合などに、事業JVが設立される。いずれも、単独では難しい事業規模を統合によって実現する。

　双方のパートナーにとって事業JVの位置づけは、事業の損益責任をもつプロフィット・センターである。パートナーは事業JVから利益配当やキャピタル・ゲインなど、出資者としての持ち分に応じた利益（持ち分利益）を受け取る。

　顧客への製品販売はこれまでX社、Y社それぞれが行っていたが、統合後は事業JVに一本化される。X社、Y社は今後、C事業を独自に行うことはできない。事業JVと同じ事業領域で競合することになるからである。事業JVを設立する際には、このように、パートナー間で事業JVとの競業を避けるための取り決め（これを競業避止と言う）が行われる。

　事業JVの例としては、2001年にソニーとエリクソンが、それぞれの携帯電話端末事業を統合して設立したソニー・エリクソンがある（2012年に解消）。それまでは、両社がそれぞれ独自の端末製品で事業を競っていたが、上位企業による寡占化が進んだため、それと対抗できる事業規模を確保しよ

うと事業統合を行った。これによって、ソニー・エリクソンは、当時の世界4強の一角を占めることができるようになった。

2 合弁会社のガバナンス

(1) ガバナンス設計の基本方針

第11章で論じたアライアンス・ガバナンスは、パートナー2社間の統治の仕組みであった。本章で取り上げる合弁会社のガバナンスは、双方のパートナー（X社、Y社）に合弁会社を加えた3社間の行動を統治する仕組みである。X社とY社間の利益相反に加えて、合弁会社とX社間、合弁会社とY社間でも利益相反が起こる【図表14-6】。従って、合弁会社は契約的アライアンスと比べると、ガバナンスの構造が複雑になる。

X社、Y社にとって、合弁会社から得られる利益は3種類ある（宍戸、福田、梅谷、2013）。第1は合弁会社の出資者としての持ち分利益である。配当やキャピタル・ゲインなどが該当する。第2は、合弁会社と取引することによって実現する取引利益である。物品売買、ライセンス、業務委託などの取引に伴って得られる。第3は反射的利益と呼ばれるものである。合弁会社を設立したことから生じる利益で、規模の効果、シナジー効果、学習効果などがある。

これら3つの利益は、3社間で利害が一致するものもあれば、相反するものもある。例えば、持ち分利益は利害が一致する。合弁会社が利益を得れば、X社とY社はそれに応じた配当やキャピタル・ゲインを得られる。しかし、取引利益については、利害が相反する。X社とY社が合弁会社との取引で利益を増やせば、その分だけ合弁会社の利益が減るからである。反射的利益はX社とY社間で利害が一致する場合もあれば、相反する場合もある。

合弁会社のガバナンスの基本的考え方は、親会社であるX社とY社の利益配分を最大化することである。合弁会社も独立した会社として利益を追求するが、それはあくまでも、親会社にとっての利益を実現するためのものである。合弁会社が利益を追求するうえで、オートノミー（自立性）が尊重されることは重要である。これによって合弁会社の従業員のモチベーションが高

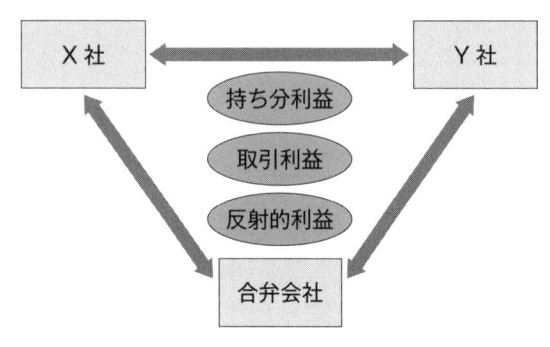

図表14-6　3社間の利益配分

宍戸、福田、梅谷（2013）を参照して筆者作成

まる。しかし、それが行き過ぎると、親会社にとっての利益が軽視されてしまう危険性がある。

　一方、親会社にとっての利益が優先されるよう、合弁会社に対するモニタリング（監視）もしっかりと行われる必要がある。しかし、それも行き過ぎると、合弁会社の活動が制約されて、利益創出が妨げられることがある。オートノミーとモニタリングのバランスをうまくとることが重要である。X社、Y社の利益が最大となるよう、このバランスを最適化することが、ガバナンス設計の基本方針となる。

（2）合弁会社のガバナンス構造

　パートナーのX社とY社が、60％：40％の持株比率で設立した合弁会社を想定して、そのガバナンス構造について考えてみよう【図表14-7】。取締役会設置会社であることを前提とすると、意思決定機関には、株主総会、取締役会、経営執行（経営会議など）の3階層がある。ガバナンスの仕組みを決める要素は2つある。1つは、どの程度重要な案件であればどの階層で意思決定するか、という階層間での決済権限の配分である。もう1つは、各階層でどのように意思決定するか、という階層ごとの決済基準の設定である。

　株主総会は、経営の基本方針や重要事項を決定する最高機関である。株主であるX社、Y社がその構成員であるが、その間でどのような同意が得られ

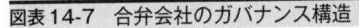

図表14-7 合弁会社のガバナンス構造

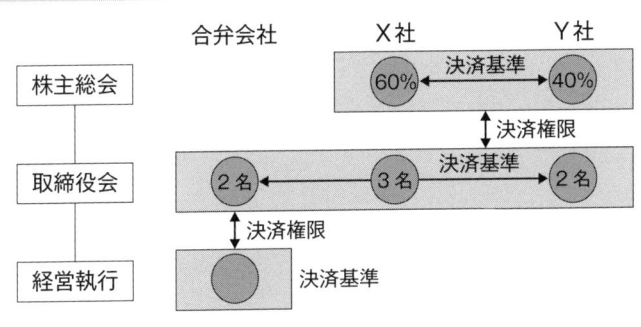

　たら承認とするか、という決済基準が定められる。過半数の同意で承認できるのであれば、議決権株式の60%を有するX社の意思に沿った決定が行われる。もし3分の2を超える同意が求められるのであれば、X社だけでは足りず、Y社の同意も必要となる。

　取締役会は、合弁会社の経営執行を監督し、重要な業務執行の承認を行う機関である。合弁会社の社長・副社長など経営幹部、X社とY社の代表、さらに社外有識者などが取締役会を構成するメンバーとなる。ここでも、取締役間でどのような同意が得られたら取締役会の承認とするか、という決済基準が決められる。仮に取締役会が、合弁会社から社長・副社長2名、X社とY社からそれぞれ3名と2名、合計7名の取締役で構成されているとする。もし、過半数の同意で承認を行う、という決済基準が設けられていると、3社いずれも単独の意思で決定を行うことはできない。X社とY社の主張が対立した場合には、いずれかに合弁会社が同意すると、その主張が承認される。従って、合弁会社の意思が判断を左右することになる。

　経営執行を担う経営会議は、合弁会社の経営幹部から構成され、取締役会の委任を受けて業務執行に関する意思決定を行う。社長・副社長などの経営幹部が、親会社（X社、Y社）から出向もしくは転籍して就任する場合がある。その際に、社長と副社長がそれぞれ、X社とY社の意向を汲んだ判断を行えば、経営執行の意思決定はX社、Y社の意向を反映したものになる。経営執行の最終決定権を社長がもっているのであれば、実質的にX社の方針に

従った決定が行われることになる。

　これら階層ごとの決済基準と併せて、階層間の決済権限も定められる。いくらの金額までの投資案件であれば経営執行で判断して良い、いくらの金額を超える案件であれば取締役会の承認を要する、というような権限の配分である。経営執行に与えられる権限が大きいほどオートノミーの程度が強く、逆に株主総会や取締役会のもつ権限が大きいほどモニタリングの程度が強くなる。

(3) オートノミーとモニタリング

　前項で述べた階層間の決済権限や階層ごとの決済基準は、公式的なガバナンスと言えるものである。しかし、実際の合弁会社の運営では、明示されていないものの、実質的な影響力に基づく非公式なガバナンスも存在する。例えば前項で述べたように、合弁会社の経営幹部がX社、Y社からの出向社員であることも多い。その場合、合弁会社にオートノミーが与えられていたとしても、実際には親会社の意向を強く反映した経営判断が行われる。合弁会社の業務ルーチンとして、経営状況を親会社に頻繁に詳細に報告することや、意思決定を行う際に親会社への事前相談が求められていることもある。このような場合には、目に見えない形でモニタリングが行われていることになる。

　このように、合弁会社のガバナンスでは公式・非公式の両方を考慮しながら、オートノミーとモニタリングのバランスを図ることになる。その際に、合弁会社の経営すべてに対して親会社が一律的に関与するのではなく、分野ごとにそのスタンスを変えることも重要である（バンフォード, アーンスト & フビニ, 2005）。例えば、日常業務的な人事、価格決定、商品開発などに関する判断では、なるべくオートノミーを与えて親会社の介入を制限する【図表14-8】。独立性を保証することで、環境変化への迅速な対応を促し、競争力の構築を後押しするのである。

　一方、戦略立案、業績管理や投資配分などの分野では、モニタリングを強めて親会社として積極的に関与する。その判断が連結業績の向上や株主利益の保護に影響し、親会社としての責任も問われるからである。これらに関し

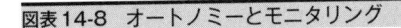

図表14-8　オートノミーとモニタリング

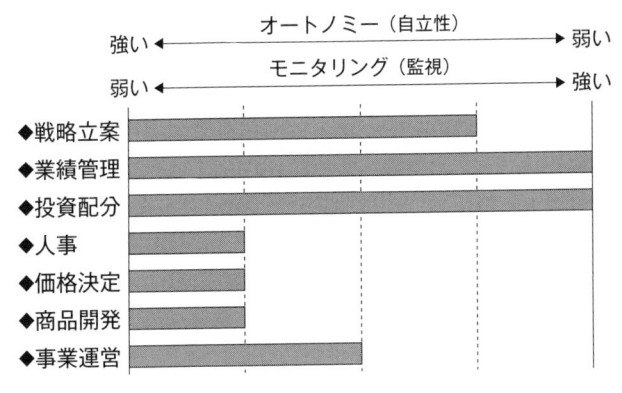

<small>バンフォード、アーンスト＆フビニ(2005)を参照して筆者作成</small>

ては絶えず報告を求め、それに対しての適切なフィードバックを与えていく必要がある。

3　オプションと合弁会社

（1）対等JVと非対等JV

　合弁会社には、双方の親会社（X社、Y社）の持株比率が対等（50%-50%）なものと、非対等（例えば、70%-30%）なものとがある【図表14-9】。前者を対等合弁会社（対等JV）、後者を非対等合弁会社（非対等JV）と呼ぶ。

　アライアンスは本来、パートナーが対等な価値をもつ経営資源を提供し合い、その結果としてお互いに対等な関係にあるべきものである。しかし、非対等JVの場合、この原則が成り立たない。一方のパートナーが他方より多くの価値を提供し、多くの株式を保有することになる。合弁会社の意思決定が多数決に基づいて行われる場合、多数の株式を保有するX社が決定権をもち、少数の株式しか保有しないY社はその決定に従わなくてはならない。Y社の意に沿わない運営が行われる可能性もある。このような合弁会社の運営はうまく行くのであろうか。

　対等JVと非対等JVとを比較した研究がいくつかある。ある研究は、両方

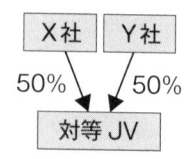
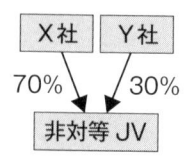

のタイプの合弁会社を比較して、対等JVの方が業績が良好であるという結果を示している（Yan & Zeng, 1999）。対等JVでは、パートナー間に優劣がないため信頼関係を築きやすく、それが運営をスムーズにして好業績に繋がる。それに対して非対等JVでは、少数株主であるパートナーが不満を抱きやすく、それが効率的な運営を妨げる可能性があるからである。

　これとは逆に、非対等JVの方が業績が良いという調査結果を示す研究もある（Killing, 1983）。その理由として挙げられているのは、意思決定の速さである。非対等JVでは、双方のパートナーの方針が対立しても一方に明確な決定権があるため、調整に手間取ることなく判断を行うことができる。それに対して対等JVでは、双方とも拒否権をもつことになるので、膠着状態に陥って何も決められないということが起こり得る。

　別の研究では、両方のタイプの合弁会社間で有意な業績の差はない、という結果が示されている（Lee, Chen & Kao, 2003）。このように、対等JVと非対等JVの優劣については異なる見解が示されており、一概にどちらの方が良いと言うことはできない。対等JVのメリットもあればデメリットもある。非対等JVについても同様である。対等JVか非対等JVかの選択は、それぞれのパートナーの戦略的理由に基づいて判断される。どちらを選択したとしても、それぞれの目的の実現を目指してメリットを活かし、デメリットを克服する事業運営に心掛けるべきであろう。

（2）プット・オプションとコール・オプション

　非対等JVでは、多数株主であるX社が決定権をもつため、少数株主であるY社にとって意に沿わない運営が行われる可能性がある。自らの意思が反映されないため、合弁会社の経営が自らに対して不利益を与えることもあり

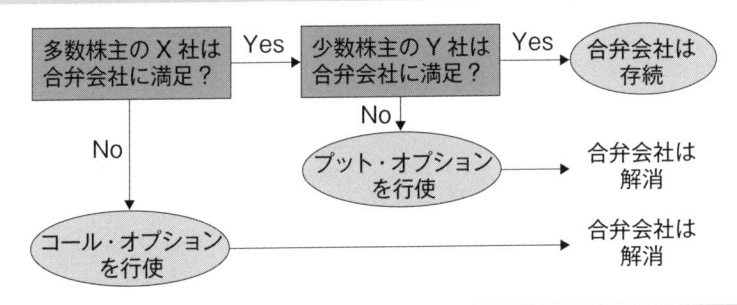

図表14-10　プット・オプションとコール・オプション

得る。一方、X社としても、多数株主として合弁会社の経営に対して責任を
もつ立場にあるが、少数株主であるY社が拒否権や動議提出権をもつと、そ
の責任を十分に果たせなくなる可能性がある。両社の主張が対立した場合に
意思決定が滞り、何も決められない状況が生じるからである。

　このように、非対等JVは、X社、Y社の双方にとって不利益をもたらす構
造的な問題を抱えている。そこで、これらの問題を解決する方策として、両
社に対してオプションが付与されることがある。オプションとは、将来の定
められた時点で、定められた条件のもとで、行使することのできる権利であ
る。これは権利であって、行使しなければいけない義務ではない。

　多数株主であるX社に対して付与されるオプションは、コール・オプショ
ン（売却請求権）と呼ばれる。Y社に対して、その保有する株式の売却を請
求し、自らがそれを買い取ることのできる権利である。このオプションを行
使すれば、完全な経営権を確保し、経営権が不完全であることから生じる不
利益を解消することができる。

　一方、少数株主であるY社に対して付与されるオプションは、プット・オ
プション（買い取り請求権）と呼ばれる。自らが保有する株式について、X
社に対してその買い取りを請求し、買い取らせることができる権利である。
このオプションを行使すれば、合弁会社の経営から撤退し、経営権が制限さ
れていることから生じる不利益を解消することができる。

　これらのオプションが付与されると、多数株主であるX社はコール・オプ
ションを行使し、少数株主であるY社はプット・オプションを行使すること

で、それぞれ合弁会社を解消することができる【図表14-10】。すなわち、どちらか一方にとって、パートナーと合弁会社を運営することの意味が失われれば、それを解消する仕組みが保証されるのである。お互いが相手に満足し、その意義を納得できる場合にのみ、合弁会社は存続することになる。

（3）買収オプションとしての合弁会社

　買収を行う際に、それに合意した時点ですぐに取引を完了させるのではなく、途中のステップとして非対等JVを設立することがある。例として、X社がY社のD事業を買収するケースを考えてみよう。

　まず両社間で買収に合意する【図表14-11(a)】。しかし、ここですぐに取引を行うのではなく、買収対象となるD事業を共同で行う非対等JVを設立する。X社は多数株主、Y社は少数株主となり、それぞれに対し一定期間経過後に行使できるコール・オプションとプット・オプションが付与される【図表14-11(b)】。そして、この期間経過後に、X社がコール・オプション、もしくはY社がプット・オプションを行使すれば買収が完了する【図表14-11(c)】。

　ここで（b）に示されるステップは、買収を実行するための猶予期間として考えることができる。この期間中に特段の環境変化や方針変更がなければ、どちらかがオプションを行使して、予定どおり買収を行う。しかし、この期間中に何らかの事情でX社が買収する方針を見直し、Y社も売却を望まなくなった場合、双方がオプションを行使しなければ買収は実行されない。そのまま、非対等JVが存続することになる。

　このように、非対等JVを設立して猶予期間を設けることは、不確実性への対処として有効である。買収は実行してしまうと、その取引を戻すことはできない。しかし、非対等JVとしておけば、その後の選択肢が増える。当初は予測できなかった環境の変化に応じて、それに適した選択をすることが可能となる。オプションを行使すれば買収が完了し、行使しなければ非対等JVが継続する。親会社である両社が協議を行い、持株比率を見直すことも可能で、D事業の取り扱いを柔軟に決めることができる。

　非対等JVのステップを設けることは、これ以外にも買収に伴うリスクを減らす効果がある。X社とY社との間では、D事業に関する情報非対称性の

図表14-11　買収オプションとしての合弁会社

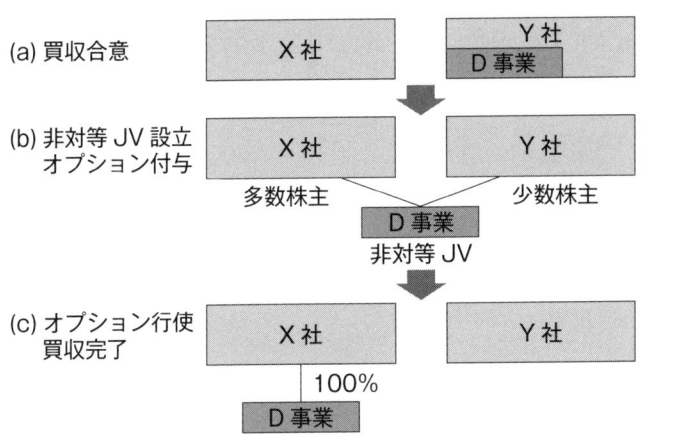

問題が生じる。Y社はその事業について十分な情報をもっているが、X社の
もつ情報は限られる。この情報量の違いによって、事業の価値が適性に評価
されないという問題である。そこで一定期間、この事業を合弁会社として共
同運営すれば、両社間の情報格差を小さくすることができる。これによっ
て、より適正な価格での取引を実現することができる。

　また、人質効果（Hostage Effects）というものもある。X社はD事業を買収
した後も、その事業運営において、引き続きY社の支援を必要とすることが
ある。しかし、Y社にとって、売却後にその事業の支援を行うインセンティ
ブはない。そこで合弁会社としてその事業を共同運営すれば、Y社も少数株
主として一定の支援をせざるを得なくなる。Y社にとって、買収が完了する
までは、D事業が人質に捕られている状態なのである。

　富士通による東芝の携帯電話端末事業の買収は、このようなステップを経
て行われた。2010年6月に両社は買収に合意し、2010年10月に買収対象で
ある東芝の事業を母体として、非対等JVの富士通東芝モバイル・コミュニ
ケーションが設立された。富士通の持株比率は80%、東芝のそれは20%で、
それぞれに対してコール・オプションとプット・オプションが付与された。
2012年4月に富士通はコール・オプションを行使し、合弁会社の100%株式

を取得して買収を完了した。買収に伴い、合弁会社は富士通の完全子会社となり、社名も富士通モバイル・コミュニケーションに変更された。

第 **15** 章

M＆A（統合・買収）
M＆Aとアライアンスをどのように使い分けるか

　M&Aはアライアンスとは異なる企業間結合である【図表15-1】。しかし、企業の外にある経営資源を対象にするという共通の特徴があるため、アライアンスに関する理論的考察、分析手法やプロジェクトの進め方など、これまで述べてきたことの多くがM&Aに対しても当てはまる。

　本章では、M&Aをアライアンス（契約的、資本的）と対比しつつ、どのような共通点があり、どのような相違点があるかについて整理する。パートナーの有する経営資源を必要とする時、それはM&Aによって獲得することもできれば、アライアンスによって活用することもできる。それぞれの手法を、どのように連携させ、どのように使い分けるべきかについて論じる。

　M&Aとアライアンスは、プロジェクトの進め方も基本的に同じである。ただ、M&Aを行う際にはアライアンスにはないリスクが伴う。いかにこのリスクを回避するかが、重要なポイントとなる。リスクを回避するための施策を中心に、M&Aプロジェクトの進め方について説明する。

1　M&Aとアライアンス

（1）M&Aとは何か

　M&AはMergers and Acquisitionsの略で、「統合・買収」と訳される。田村（2006）はM&Aを、「企業の外部に存在する事業に対しての支配権を取得すること」と定義している。この定義に使われている言葉を1つ1つ見ていくと、M&Aとアライアンスの共通点と相違点が理解できる。まず、「企業の外部に存在する」という点について、これはアライアンスと共通である。M&Aとアライアンスいずれも、自社が保有しない、社外のパートナーが保有する経営資源を対象とした取引だからである。

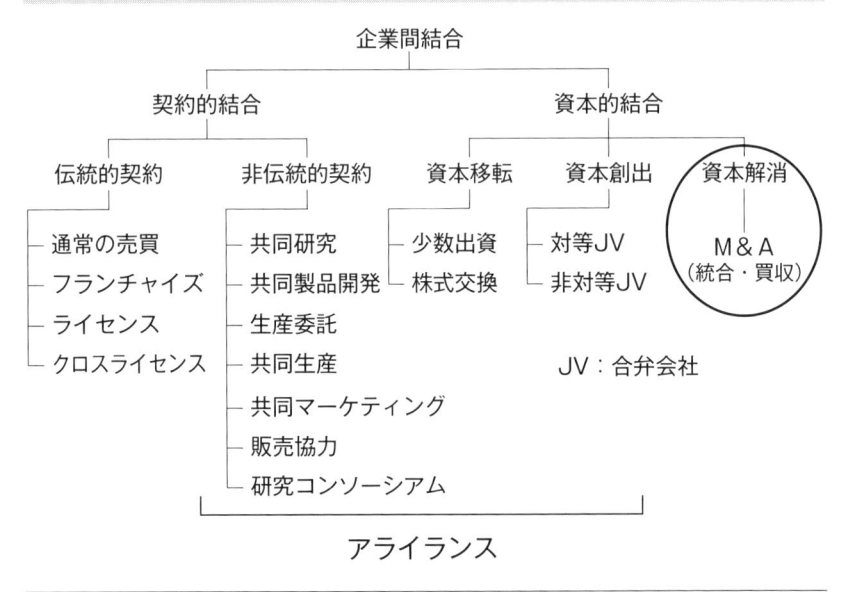

図表15-1　M&Aの位置づけ

　次に、「事業に対しての」という点である。事業は様々な経営資源のセットとして捉えることができる。技術資源、生産資源、人材資源など事業に必要な経営資源は色々とあるが、このいずれかが欠けても事業は成立しない。それらがセットとして揃っていることが、事業の前提である。そして、M&Aが対象とするのは、これら経営資源のセットとしての事業なのである。これに対してアライアンスが対象とするのは、個々の経営資源である。技術ライセンスでは技術資源、生産委託では生産資源というように、アライアンスごとに対象とする経営資源が異なる。多くの経営資源を対象とするアライアンスもあるが、それは個々のアライアンスの組み合わせと考えるべきであろう。このように、経営資源のセットを対象とするか、個々の経営資源を対象とするかが、M&Aとアライアンスの相違点である。

　「支配権を取得する」という点も、M&Aの特徴を示している。パートナーが保有する経営資源は、M&Aを行うことで、自らが所有すなわち支配するものとなる。これに対してアライアンスでは、対象とする経営資源をパートナーが保有し続ける。アライアンス期間中はそれらの経営資源を活用でき

取引内容＼取引対象	企業	事業
統合 (Mergers)	企業統合 (経営統合)	事業統合
買収 (Acquisitions)	企業買収	事業買収

るが、アライアンスが終了したら使用を続けることはできない。自らが所有し支配するものではないからである。このように、取引の対象となる経営資源を所有するか、あるいは所有せずに活用するかが、M&Aとアライアンスのもう1つの相違点である。

(2) 企業のM&Aと事業のM&A

　M&Aの取引内容には統合と買収の2つがあるが、取引対象についても個々の事業か、事業の集合体としての企業か、という2つが考えられる。取引内容と取引対象を組み合わせると、M&Aには4つのパターンがあることになる【図表15-2】。

　企業どうし（X社とY社）が統合して、1つの企業になることが企業統合である【図表15-3】。経営統合という言葉が使われることもある。新日本製鉄と住友金属工業が統合して、新日鉄住金が誕生したのはこの事例である。これに対して、一方の企業（X社）が他方の企業（Y社）を買収するのは、企業買収である。X社はY社の株式を取得するが、これは必ずしも100%である必要はない。過半数の株式を取得するなどして、実質的な経営権を得ることができれば企業買収となる。武田薬品工業がスイスの医薬品メーカーであるナイコメッドを買収した事例は、企業買収である。武田薬品工業はナイコメッドの全株式を取得して、完全子会社とした。

　企業どうし（X社とY社）が、それぞれの事業（A事業）を統合するのが事業統合である【図表15-4】。この結果、X社とY社はA事業を行う合弁会社を

図表15-3　企業統合と企業買収

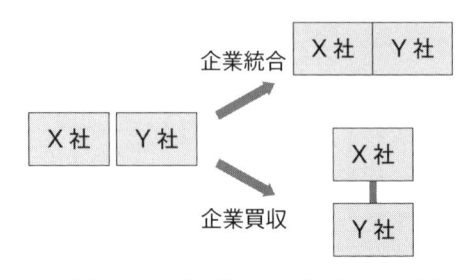

図表15-4　事業統合と事業買収

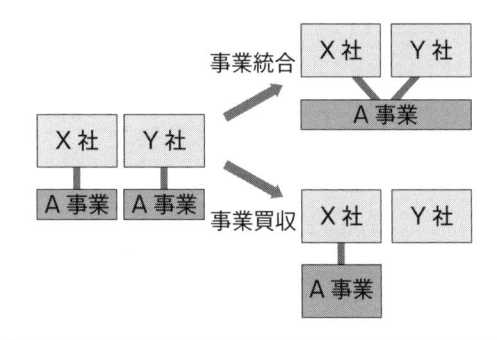

設立することになる。すなわち、この取引はM&A（事業統合）であると同時に、資本的アライアンス（合弁会社）でもある。日立製作所と三菱重工業が、それぞれの電力システム事業を統合させて三菱日立パワーシステムズを設立したのは、事業統合の事例である。これに対して、一方の企業（X社）が他方の企業（Y社）の事業（A事業）を買収するのは、事業買収である。事業買収によって、Y社のA事業はX社の事業となる。事業買収の事例としては、日本電産がエマーソン（米国）のモーター事業を買収したケースが挙げられる。

（3）3つの選択肢

　これまで述べてきた様々な企業間結合を整理すると、契約的アライアンス、資本的アライアンス、M&Aの3つに分類することができる【図表15-5】。

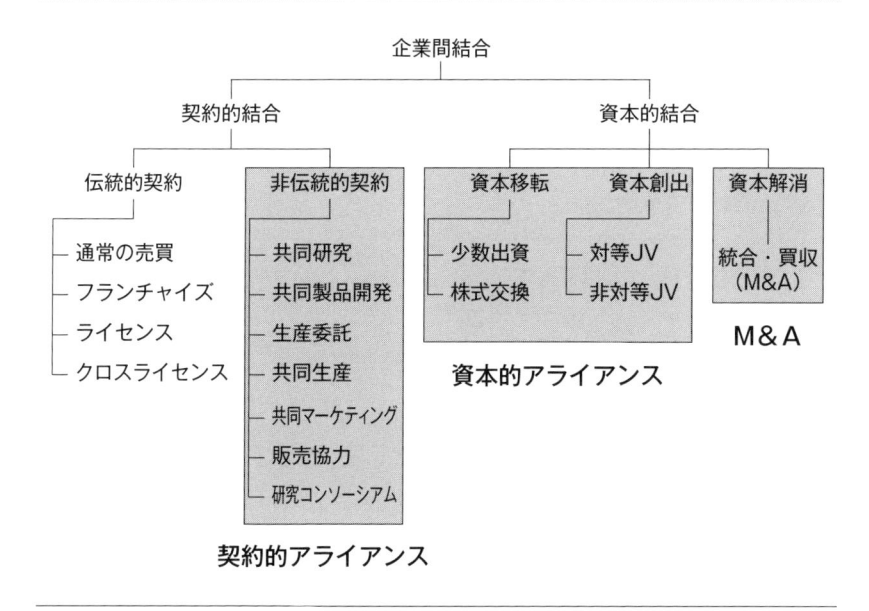

図表15-5　3つの選択肢

企業間結合

契約的結合　　　　　　　　　資本的結合

伝統的契約　　非伝統的契約　　資本移転　　資本創出　　資本解消

— 通常の売買　　— 共同研究　　— 少数出資　　— 対等JV　　統合・買収
— フランチャイズ　— 共同製品開発　— 株式交換　　— 非対等JV　　（M&A）
— ライセンス　　— 生産委託
— クロスライセンス　— 共同生産　　　　　　　　　　　　　　　　M&A

　　　　　　　— 共同マーケティング　　資本的アライアンス
　　　　　　　— 販売協力
　　　　　　　— 研究コンソーシアム

　　　　契約的アライアンス

すなわち、パートナーの保有する経営資源を必要とする時、大きく括って3つの選択肢があることになる。これらを戦略的にどのように使い分けるかは次節で論じるが、その前にここでは、それぞれの選択肢のメリットとデメリットについて整理しておこう。

　3つの選択肢を評価するにあたり、(a) 柔軟な見直しができるか、(b) 資金的な負担を軽くできるか、(c) 経営資源を自由に活用できるか、(d) 迅速な事業判断を行えるか、の4つの視点を取り上げて比較してみよう【図評15-6】。

　まず、柔軟な見直しについてである。契約的アライアンスでは、契約書を修正することで、比較的柔軟に取引を見直すことができる。それに対して、M&Aでは取引が完了したら、その見直しを行うことは難しい。後戻りできない取引であり、柔軟性は低いと言わざるを得ない。資本的アライアンス（合弁会社）では見直しや解消は可能であるが、会社の存続を前提とした投資や雇用が行われるため、見直しや退出のコストは大きい。従って、契約的

	契約的アライアンス	資本的アライアンス	M&A
(a) 柔軟な見直しができるか	○	△	×
(b) 資金の負担を軽くできるか	○	△	×
(c) 経営資源を自由に活用できるか	×	△	○
(d) 迅速な事業判断を行えるか	×	△	○

（○：できる　　△：中間　　×：できない）

アライアンスと比べれば見直しの柔軟性は低く、契約的アライアンスとM&Aの中間に位置すると評価して良いであろう。

　次に、資金的な負担はどうであろうか。契約的アライアンスの負担は一般的に軽い。お互いの合意に基づいて、負担のない枠組みを契約で取り決めることが可能である。それに対して、M&Aではパートナーを買収するため、相当額の買収資金が必要となる。資本的アライアンスでは合弁会社を設立・運営するため、契約的アライアンスと比べた場合の資金負担は重い。しかし、パートナーと折半するため、単独で行うM&Aに比べれば負担は軽くなる。

　経営資源の自由度も、選択肢によって差がある。契約的アライアンスでは、パートナーが保有する経営資源を活用するため、その使用に対して様々な条件や制約が課される。従って、経営資源を使用するにあたっての自由度は低い。それに対してM&Aを行えば、経営資源は自らの所有となり、自由に何の制約もなく使用することができる。すなわち、完全な自由度が得られる。資本的アライアンスでは、合弁会社をパートナーと共同運営するので、契約的アライアンスより自由度は増すものの、M&Aのような完全な自由度はない。

　迅速な事業判断が行えるかどうかは、経営資源の自由度と関連している。

自由度が高ければ、自らの意に沿って迅速な意思決定が可能となる。逆に自由度が限られていれば、パートナーの了解を得ながら事業を行うため、判断に時間がかかる。従って、M&Aでは自由に迅速な対応が可能であるが、契約的アライアンスでは迅速さが妨げられる。資本的アライアンスはその中間に位置づけられるであろう。

2　M&Aとアライアンスの選択

（1）事業のコア度

　企業の外にある経営資源を必要とする時、アライアンス（契約的、資本的）とM&Aのいずれの方法を選択しても、その目的を達成することができる。しかし、上に示したように、それぞれの選択にはメリットとデメリットがある。いずれの方法を用いるかは、そのメリット・デメリットを考慮しながら、戦略的に判断しなければならない。M&Aを行うべきなのにアライアンスを選択してしまう、アライアンスで良いのにM&Aを選択してしまう、などは誤った判断である。本節では、アライアンス（契約的、資本的）とM&Aのいずれを選択するか、その判断の根拠となるいくつかの考え方を紹介する。

　第7章で述べたように、事業のコア度が高ければ、そこに使われる経営資源の支配度も高くなければならない。コア度が高いということは、重要な事業ということである。重要な事業に用いる経営資源が、パートナーによってコントロールされ、その使用が制約されることがあってはならない。自らの意思で自由に使用し、迅速な事業判断ができなければならない。従って、コア度が高い事業を対象とする場合は、経営資源の獲得を目的として、M&A（買収）を選択する必要がある【図表15-7】。

　コア度がそれほど高くない事業が対象となる場合は、その程度に応じて、様々なアライアンス形態が考えられる。そこでは、経営資源を支配することよりも、リスクを避けるという点を重視する。M&Aは見直しができない、資金負担が大きいなど、リスクの大きい取引である。コア事業でないにもかかわらずM&Aを選択することは、企業を不必要なリスクにさらすことにな

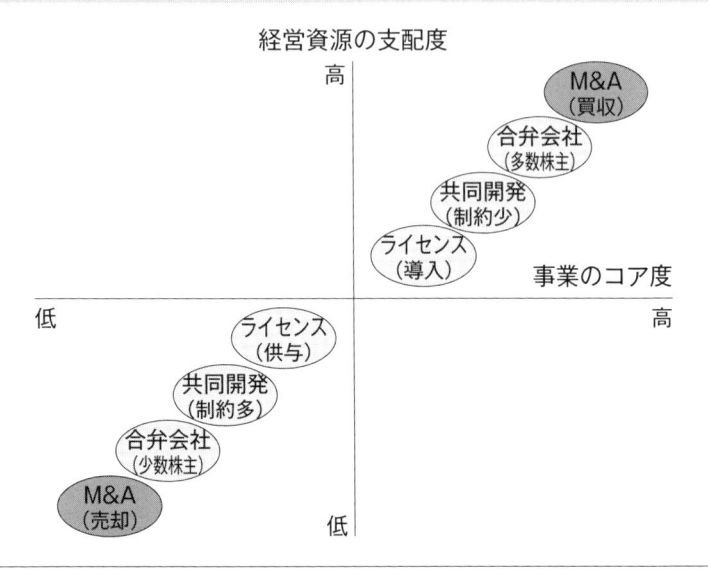

り、適切な判断とは言えない。

　コア度が非常に低い場合、すなわち重要でない事業の場合は、経営資源を自らが保有しコントロールする必要はない。従って事業の売却が選択肢となるであろう。

(2) シナジーのタイプ

　パートナーと連携して追求するシナジー（相乗効果）のタイプに基づいて、アライアンス（契約的、資本的）とM&Aの選択を行う、という議論を紹介しよう（ダイヤー，ジェフリー，ケール＆シン，2005）。シナジーの生まれ方には3つのタイプがある。すなわち、(a) モジュール・シナジー（個別型シナジー）、(b) シーケンシャル・シナジー（一方向型シナジー）、(c) レシプロカル・シナジー（双方向型シナジー）の3つである。それぞれのシナジーのタイプに応じて、それを生み出すのにふさわしい企業関係が考えられる。

　モジュール・シナジーは、双方の企業（X社、Y社）が個別に業務を行い、その成果を組み合わせることで生まれるシナジーである。例えば、航空会社

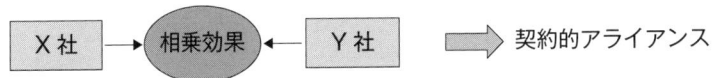

図表15-8　3つのタイプのシナジー

(a) モジュール・シナジー（個別型シナジー）

X社　→　相乗効果　←　Y社　⇒　契約的アライアンス

(b) シーケンシャル・シナジー（一方向型シナジー）

X社　→　Y社　→　相乗効果　⇒　資本的アライアンス

(c) レシプロカル・シナジー（双方向型シナジー）

X社　←→　相乗効果　←→　Y社　⇒　M&A

ダイヤー，ジェフリー，ケール＆シン（2005）を参照して筆者作成

　2社が、いずれの航空便に搭乗してもマイレージを加算できるようにしたとする。これは顧客にとっての利便性を増し、それによって利用客数の増加が期待できる。このシナジーは、X社とY社が共同作業して生まれるものではなく、単に共同便の設定やマイレージ共通化の取り決めを行った結果に過ぎない。このようなシナジーを生み出すには、その取り決めを契約書で確認すれば十分であり、それ以上の連携は必要ない。すなわち、三つの選択肢の中からは、契約的アライアンスが適切な選択となる。

　シーケンシャル・シナジーは、まず一方の企業（X社）がある業務を完了し、それを他方の企業（Y社）が受け取り、自らの事業に活かすことで生まれるシナジーである。例えば、液晶パネルメーカーがパネルを生産し、これを用いて液晶テレビメーカーがテレビを生産するケースである。両社が緊密に連携することで生産が効率化し、品質の良い製品が生まれる。このようなシナジーを生み出すには、契約書を取り交わすだけでは不十分で、両社間で円滑な受け渡しや、しっかりとした相互監視を行う必要がある。そのためには、共同で運営する合弁会社を設立するなど、資本的関係をもったアライアンスが好ましい。

　レシプロカル・シナジーは、双方の企業（X社とY社）が知識を共有化し、

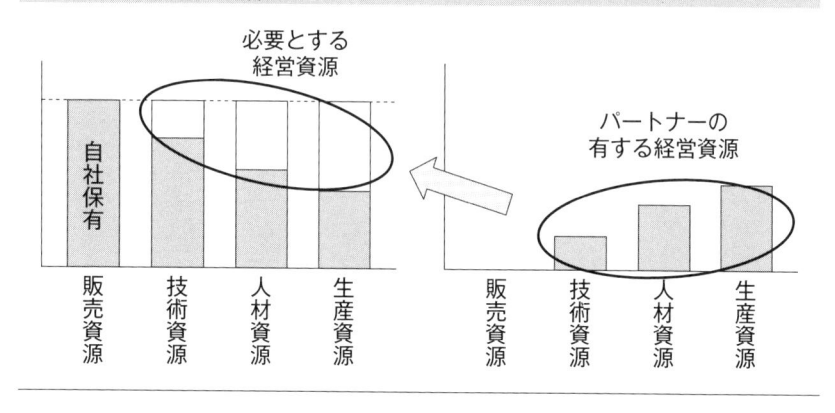

図表15-9　経営資源の適合

一体となって業務を行うことで生まれるシナジーである。小売業者どうし
が、店舗展開、顧客管理、仕入れシステムなどを統一し、これによって業務
の効率化を図る場合を想定しよう。より大きなシナジーを生み出すために
は、双方の経営資源を足し合わせるだけは不十分である。それらを完全に融
合するために、細かい調整も含めたカスタマイズを行う必要がある。そのた
めには、アライアンスではなく、両社の強固な一体化を目指すM&Aの方が
適切である。

　以上の関係を整理したものが、**図表15-8**である。シナジーのタイプに応
じて、アライアンス（契約的、資本的）かM&Aかの選択が行われることに
なる。

（3）経営資源の適合

　アライアンスかM&Aかの選択のもう1つの考え方が、経営資源の適合で
ある。アライアンスもM&Aも、自社に不足している経営資源をパートナー
から入手する手法である。その際に、必要とする経営資源とパートナーが有
する経営資源とが、どのように適合しているかに留意する必要がある。

　もし、**図表15-9**に示すように、必要とする経営資源とパートナーの有す
る経営資源とが良く適合している場合には、パートナーをM&A（買収）の
対象として考えることができる。M&Aを行えば、パートナーの有する経営

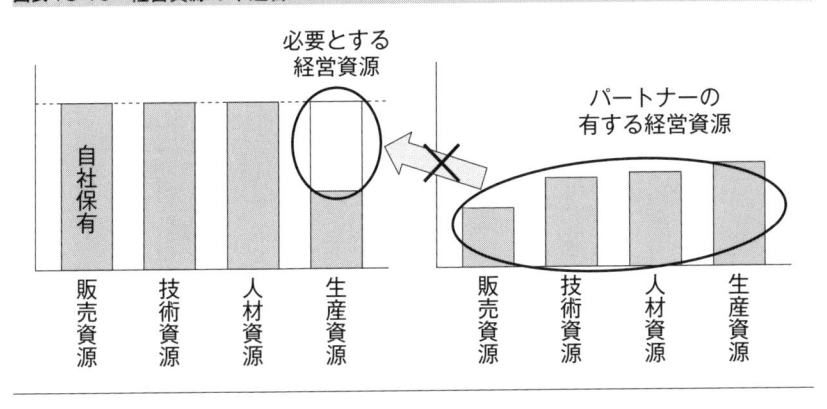

図表15-10　経営資源の不適合

資源すべてを、セットとして獲得することができる。すべてを必要としているのであれば、個々の経営資源を別々のアライアンスを通して活用するよりも、セットとして獲得する方が効率的である。経営資源間の繋がりも活かしながら、最適化された組み合わせとして、それらを導入することができる。

しかし、**図表15-10**に示すように適合していない場合は、M&Aは適切な選択肢とは言えない。パートナーの有する経営資源すべてを獲得すると、そのうちあるものは不要となり、それらを処分するためのコストが生じるからである。必要とする経営資源のみを活用できれば良いのであるから、それにふさわしいアライアンスを行えば十分である。**図表15-10**に示した例では、必要とするのは生産資源のみであるから、パートナーに生産委託を行えば良いのである。

3　M&A実践の基本ステップ

M&Aを進めるプロセスや手法については、専門書や実務書が数多く出版されているので、ここでは特にアライアンスの実践プロセスと対比させつつ、その概要を述べるにとどめる。M&Aはアライアンスと同様、企業の外にある経営資源を必要とし、それを入手するために行う施策である。従って、M&Aを実践する基本ステップは、第7章で述べたアライアンスのそれ

図表 15-11　M&A実践の基本ステップ

① M&A 戦略の立案　② ターゲットの選定　③ M&A 条件の交渉　④ 基本合意・公表　⑤ デューデリジェンス　⑥ M&A 契約書の締結

⑦ ポスト・マージャー・インテグレーション

と基本的に同じである【図表15-11】。

（1）M&A戦略の立案

　最初のステップはM&A戦略の立案である。M&Aとアライアンスとの基本的相違は、アライアンスが特定の経営資源を対象として行われるのに対して、M&Aは経営資源のセットとしての事業が対象となる点である。従って、このステップでは、社外から獲得する事業を特定することになる。そして、アライアンスの場合と同様、事業ポートフォリオ分析を行い、企業にとってその事業の位置づけを明らかにする。

　企業価値への貢献や全社戦略との整合の視点からその事業の重要性を評価し、コア度が高い事業であると判断された場合には、M&A（買収）を選択する。コア度がそれほど高くなければ、M&Aではなくアライアンスを選択すべきである。逆に、事業のコア度が非常に低いと判断された場合には、その事業を保有している意味がない。M&A（売却）の対象として検討することになるであろう。

（2）ターゲットの選定

　M&Aのターゲットとなる企業の選定基準も、アライアンス・パートナーの選定基準と同様である。その企業を買収することが、戦略的な目的にどの程度合致しているかという視点から、戦略適合性を評価する。必要とする経営資源の充足レベルが高く、また多くの事業効果が期待できるなら、その企

業は戦略的に適合しているため、買収ターゲットの候補となる。また、アライアンスの場合と同様、企業文化の適合性にも留意しなければいけない。特にM&Aの場合は、双方の企業が一体となるわけであるから、そこに企業文化の不一致があると、その後の事業運営の障害となり得る。ターゲット選定の段階で、その適合性について十分な評価を行う必要がある。

　もっとも、今まで全く付き合いのなかった企業について、戦略の適合性や企業文化の適合性を正しく評価することは難しい。アライアンス・パートナーの選定で慣性があるのと同様、M&Aのターゲット選定においても、従来からの関係を発展させてM&Aに進むというパターンが見られる。例えば、アライアンスのパートナーとして共同のプロジェクトを行い、時間をかけて信頼関係を築く。相手の適合性を見極めつつ、機が熟した段階で買収を行うのである。アライアンス・プロジェクトの延長として取り組めば、買収後の事業統合もスムーズにいくであろう。

(3) M&A条件の交渉

　条件交渉の進め方も、アライアンスとM&Aとで大きな相違はない。ただ、M&Aはアライアンスと比較して、複雑でリスクが大きい取引である。そのため、交渉の争点はより多岐にわたる。M&A交渉のハイライトの1つは、買収価格の決定であろう。買収対象となる事業の対価を協議することになる。

　通常、事業の対価を評価する際には、DCF（割引キャッシュ・フロー）法、類似取引比較法、清算価値評価法など、いくつかの異なる手法が用いられる。DCF法は、その事業が将来生み出すキャッシュ（現金）の現在価値に基づいて、買収価格を算出する。類似取引比較法は、過去に行われた類似案件の買収価格を参考にして、事業の収益性の違いなどを考慮して妥当な価格を算出する。清算価値評価法は、その事業を清算すると仮定して、その残存価値がいくらであるかによって買収価格を決めるものである。

　このように、複数の方法を用いて買収価格を算出したうえで、それらを総合的に勘案して合意点を見出す。通常は、売り手と買い手の試算値が大きく乖離するため、その間で熾烈な交渉が行われる。相手に対して説得力のある

論拠を示しつつ、相手の主張を論破していかなければいけない。投資銀行や証券会社などのファイナンシャル・アドバイザーが、交渉を支援することも多い。

（4）基本合意と公表

　M&Aの契約書もアライアンスの場合と同様、守秘義務契約書、趣意表明書、覚書き、正式契約書、と段階的に進めていく。覚書きでは、買収価格などM&Aの基本条件が合意される。多くの場合、この段階でその事実を対外的に公表する。通常、覚書きは法的拘束力がなく、また正式契約書の交渉もこれからなので、詳細条件はほとんど決まっていない。しかし、それでもこの段階で公表するのは、覚書きの締結が企業として重要な意思決定をしたことを意味するからである。すなわち、覚書きにはM&Aの基本条件が確認されており、それを前提にM&A成立に向けて協議を進めていく、という判断が行われたのである。

　買収はリスクの大きい取引であり、企業の経営に対して大きな影響を与える。そのような重要な判断を行った以上、経営の透明性という観点からも、その事実を公表する必要がある。特に上場企業に対しては、重要な経営判断を行った場合、それを速やかに公表しなければいけないという適時開示が、証券取引所が定める規則として義務づけられている。

（5）デューデリジェンス

　M&Aにおいて、事業の売り手と買い手との間には情報非対称性が存在する。すなわち、その事業に関して売り手は多くの情報をもっているのに対して、買い手のもつ情報は限られる。この非対称性が存在すると、買い手は事業の価値を低く評価し、またリスクに対して過大な保護を求めようとする。それは交渉を厳しいものとし、正式契約書の合意を困難にする。

　この情報非対称性の解消を目的として、買い手が売り手の事業所に出向き、対象事業に関して人材、営業、財務、法務、環境、ITなども含め、詳細な現地調査を行うことがデューデリジェンスである。これによって、買い手は対象事業についての情報を収集し、認識を深める。事業に必要な経営資

源が確かに存在し、それが期待するレベルのものであることを、実際に目で見て確認するのである。

　アライアンスでは、デューデリジェンスを行うことは稀である。これはアライアンスの対象となる経営資源は引き続きパートナーの所有物であり、仮にそれが期待はずれであったとしても、その使用を中止することで対処できるからである。しかし、M&Aの場合は、対象とする事業を自らが所有することになる。もし何か問題が起きれば、それは自らの責任で対処しなければいけない。M&Aを行う前に、そのようなことが起きないことを確認する必要があるのである。

(6) M&A契約書の締結

　次のステップは正式契約書の締結である。デューデリジェンスの結果、対象事業やその経営資源に何か問題が見つかった場合、覚書きで合意した対価や他の条件を見直すこともある。極めて深刻な問題が明らかになった場合は、M&Aそのものを白紙にすることもあり得る。そのようなことがなければ、覚書きで合意した条件に基づいて正式契約書が締結される。

　正式契約書における重要条項の1つに表明・保証というものがある。これは、売り手が対象事業に関する様々な事実を表明し、もしその事実に誤りがあった場合、あるいは表明されない隠された重要事実（例えば、不良債権や簿外債務など）があった場合、買い手に生じた損害を補償するという条項である。対象事業に関する情報量が限られる買い手として、「知らないこと」に起因するリスクを避けるため、売り手によるこの保証は必須である。

　デューデリジェンスを行うことで、「あるべきものがある」ということを買い手は確認することができる。しかし、「あってはいけないものがない」ということを確認することはできない。これに対処するのが表明・保証の条項である。デューデリジェンスと表明・保証は補い合って、M&Aにおける情報非対称性の問題を解決する仕組みなのである。

(7) ポスト・マージャー・インテグレーション（PMI）

　正式契約書が締結されると、株主総会の承認や許認可の取得など必要な手

続きを経て、M&Aが成立する。これをM&Aのクロージングと言う。ここからが、M&Aプロジェクトのスタートである。買収した事業を自らの事業と統合し、一体となった事業の価値を高めるための取り組みが行われる。M&A成立後に行われるこのような統合プロセスを、ポスト・マージャー・インテグレーション（PMI）と言う。これまで独立していた2つの経営システムを、ベクトルの揃った首尾一貫した1つの経営システムへと統合していくプロセスである。

　アライアンスは期間が定められ、プロジェクトは必ずどこかで終わりを迎える。それに対して、M&Aは終わりのないプロジェクトである。アライアンスにあった終結というステップは、M&Aにはない。統合した事業から最大限の価値を生み出すよう、継続的な取り組みが必要となる。そして長期的な戦略目標が達成され、安定的な価値の向上が実現した時に、M&Aは成功したと言えるのである。

第 16 章

グローバル・アライアンス
パートナーの多様性をどのように活かすか

　グローバル・アライアンスとは、国境を超えて行われるアライアンス、すなわち外国企業をパートナーとするアライアンスのことである。市場がグローバル化する中、企業活動もグローバル・レベルで行われる。生産性の高い国に工場を建設し、イノベーションが活発な国に開発拠点を設ける。成長する新興国市場に販売チャネルを構築し、世界各国から優秀な人材を採用する。このように、グローバルな視点から事業を最適化することが求められる。

　アライアンスも同様である。優れた経営資源を有する企業を、世界中から探し出す。そして、国内企業か外国企業かを問わず、最適なパートナーと連携する。もちろん、外国企業をパートナーとする場合には、国内企業にはない難しさがある。企業文化や国の制度の違い、コミュニケーションの難しさなど、乗り越えなければいけない課題は多い。

　本章では、まずグローバル・アライアンスにおける企業文化の問題を取り上げる。特に、外国企業との企業文化の相違が、アライアンス運営を困難にする背景について論じる。次いで、外国企業のもつ能力や視点の異質性に注目する。自社にはないユニークな能力や視点を積極的に活用することが、優れたアライアンス成果に繋がることを示す。最後に、パートナー間の多様性がアライアンス成果に与える影響と、そこでアライアンス・ガバナンスが果たす役割について、実証的に分析した研究を紹介する。

1　グローバル・アライアンスと企業文化

(1) 企業文化の多様性

　アライアンスが失敗する原因としてしばしば指摘されるのは、パートナー

間の企業文化の相違である。新しいことへのチャレンジを尊ぶ企業が、リスク回避を重視する企業をパートナーとしたら、アライアンスを成功させることは難しいであろう。この対極的な2つの企業文化が、1つのアライアンスの中で相容れないことは容易に推察できる。企業文化が異なると、パートナーは異なる問題を認識し、また同じ問題に対して異なる対応をとる。これが誤解の原因となり、お互いの間に不信感を生み出す（Kumar & Anderson, 2000）。さらに、異なる文化をもつ企業どうしが結びつくことは、機会主義的な行動や利害対立の可能性を大きくする。これが信頼関係の構築を妨げ、アライアンスの運営をぎくしゃくしたものにする（Kumar & Nti, 2004）。

　企業文化とは企業組織のメンバーに共有された考え方、価値観や行動パターンのことである。それは同じ組織内で、時間や経験を共有することによって形成される。すなわち、企業文化は組織固有のものであり、企業ごとに特徴がある。しかし、企業文化が形成される背景には、その企業が所在する国や地域に固有の、より広く深い文化的基盤が存在する。「日本の企業文化」や「欧米の企業文化」と表現されるように、企業文化は国の文化の上に成り立ち、その影響を強く受けて形成される。

　従って、グローバル・アライアンスでは、国内企業どうしのアライアンスと比べて、パートナー間の企業文化が異質で多様になる。これがグローバル・アライアンスの運営を困難で不安定にする。

（2）企業文化と信頼

　Gill & Butler（2003）は、グローバル・アライアンスの不安定さを引き起こす文化的要因として、信頼に関する考え方の相違を指摘している。彼らは、自動車業界におけるグローバル・アライアンスの事例分析を行い、欧米、日本、中国の企業文化の相違が、アライアンスにどのように影響するかを論じている。パートナー間に信頼関係を築くことが、安定したアライアンスの運営にとって重要であることは論をまたない。しかし、信頼に対する考え方は、各国の企業文化の間で隔たりがある【図表16-1】。

　例えば、欧米の企業文化における信頼とは、人間関係よりもむしろ、契約書の取り決めや所有権の帰属に依拠する。契約書を遵守しないこと、所有権

	欧米の企業文化	日本の企業文化	中国の企業文化
信頼の依拠	・契約書の取り決め ・所有権の帰属	・誠実／信用度 ・人間関係	・家族・血縁関係 ・Kang－Ching/ 　Guanxi
信頼の構築	・打算 ・短期的便宜	・話し合い解決 ・長期的関係	・継続的交流 ・支援の経験

Gill & Butler（2003）を参照して筆者作成

を尊重しないことは、信頼の失墜に繋がる。また、信頼関係を築くにあたって、利害に基づく打算や短期的便宜が影響を与えることも多い。

　これに対して、日本の企業文化の中で信頼が依拠するのは、誠実さ、信用度、あるいは緊密な人間関係である。信頼関係を築くうえで、利害対立を法的に処理するのではなく、誠意をもった話し合いの中で解決していくこと、また絶えず長期的関係を志向することが重視される。

　中国の企業文化において信頼を考える際には、家族や血縁など、人間関係の特殊性が重視される。このような特殊な縁がない場合には、ビジネスを行う相手との間に"Kang-Ching（共有感情）"や"Guanxi（人間関係）"が存在することが不可欠である。このような感情は何回も交流を繰り返し、支援し合う経験を積み重ねることによって築かれる。

　このように各国の企業文化の中で、信頼に対する考え方、信頼関係の築き方、信頼を損ねる要因が異なる。この相違が、グローバル・アライアンスの運営を難しくする。例えば、プロジェクトを進めていく際に、一方の企業は契約書の取り決めを拠り所とし、それに沿った判断がされるべきと考えていたとする。もし他方の企業が、その時々の状況に応じて話し合いながら判断することを当然と考えていたら、プロジェクトの運営はスムーズにいかないであろう。

　このアプローチの違いは、信頼の根拠をどこに置くかの相違に起因する。一方の企業は契約書であり、他方の企業はお互いの関係なのである。それぞれ、自らの信頼の根拠を当然と考え、相手もそれに従って判断するものと期

図表16-2　企業文化と成果

	欧米の企業文化	日本の企業文化	中国の企業文化
成果として重視されるもの	・株主の満足 ・収益性 ・投資回収率 ・短期的財務指標	・顧客の満足 ・良好な関係 ・市場シェア ・売上高	・短期的収益 ・柔軟な対応 ・リスク回避 ・長期コミット回避

Gill & Butler（2003)を参照して筆者作成

待する。しかし、その期待どおりにはならない。自らの信頼の根拠が受け入れられないと、しだいに相手に対する不信感が生まれる。その結果、お互いに疑心暗鬼となり、アライアンス関係は不安定なものとなる。

(3) 企業文化と成果

　アライアンスは、パートナー間で共通の成果を目指して形成される。従って、何をもって成果とするかの認識が一致していることは、安定したアライアンス運営のために重要である。しかし、異なる文化的基盤をもつパートナー間では、この成果に対する認識にも相違が生まれる【図表16-2】。

　Gill & Butler（2003）によれば、欧米の企業文化のもとでは、株主の期待に応えることが最も重要な経営指針とされる。従って、収益性や投資回収率など、比較的短期に評価される財務指標が成果として重視される。

　それに対して、日本の企業文化のもとでは、より長期的な視点が重視される。顧客の満足や従業員の雇用維持、サプライヤーとの良好な関係など、いずれも短期に成果が現れるものではない。時間をかけて着実に成果を築いていくことが評価される。

　中国の企業文化のもとでも、短期的収益などの財務指標が重視される。また、柔軟な対応を行うことやリスクを回避すること、さらに特殊な縁がない人との間には長期的なコミットをしないことなども、成果に繋がる行動として評価される。

　このように、成果についての認識の隔たりや、それを目指したアプローチの違いは、グローバル・アライアンスの運営を難しくするもう1つの要因で

ある。一方の企業が短期的な収益改善を優先して投資を抑制しようとし、他方の企業が長期的成長を重視して投資拡大を主張したとしたら、両社のアライアンスは目指すべき方向を決められないであろう。このような目標の食い違いが、異なる企業文化のもとでは生じやすい。仮に方向が定まったとしても、どちらか一方がその結果を成果として認識できなければ、アライアンスを継続する意欲が失われる。その結果、アライアンス解消へのプレッシャーが強まることになる。

2 グローバル・アライアンスとパートナー間多様性

(1) 能力の多様性

前節では、グローバル・アライアンスにおけるパートナー間の企業文化の相違が、信頼や成果に対する認識の齟齬を生み出し、アライアンスの運営を不安定にすることを述べた。このような不安定さは、アライアンスの成果を阻害するはずである。そうであれば、グローバル・アライアンスは国内アライアンスと比べて、良好な成果を生むことが難しいと考えられる。実際はどうなのであろうか。

グローバル・アライアンスと国内アライアンスとの成果について、いくつかの研究がその比較を行っている。実はその多くが、グローバル・アライアンスの成果の優位性を指摘しているのである。例えば、McCutchen, Swamidass & Teng（2008）は、バイオ業界で行われたアライアンスの調査を行い、グローバル・アライアンスの方が国内アライアンスよりも、全般的な成果が良好であることを報告している。Olk（1997）は研究開発コンソーシアムを対象とした調査を行い、それが国際的に行われる方が、メンバーを国内企業に限定したものよりも、優れた研究成果を生み出していることを明らかにしている。さらに Garette & Dussauge（2000）は欧州企業が行ったアライアンス事例を分析し、国内・域内企業とのアライアンスに比べ国外・域外企業とのグローバル・アライアンスの方が、新たな能力構築や市場拡大に成功していると主張している。

これらの研究で強調されているのは、アライアンスにおける異質で多様な

能力の融合である。特に研究開発などの技術アライアンスでは、パートナーの有する能力と自らのそれとを組み合わせて、単独ではなし得ない新たな知識やイノベーションを創出することが、成功の鍵となる。グローバル・アライアンスでは、技術的・地理的に距離のあるパートナーと連携し、国ごとの能力や知識の違いを活かすことが可能となる。自国の優位のみに立脚せず、世界中から多様な能力・知識を入手、活用することで、グローバル・レベルでの優位性に繋げることができる。

　グローバル市場へのアクセスを目指す販売アライアンスでも、異質な能力の融合は重要である。販売チャネルやマーケティング・ノウハウには地域特殊性がある。ある地域で競争力がある販売資源でも、他の地域では競争力をもたない。グローバル市場をカバーするためには、それぞれの地域で競争力をもつ企業どうしが、国を跨いで連携する必要がある。

　このようにパートナーが有する能力が多様であるほど、それらが補完的に結びつくことで、良好なアライアンス成果に繋がる。グローバル・アライアンスでは異なる国の企業が参加するため、多様な能力の融合を図ることができる。これは、同質的な能力を有する国内企業どうしのアライアンスにはない特徴と言えるであろう。

(2) 視点の多様性

　アライアンス成果を左右するもう1つの要因として、問題解決に取り組む際の、視点の多様性がある。様々な異なる視点や発想を融合させることで、困難な問題を解決できることがある。グローバル・アライアンスではパートナーが、それぞれの社会や文化に根差した異なる視点を持ち寄るので、国内アライアンスにはない効果を期待することができる。

　このことを示すものとして、東芝、IBM（米国）、シーメンス（ドイツ）の3社が、1990年代に行った共同開発プロジェクトの事例がある（Shinozaki, 1997）。最先端の半導体技術を開発するために、200名を超える3社の技術者が、米国ニューヨーク州にあるIBMの開発拠点に集結した。日米欧の世界3極の有力企業が連携するという、過去に例を見ない、大規模なグローバル・アライアンスの取り組みが行われた。

このプロジェクトでは、効率良く研究課題を解決していくために、「See-Think-Plan-Do」サイクル（一般的にはPDCAサイクルと言われるもの）に従って、作業が進められた。ただ、このサイクルを回していく際に、各社の重点の置き方が異なっていた。東芝のアプローチは、「See」を重視する。行動を起こす前に、現象を詳細に観察する。何よりも、状況を正確に把握することを心掛ける。一方、IBMが重視するのは、同社のブランド名にもなった「Think」である。何かを始める前に、徹底的に考え抜く。十分に納得できたら次のステップに進み、納得できなかったら現象に立ち返る。そして、シーメンスは「Plan」を重視する。企画立案に長けており、状況の変化に応じて新しい計画を次々と繰り出す。その実現に向けてフォローすることも得意である。

　このような各社のアプローチの違いは、問題解決に取り組むにあたり、何を重視するかという、視点の相違に基づくものである。観察することで問題の本質を見抜くか、考えることで解決の糸口を見出すか、あるいは計画することで課題を着実に乗り越えていくか、それぞれに固有の取り組み方がある。本プロジェクトでは、3社がそれぞれ「See 」、「Think」、「Plan」の視点を持ち寄り、チームとしてそれらを組み合わせながら問題解決に取り組んだ。そして、「Do」は3社が歩調を合わせて一緒に実行する。これによって、「See-Think-Plan-Do」が完成し、このサイクルが強力に推進された。こうして、困難な研究課題が着実に解決されていった。

(3) パートナー間多様性とアライアンス成果

　アライアンスにおいて、パートナーが有する様々な特性の相違のことをパートナー間多様性（Inter-partner Diversity）という。これまで企業文化の多様性、能力の多様性、視点の多様性について述べてきたが、これ以外にも業務ルーチンの多様性、技術の多様性、経験の多様性、産業の多様性、企業規模の多様性など、パートナー間の特性の相違に応じて様々な種類の多様性がある。

　アライアンスの成果を決めるのは、まず何よりも、それぞれの企業（X社、Y社）がもつ力である。そして、この力をベースにして、両社の間にシナジ

ー（相乗効果）が生まれる。双方のパートナーの力を合わせ、さらにそこにシナジーを加えて、単独では成し得ない成果を導くことがアライアンスの目的である。そしてこのシナジーの創出に影響するのが、パートナーどうしの関係、すなわちパートナー間多様性である。パートナー間多様性は、各企業がもつ力に加えて、アライアンス成果を決めるもう1つの要因である【図表16-3】。パートナー間多様性がアライアンス成果にどう影響するかという議論は、アライアンス研究の重要なテーマとなっている。

　企業文化の相違はアライアンスの運営を困難にし、その成果を阻害する、という議論を前節で述べた。これは企業文化の多様性が、アライアンス成果に負の影響を与えることを意味している。逆に、能力や視点の異なるパートナーが連携するアライアンスほど、良好な成果が得られるという議論は、能力や視点の多様性は、アライアンス成果に対して正の影響をもつことを示している。このように、パートナー間多様性がアライアンス成果に与える影響は、一様ではない。

　特にグローバル・アライアンスでは、異なる国の異なるバックグラウンドをもつ企業が連携するので、国内企業どうしのアライアンスと比べて、パートナー間多様性は大きくなる。従って、パートナー間多様性がアライアンス成果にどのような影響を与えるかは、グローバル・アライアンスを論じるうえで重要な論点となる。先に述べたように、パートナー間多様性には、アライアンス成果に正の影響を与えるものもあれば、負の影響をもつものもある。この正の影響をいかに活用し、負の影響をいかに克服するかが、グローバル・アライアンスを成功させるうえでの課題となる。

　次節では、パートナー間多様性とアライアンス成果との関係について、実証的に分析した研究を紹介する。そして、パートナー間多様性の負の影響を克服するうえで、アライアンス・ガバナンスが重要な役割を果たすことを示す。

3　パートナー間多様性がアライアンスに与える影響

　前節で、パートナー間多様性には様々な要因があること、そしてそれぞれ

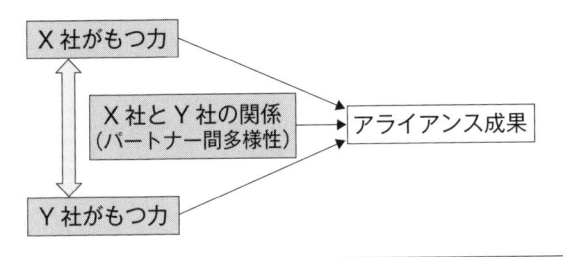

図表16-3　パートナー間多様性とアライアンス成果

X社がもつ力

X社とY社の関係
（パートナー間多様性）

アライアンス成果

Y社がもつ力

が、アライアンス成果に異なる影響を与えることを論じた。本節では、この関係を改めて理論的に整理し、パートナー間多様性がアライアンス成果にどう影響するかについて、そこに媒介する要因も含めて、包括的な把握を行う。

これまでに述べた能力の多様性、視点の多様性、企業文化の多様性に、もう1つ、業務ルーチンの多様性（パートナー間で業務の進め方が異なること）を加え、ここでは4つの多様性要因を取り上げる。それぞれに対して、第2章で紹介した資源ベース理論および取引コスト理論に基づく考察を行い、アライアンス成果との関係について理論的仮説を導出する。そしてこの仮説の妥当性を、アンケート調査結果を用いて検証する。これによって、パートナー間多様性についての理解を深め、その活用に向けた含意を得ることが本節の目的である。

（1）資源ベース理論とパートナー間多様性

まず、能力の多様性と視点の多様性について、資源ベース理論の観点から考察をしてみよう。資源ベース理論は、企業をユニークな経営資源の集まりとみなし、他社に類比できない経営資源が競争優位の源泉であると捉える。この観点に基づけば、企業がアライアンスを行う動機は、市場取引では得られない経営資源をパートナーから入手することである。

例えば技術アライアンスでは、パートナーの有する技術・ノウハウと、自らのそれとを組み合わせて、新たな知識やイノベーションを創出することが成功の鍵となる。このような新たな知識の創出においては、自社の技術的ド

メインを超えた外部知識の獲得が必要となる。すなわち、異質で多様な能力の融合が求められる。

　また、アライアンスを進めるうえで、問題解決に向けてどのように取り組むかが、その結果を左右する。現象や状況の把握の仕方、物事の本質を分析する視点、壁を乗り越えるための発想などは企業ごとに異なる。パートナーがそれぞれ異なる視点を持ち寄り、それらを融合させることで、単独では成し得ない問題解決の道を拓くことができる。

　このように、アライアンスを行うパートナーが保有する能力や視点が多様であるほど、それらが補完的に結びついて新知識の創出が促進され、良好なアライアンス成果に繋がると考えられる。

（2）取引コスト理論とパートナー間多様性

　次に、企業文化の多様性と業務ルーチンの多様性について、取引コスト理論の観点から考察してみよう。取引コスト理論では、取引を行うのに必要なコストと内部コストとの関係に基づき、最も効率的な企業関係が決定すると考える。取引コスト理論に基づくアライアンスの生成理由は、パートナー間の取引コストが階層（ヒエラルキー、すなわち内部化）を正当化するほど大きくなく、また市場取引を正当化するほど小さくないということである。

　このことを図表16-4（図表2-7で示したものと同じ）を用いて、もう一度説明してみよう。横軸は、左端の市場取引から右端の階層まで、様々な企業関係を示している（右に行くほど、強い命令系統をもつ階層的な関係になる）。企業間の取引に伴う取引コストは、市場取引で大きく階層では小さいので、右下がりのカーブになる、逆に、企業内部で負担しなければならない内部コストは、階層で大きく市場取引では小さいので、左下がりのカーブになる。この取引コストと内部コストの合計を最小化する点が最も効率的な企業関係を示す。取引コストのカーブが内部コストのそれを大きく上回れば、右端の階層がこの合計を最小化し、逆に大きく下回れば左端の市場取引がこれを最小化する。そのいずれでもない場合は、合計を示す曲線が図のようにU字型となり、中間形態であるアライアンスが最適な企業関係として形成される。

　さて、ここで企業文化や業務ルーチンの多様性を考えると、その存在は取

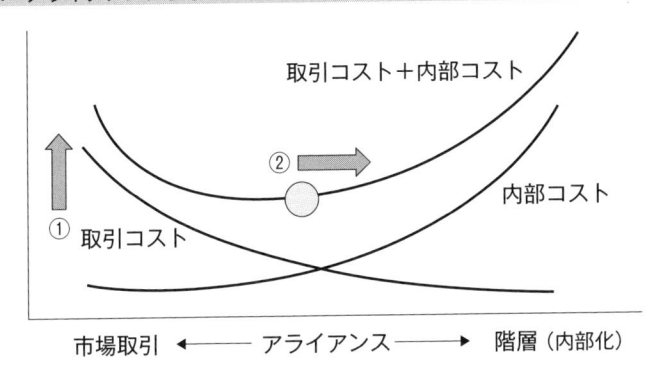

引コストを増加させる。前節で述べたように、企業文化の多様性は信頼や成果に対する認識の齟齬を生み出し、アライアンスの運営を不安定にする。また業務ルーチンがパートナー間で異なることも、プロジェクトを進めるうえでの障害となる。アライアンスに参加するメンバーは、他のメンバーが同じように業務を進めることを期待するため、それが応えられないと円滑な連携ができなくなる。お互いの交流は抑制され、アライアンスへのコミットメントも低下する。こうして効率的なアライアンスの運営は妨げられる。

　このように企業文化や業務ルーチンの多様性に起因する様々な問題に対処するには、新たな管理や調整が必要となり、そのための取引コストは増加する。従って、取引コストのカーブは上方向に移動し（図中に①と示す変化）、取引コスト＋内部コストを最小化する企業関係の位置は右方向に移動する（図中に②と示す変化）。その結果、これまでのアライアン関係は最適条件を満たさなくなり、アライアンスの成果は阻害される。

　ここで効率的な企業関係を維持するには、これまでのアライアンス関係を、取引コスト＋内部コストを最小化する新しい位置に向けて右方向に移動させる、すなわち階層に近づく方向に移す必要がある。アライアンスの関係を階層に近づけるということは、第11章で述べたパートナーを統治する仕組み、すなわちアライアン・ガバナンスを強化することに他ならない。より強い影響力をもって、パートナーの行動をコントロールできる仕組みを作る

のである。そうすることで、企業文化や業務ルーチンの多様性が与える負の影響を、緩和することができる。

　第11章で述べたように、アライアンス・ガバナンスには契約的なものと関係的なものがある。契約的ガバナンスでは、詳細な取り決めをアライアンス契約書に明記し、プロジェクトの組織体制や意思決定ルールを明確化することによって統治を行う。一方、関係的ガバナンスでは、相互の信頼関係や一体感がその根拠となり、パートナー間の頻繁なコミュニケーション、共同チームとしての作業、経営者どうしの交流などを通して統治が行われる。企業文化や業務ルーチンの異なるパートナーと行うアライアンスを成功させるためには、これらの仕組みをしっかりと設定することが必要となる。

（3）実証分析の方法と検証結果

　ここまで、パートナー間多様性の4つの要因に対して、資源ベース理論と取引コスト理論に基づく考察を行ってきた。この考察から導かれたことを仮説として整理すると以下のようになる。

　仮説1：能力の多様性と視点の多様性は、その程度が大きいほどアライアンスにおける新知識の創出に繋がる。その結果、これらの多様性はアライアンス成果に対して、正の影響を与える。

　仮説2：企業文化の多様性と業務ルーチンの多様性は、その程度が大きいほどアライアンスの効率的運営を困難にする。その結果、これらの多様性はアライアンス成果に対して負の影響を与える。

　仮説3：企業文化の多様性や業務ルーチンの多様性が、アライアンスの効率的運営に対して与える負の影響は、アライアンス・ガバナンス（契約的ガバナンス、関係的ガバナンス）の仕組みを強く設定することにより緩和される。

　これら仮説に示された関係を示したのが**図表16-5**である。＋で示した矢印は正の影響を、－で示した矢印は負の影響を示す。ここで示した関係が実際に成り立つかどうかは、実際のアライアンス事例に基づいて検証する必要がある。そこで、この検証を目的として、日本国内の製造企業を対象に、各企業が実施した技術アライアンスに関するアンケート調査を行った（安田、

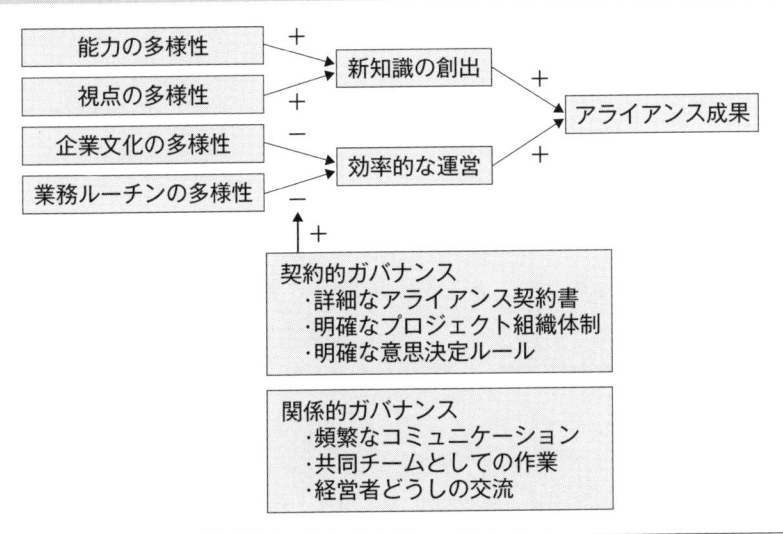

図表16-5　パートナー間多様性がアライアンスに与える影響

2015）。仮説に用いられた概念を変数として測定する質問項目を設定し、各企業による回答をその測定値として使用した。342社から有効な回答を得ることができ、有効回答率は22.6%であった。総計で497のアライアンス事例についてのデータが得られた。

　このデータを用いた重回帰分析を行うことにより、仮説で示された関係を検証した。その結果、仮説1については、能力の多様性、視点の多様性のいずれに関しても、それが新知識の創出を促進し、その結果アライアンス成果に対して正の影響をもつことが示された。仮説2についても、企業文化の多様性、業務ルーチンの多様性のいずれもが、効率的な運営を阻害し、それによってアライアンス成果に負の影響を与えることが検証された。仮説3については、関係的ガバナンスに関して、企業文化の多様性や業務ルーチンの多様性が与える負の影響を緩和する効果を確認できた。契約的ガバナンスの有意な緩和効果は確認できなかった。

　アライアンス・ガバナンスを論じた第11章において、契約的ガバナンスと関係的ガバナンスとの比較を行った。そこで、環境変化が大きく不確実性が高い状況では、契約的ガバナンスの対応には限界があり、良好なアライア

ンス成果を得るうえで、柔軟性のある関係的ガバナンスの役割が重要であることを示した。本分析で調査対象とした技術アライアンスは、技術開発を目的としており、そこには多くの不確実性が伴う。その不確実性の中で、パートナー間多様性に起因する様々な問題に対処していかなければならない。そのために、お互いの関係性に基づくガバナンスがより有効であることを、本分析の結果は示している。

　本分析の結果からは、実務的な含意も得られる。グローバル化が進む中でも、依然として日本企業には、コミュニケーションや意思疎通が容易な国内企業を、アライアンスのパートナーとして選ぶ傾向がある（安田、2012）。共同研究や共同開発を行う際に、多様な能力や視点をもつ外国企業をパートナーとすることのメリットは認識しつつも、ネガティブな多様性要因を考慮して、このようなパートナー選択が行われていると考えられる。本分析ではパートナー間多様性には様々な要因があること、またそれぞれがアライアンス成果に対して異なる影響を与えることを示し、それらを包括的に把握することの重要性を指摘した。また頻繁なコミュニケーションや経営者間の交流など、関係的ガバナンスの仕組みを設定することが、多様性がアライアンス成果に与える負の影響を緩和することを示した。

　このようにパートナー間多様性の意味と、それに影響する様々な要因について認識することで、企業はグローバル・アライアンスを効果的に推進し、パートナー間多様性をアライアンス成果向上のために積極的に活用していくことができるであろう。パートナーとの関係性を重視しつつ、パートナーとの多様性を自らの競争力構築に繋げていくことが、これからの企業経営にとっての重要な課題であると言えよう。

終 章

企業境界を超えて
再び、なぜ今、アライアンスか

（1）国の境界

　前章で取り上げたグローバル・アライアンスという言葉には、企業が超えなければいけない2つの境界が示されている。1つはグローバル、すなわち国の境界を超えること。もう1つはアライアンス、すなわち企業自身の境界を超えることである。

　グローバル化とは、企業の活動が国の境界を超えて地球規模で行われることである。自国の中から世界を見るのではなく、世界の中でそれぞれの市場を位置づける。国内市場もそのうちの1つに過ぎない。グローバル化の進展とともに、事業の中で国の境界がもつ意味はしだいに薄れていく。

　かつて筆者が社会人になった頃には、多くの日本企業には「国際」や「海外」を付した組織名称があった。例えば、普通の事業部とは別に海外事業部、営業部とは別に国際営業部など。財務部とは別に国際金融部、人事部とは別に海外人事部などという名称もあった。国際畑や海外畑と呼ばれるキャリアが存在し、英語を不自由なく使い外国文化を理解していることが、特別な能力として評価されていた。

　当時はまだ、多くの日本企業は国内中心の事業を行い、経営戦略も経営管理も国内の事業を前提に考えられていた【図表 終-1】。海外の事業は国内の事業とは別のものとして扱われ、そのための国際戦略が論じられ、「国際」部門や「海外」部門による管理が行われていた。すなわち、事業の中で明確に国の境界が存在し、その境界の内側（国内）と外側（海外）では異なる事業が行われていたのである。

　しかし当時、ある企業に入社した友人から、その企業には「国際」や「海外」という名のつく組織は一切ない、という話を聞いた。その企業は創業以来、世界ブランドを目指した事業展開をしており、その当時で既に売上げの

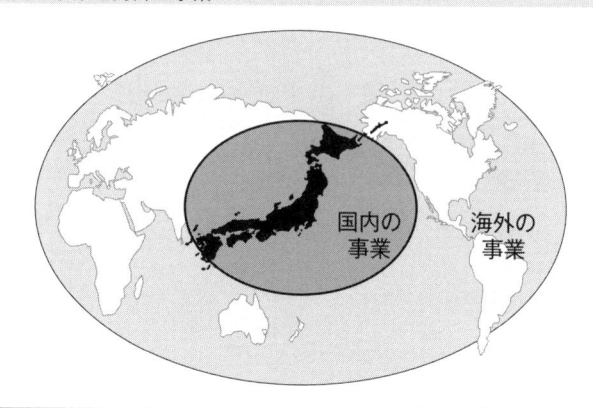

大半が海外事業によるものであった。その企業にとっては、国内市場も海外市場も関係なく、あるのはただグローバル市場だったのである。事業の中で国の境界はほとんど意識されていなかったのだろう。

　その後、1980年代から90年代にかけて、多くの日本企業が海外での事業を拡大し、グローバル・プレーヤーに成長していった。21世紀を迎えてからは特に、欧米からアジア、さらに新興国へと、成長する市場の多様化が進んだ。そして今、国内市場が成熟化に向かう中で、多くの企業がグローバルな視点で事業の再構築を進めている。もはや国内事業と海外事業を別々に考えていたのでは、グローバルな競争に打ち勝つことはできない。グローバル戦略のもと、国の境界を柔軟に跨ぎながら、世界の最適な場所で最適な仕組みで事業を展開することが不可欠となっている【図表 終-2】。

　この間、人材に求められる能力も大きく変わった。「国際畑」「海外畑」というカテゴリーが曖昧となり、そのようなキャリアの意味がしだいに薄れていった。英語が得意、外国文化を知っているというだけで評価されてきた人は、キャリア・チェンジに苦労したであろう。国の境界を自由自在に跨ぎながら、グローバル事業を創造的に企画し、実践できる人材が活躍する時代になっている。

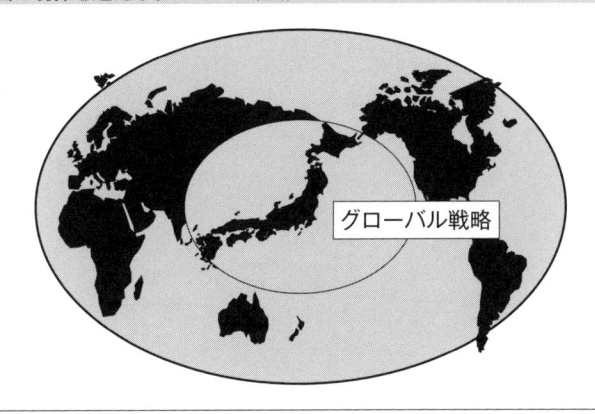

（2）企業の境界

　もう1つ、企業が超えなければいけないのは企業自身の境界である。保有する経営資源の集合体として企業を捉える視点では、その集合体の外郭が企業境界となる。すなわち、企業境界の内側にあるのが自社の経営資源、外側にあるのは他社の経営資源である【図表 終-3】。そして、いかに価値があり、稀少で模倣困難、かつ組織と一体となった経営資源を企業の中に蓄積し、他社と差別化するかが競争優位の源泉となる。

　しかし、自社の経営資源に拘るアプローチでは、保有する経営資源によって事業の範囲が規定される。限られた経営資源しか保有していなければ、事業の範囲は狭まる。新しい事業を展開したくても、必要な経営資源がなければそれも困難である。不足する経営資源を育成しようにも、その蓄積には時間がかかる。

　この保有する経営資源と事業とのギャップを、他社の経営資源を活用することによって埋めるのがアライアンスである。すなわち、企業の境界を超えた経営資源の活用である。これによって、限られた経営資源しかなくても多様な事業の展開が可能となる。必要な経営資源を保有していなくても、新規事業への進出が可能となる。さらにもし不必要な経営資源があれば、それを他社に提供することで、その有効な活用が可能となる。

　それでは企業にとって、その境界の内側と外側にある経営資源はどのよう

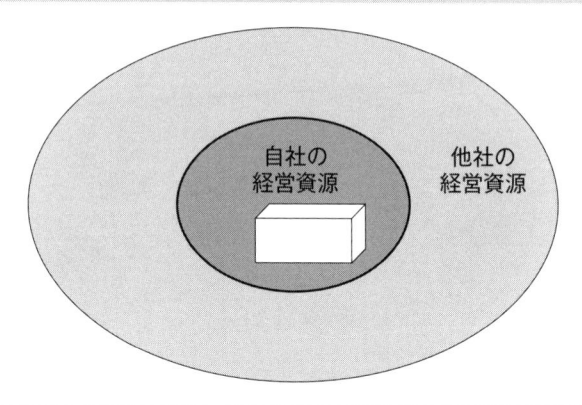

に位置づけられるのであろうか。企業にアライアンス部門という組織やアラ
イアンス・マネジャーという役職が設けられていることがある。多くの場
合、アライアンス案件の専任として、パートナーとの交渉、合意、契約書の
締結から、プロジェクトの運営や終結まで、一連の業務を担う。アライアン
スは他社の経営資源を使用するため、自社の経営資源では問題とならなかっ
たことが課題として生じる。それにうまく対処するために、それ固有のノウ
ハウや知識を蓄積しようとする。そのための組織や人材を配置するのであ
る。これはアライアンスに取り組む企業の積極的な姿勢として評価できよ
う。しかし一方で、そこには企業境界を強く意識したうえで、その外側（他
社の経営資源）は内側（自社の経営資源）とは別のもの、従って外側を扱う専
門家が必要、という前提がある。

　国の境界と同様、事業の中で企業の境界がもつ意味もしだいに薄れてい
く。異なる企業がもつ技術が複雑に融合して新しい技術が生まれる、異なる
企業がもつ工場がネットワークで結びついて新しい生産システムを形成す
る、異なる企業が緊密に連携しながらバリューチェーンを構築する。企業の
境界の内側と外側を分離し、それぞれ異なるものとして扱う対応では、この
ような時代の流れについていくことはできない。

　境界の外にある経営資源にも自らコミットしなければ、生み出される相乗
効果は中途半端になる。境界内にある経営資源を囲い込んで差別化を図ろう

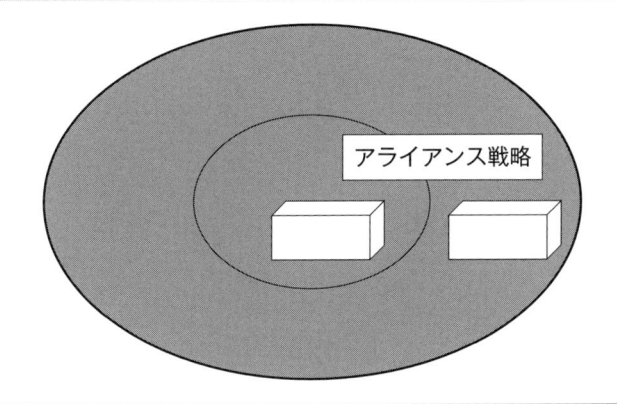

としても、それはいずれ逆差別化される状況を作り出す。これから必要となるのは、企業の境界に捉われずにそれを柔軟に跨ぎながら、世界の中から最適なパートナーを見出し最適な経営資源の組み合わせを実現して、それぞれが持つ優位性を存分に活用する力量である。

　アライアンス戦略は、パートナーの経営資源だけを対象とするのではない。企業の境界を跨いで、その内外にあるすべての経営資源を活用するための戦略である【図表 終-4】。アライアンス部門もアライアンス・マネジャーも、パートナーとの連携や調整を担うだけの存在ではない。企業の境界にとらわれることなく、多くの企業の能力を結集したトータルな経営を企画し、実践する役割が期待されている。そうでなければ、いずれ時代の変化に翻弄されることになってしまう。語学だけを武器にしていた人材が、グローバル化の流れの中で経験したように。

（3）成長と競争優位を目指して

　企業の競争力の源泉は経営資源にある。質・量ともに優れた経営資源を効果的に活用することが、企業の成長に繋がり競争優位を構築する。他社の経営資源を活用し、それを自社の経営資源と組み合わせて、事業の価値を最大化する施策がアライアンスである。無論、自社内で経営資源の一層の充実を図る内部成長も重要である。またM&Aを行い、他社の経営資源を自社に取

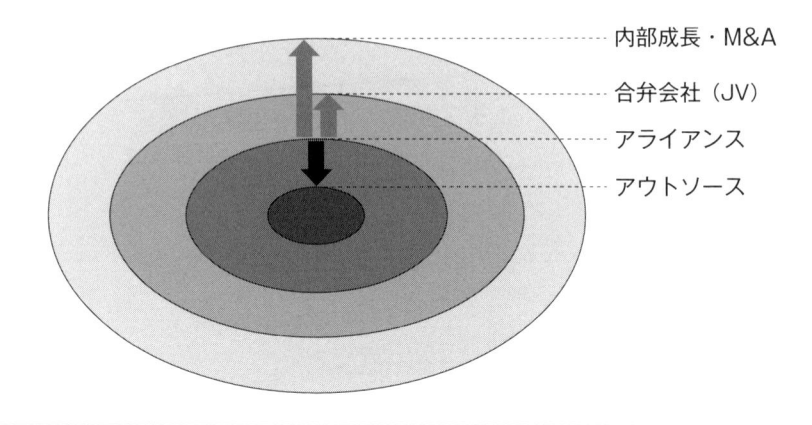

内部成長・M&A
合弁会社（JV）
アライアンス
アウトソース

り込むことが必要な場合もある。逆に、自社の経営資源を他社に売却し、そ
れをアウトソースして活用するという選択肢も考えられる。

　アライアンス、内部成長、M&A、アウトソースなどを使い分けることは、
企業の境界をどこに設定するかという選択に他ならない【図表 終-5】。内部成
長やM&Aは、企業境界を拡大するために行う。今まで以上の経営資源を保
有して、新たな事業の展開を目指す。合弁会社（JV）はパートナーと共同で
企業境界を拡大させる。逆に、アウトソースでは、企業境界を縮小する。保
有する経営資源は減少するので企業は身軽になるものの、それによって事業
活動が縮小するわけではない。

　このように、企業は成長と競争優位を目指して、企業境界を使い分ける。
ある事業ではそれを拡大し、別の事業では縮小する。経営環境が変化すれ
ば、それに応じて境界の見直しも柔軟に行う。このように、それぞれの事業
とその環境に応じて最適な境界を設定し、境界の内外にある経営資源を一体
として活用することが必要となる。そして、どこに境界を設定しようとも、
それを巧みに跨ぎながら、その内外にあるあらゆる経営資源を活用して、自
らの成長と競争優位に繋げていく力量が求められている。

　かつて多くの企業が国の境界を超えて成長していったように、これから企
業は企業自身の境界を超えて、さらなる成長を目指すべきである。この2つ

の境界を超えていくことが、グローバルな競争環境を生き抜くために不可欠なのである。

付 録

アライアンス契約書サンプル

技術ライセンス契約書

　株式会社□□□（以下「甲」という）と△△△株式会社（以下「乙」という）は、甲が保有する第1条に定める技術の乙に対する実施権許諾について、以下の通り契約を締結する。

第1条　定義

　本契約で使用される下記の用語は、それぞれ本条に定める意味を有するものとする。

　「契約技術」とは甲によって開発された_____方式に基づいて、装置を使用し、_____を生産するための技術を言う。その仕様詳細は別紙1に記述される。

　「契約製品」とは、契約技術を使用して生産される_____を言う。ただし、___GHz以上の周波数に対応する製品は除外する。

　「知的財産権」とは、特許権、実用新案権、意匠権、著作権、およびノウハウ等を総称したものを言う。（特許権および実用新案権については、出願中の権利を含む。）

　「対象知的財産権」とは、契約技術の使用に必要な知的財産権で、甲またはその子会社が本契約締結日時点で所有し、第三者から同意を得ることなく、かつ第三者に対する実施料の支払いをすることなしに実施許諾権を有するものを言う。

　「子会社」とは、議決権または持分の____％超を直接または間

接に有している会社を言う。

　「純販売高」とは乙およびその子会社による契約製品の販売高から、販売経費および消費税を引いたものを言う。

第2条　実施許諾

1. 甲は、乙およびその子会社に対し、対象知的財産権に基づき、契約技術を用いて契約製品を日本国内において生産し、全世界において販売するための実施権を許諾する。

2. 乙は、前項において甲から許諾された実施権に基づき、第三者に対して再実施を許諾する権利を有さない。

3. 本条第1項で許諾された実施権の期間は、本契約の有効期間とする。

4. 乙が契約技術を用いた契約製品を海外の子会社にて生産することを希望する場合には、乙は甲に対して本条第1項で規定された実施権許諾範囲の拡張について要求を行うことができる。甲はその要求を合理的な理由なく拒否しない。

第3条　技術援助

1. 乙が契約技術を習得することを支援する目的で、甲は本契約締結後1年間にわたり、乙の技術者を東京都にある甲の研究開発センターにて受け入れ、契約技術に関するトレーニングを追加対価なく提供する。ただし、トレーニングを受ける乙の技術者の人数および期間は＿＿＿人・月を上限とする。なおトレーニングを受ける乙の技術者に要求される資質については別紙2に記載されるもの

とする。

2. 本条第1項に記載される技術援助に加えて、甲は本契約締結後1年間にわたり、甲の技術者を大阪府にある乙の工場に派遣し、契約技術に関するコンサルテーションを追加対価なく提供する。但し、コンサルテーションを行う甲の技術者の人数および期間は＿＿人・月を上限とする。

3. 本条第1項、第2項に記載される技術援助に関して、甲の技術者が必要とする旅費、交通費等も含めて、発生する経費はすべて乙の負担とする。

第4条　対価

1. 本契約第2条のもとで許諾される実施権および第3条のもとで提供される技術援助の対価として、乙は甲に対して一時金＿＿＿＿円を以下のスケジュールに従って支払うものとする。
   （1）＿＿＿＿円　本契約締結日から30日以内
   （2）＿＿＿＿円　契約技術の技術移転完了が確認された日から30日以内
   （3）＿＿＿＿円　乙による契約製品の最初の出荷日から30日以内

2. 本条第1項に基づく支払いに加えて乙は、契約製品の出荷後5年間にわたり毎年6月30日および12月31日に終わる各半年毎に、第三者への契約製品の純販売高の＿＿＿％に相当する金額を継続実施料として、当該各半年の末日から30日以内に甲に支払うものとする。なお本契約締結後3年目以降はこの料率は＿＿＿％に減額され、5年目以降もしくは本項に基づく支払い累積額が＿＿＿＿円を超えた時点以降は、乙はその支払いを免ぜられるものとする。

3. 本条第1項、第2項における支払いに伴う消費税は乙が負担するものとする。

4. 乙は、毎年6月30日および12月31日を以って終わる各半年毎に、その期間内に販売した契約製品の数量および販売高、および前項の継続実施料の額を記載した報告書を作成し、各半年の末日から30日以内に甲に提出するものとする。

第5条　保証

1. 甲は乙に対し、本契約第2条第1項に基づく実施許諾をする権限を本契約締結日において有することを保証する。

2. 甲は乙に対し、対象知的財産権が有効であることを保証するものではなく、乙およびその子会社が契約製品の生産・販売を行うにあたり、対象知的財産権以外の第三者が有する知的財産権の実施を必要としないことを保証するものではない。

3. 甲は、乙において生産された契約製品に関して、その良否、品質、性能等に関するいかなる保証をも行うものではない。

第6条　機密保持

1. 甲および乙は、本契約締結の事実、本契約の内容を、第三者に開示または漏洩してはならない。

2. 甲および乙は、本契約の実施にあたって知り得た相手方の機密情報を、第三者に開示または漏洩してはならない。ただし、次の各号に該当するものについては、この限りではない。
（1）相手方から開示を受ける際、既に公知であったもの。

（2）相手方から開示を受けた後、自らの責によらないで公知となったもの。

（3）相手方から開示を受ける際、既に自ら所有していたもの。

（4）相手方からの情報によることなく、独自に開発したもの。

（5）第三者から機密保持義務を負うことなく正当に入手したもの。

第7条　解約および解約後の処置

1.　甲および乙は、相手方が次の各号の一に該当したときはいつでも、本契約を解約することができ、かつこれによって生じた損害の賠償を当該相手方に請求することができる。

（1）本契約に違反し、かつ違反の事実を文書で催告されてから合理的な期間内に当該違反を是正しないとき。

（2）会社整理、会社更生、民事再生、破産、特別清算の申し立てをなし、または申し立てを受けたとき。

（3）合併、解散、株式交換、株式移転、会社分割または営業の全部若しくは重要な一部を譲渡する旨の決議をしたとき。

2.　乙は、前項に基づき本契約が解約された場合、本契約第2条に基づき甲から提供された資料の一切を、解約後30日以内に甲に返還する。

第8条　損害賠償

　　甲および乙は、相手方が本契約に定める条項に違反したことにより損害を被った場合は、相手方に対しその被った直接の損害に限り賠償を請求することができる。ただし、乙が、甲に対し請求できる当該損害賠償の額は、当該損害が発生した時点までに乙が甲に支払った金額を超えないものとする。

第9条　契約期間

1.　本契約の有効期間は、前条に基づき解約される場合を除き、契約締結日から＿＿年間とする。

2.　乙が本契約の有効期間満了の1年前までに、第2条3項で定めた実施権期間の延長を申し出た場合には、甲は誠意をもって協議に応じるものとする。

3.　本条第1項にかかわらず、本契約第6条の機密保持の定めは、本契約の解約または終了後もなお有効とする。

第10条　修正および変更等

　　本契約のいかなる規定の修正または変更も、甲および乙の代表者が記名押印または署名した書面によってなされるのでなければ、その効力を有しないものとする。

第11条　協議事項

　　甲および乙は、本契約に定めのない事項または本契約の定めに関する疑義を生じた場合、互いに誠意をもって協議の上、これを決するものとする。

第12条　完全なる合意

　　本契約は、本契約の主題事項に関する甲および乙間の完全な合意および了解を構成するものであり、書面によるか口頭によるかを問わず、かかる主題事項に関する甲および乙間の本契約締結前

のすべての合意および了解に優先するものとする。

　本契約締結の証として、本契約書二通を作成し、各当事者が記名押印の上、各一通を保有する。

平成＿＿年＿＿月＿＿日

甲：東京都中央区銀座Ｘ－Ｘ－Ｘ
株式会社□□□
代表執行役社長
○○○○

乙：大阪市北区梅田Ｙ－Ｙ－Ｙ
△△△株式会社
代表執行役社長
○○○○

※ここに記した契約書サンプルは、第10章の解説のみを目的として例示したもので、登場する法人や契約内容はあくまでも架空のものであり、実在するいかなる法人とも関係ない。

1) 日本経済新聞（2014年3月18日）

2) 日本経済新聞（2014年2月1日）

3) 日経産業新聞（2012年8月14日）

4) 日本経済新聞（2009年12月19日）

5) ファーストリテイリング・プレスリリース（2015年6月15日）

6) 日本経済新聞（2015年6月16日）

7) ファーストリテイリング・プレスリリース（2014年10月14日）

8) 日本経済新聞（2014年10月14日）

9) 日経ビジネス（2010年8月2日号：14）

10) 電子機器年鑑（2015），中日社

11) 鴻海精密工業アニュアル・レポート（2014）

12) 三菱重工・日立　共同プレスリリース（2012年11月29日）

13) 日本経済新聞（2012年11月29日）

14) 日経ビジネス（2012年12月10日号:12-13）

15) 日本経済新聞（2012年11月29日）

16) 日経ビジネス（2013年1月21日号:32-33）

17) 日経ビジネス（2013年1月21日号:32-33）

18) ソニー・オリンパスメディカルソリューションズ株式会社プレスリリース（2013年4月16日）

19) 日本経済新聞（2013年4月17日）

20) ソニー・オリンパスメディカルソリューションズ株式会社プレスリリース（2013年4月16日）

21) 日経産業新聞（2013年7月18日）

22) ソニー・オリンパス　共同プレスリリース（2012年9月28日）

23) 東洋経済オンライン（2013年4月16日）

24) ソニー・オリンパスメディカルソリューションズ株式会社プレスリリース（2013年4月16日）

25) 日本経済新聞（2015年11月18日）

26) 東レ・ユニクロ第3期戦略的パートナーシップ資料（2015年11月17日）

27) ユニクロ　プレスリリース（2015年11月17日）

28) 日経ビジネス（2014年10月27日号:32-33）

29) ユニクロ　プレスリリース（2010年7月20日）

30) 日経ビジネス（2014年10月27日号:32-33）

[31] 日経ビジネス（2010年8月2日号：14）
[32] ファッションニュース（2010年7月20日）
[33] サントリーホールディングス　プレスリリース（2012年6月5日）
[34] 日本経済新聞（2012年6月5日）
[35] 日経ビジネス・デジタル（2012年6月6日）
[36] ネットアイビーニュース（2012年6月20日）
[37] 日本経済新聞（2012年6月5日）
[38] 日経ビジネス・デジタル（2012年6月6日）
[39] 日産自動車ホームページ（http://www.nissan-global.com/JP/COMPANY/PROFILE/ALLIANCE/RENAULT01/index.html）

参考文献

アーンスト, D. & J. バンフォード（2006）「いかに提携事業をリストラするか」『ダイヤ
　モンド・ハーバード・ビジネス・レビュー』第31巻6号, 137-147.
印南一路（2001）「交渉戦略の理論」『ハーバード・ビジネス・レビュー』第26巻9号,
　44-55.
宍戸善一、福田宗孝、梅谷眞人（2013）『ジョイント・ベンチャー戦略大全』東洋経済新
　報社
下川浩一（2006）『失われた十年は乗り越えられたか――日本的経営の再検証』中央公論
　社
ダイヤー, J.H., H. ジェフリー, P. ケール & H. シン（2005）「提携すべき時、買収すべき
　時」『ダイヤモンド・ハーバード・ビジネス・レビュー』第30巻2号, 64-75.
田村俊夫（2006）『MBAのためのM&A』有斐閣
中山淳史（2009）「経営の視点」日本経済新聞2009年2月24日
野口悠紀雄（2007）「市場は何故か正しい答えを知っている」『週刊東洋経済』8月25日
　号, 124-125.
ハービーソン, J.R.（1999）『アライアンス・スキル』ピアソン・エデュケーション
バンフォード, J., D. アーンスト & D. フビニ（2005）「JVの成否は100日で決まる」『ダ
　イヤモンド・ハーバード・ビジネス・レビュー』第30巻2号, 50-63.
安田洋史（2010）「アライアンスによる企業競争力の構築」『組織科学』第44巻3号, 107-
　119.
安田洋史（2012）「グローバル・アライアンスにおける企業間多様性の影響」『日本経営
　学会誌』第30号, 3-15.
安田洋史（2015）「アライアンス成果に対するパートナー間多様性の影響」『日本経営学
　会誌』第35号, 16-27.

Anand, B. & T. Khanna（2000）Do Firms Learn to Create Value? The Case of Alliances,
　Strategic Management Journal, 21: 295-315.
Arino, A.（2003）Measures of Strategic Alliance Performance: An Analysis of Construct
　Validity, *Journal of International Business Studies,* 34: 66-79.
Arranz, N. & J.C. Fdez de Arroyabe（2012）Effect of Formal Contracts, Relational Norms
　and Trust on Performance of Joint Research and Development Projects, *British Journal of
　Management,* 23: 575–588.
Barney, J.B.（1997）*Gaining and Sustaining Competitive Advantage.* Addison-Wesley
　Publishing Company.（岡田正大訳（2003）『企業戦略論――競争優位の構築と持続』ダ

イヤモンド社)

Bierly, P.E. & S. Gallagher（2007）Explaining Alliance Partner Selection: Fit, Trust, and Strategic Expediency, *Long Range Planning,* 40: 134-153.

Burt, R.S.（1992）*Structural Holes: The Social Structure of Competition.* Harvard University Press.（安田雪訳（2006）『競争の社会的構造――構造的空隙の理論』新曜社）

Chang, M.（2001）Letter to the shareholders, *In: Annual Report,* TSMC.

Chatterjee, S. & B. Wernerfelt（1988）The Link between Resources and Type of Diversification: Theory and Evidence, *Strategic Management Journal,* 12: 33-48.

Chen, C.J.（2003）The Effects of Environment and Partner Characteristics on the Choice of Alliance Forms, *International Journal of Project Management,* 21: 115-124.

Chesbrough, H.（2003）*Open Innovation.* Harvard Business School Press.（大前恵一朗訳（2004）『Open Innovation』産業能率大学出版部）

Chetty, S.K. & H.I.M. Wilson（2003）Collaborating with Competitors to Acquire Resources, *International Business Review,* 12: 61-81.

Cummings, J.L. & S.R. Holmberg（2012）Best-fit Alliance Partners: The Use of Critical Success Factors in a Comprehensive Partner Selection Process, *Long Range Planning,* 45: 136-159.

Das, T.K. & B.S. Teng（1998）Resource and Risk Management in the Strategic Alliance Making Process, *Journal of Management,* 24: 21-42.

Das, T.K. & B.S. Teng（2000）A Resource-based Theory of Strategic Alliances, *Journal of Management,* 26: 31-61.

DeCarolis, D.M. & D.L. Deeds（1999）The Impact of Stocks and Flows of Organizational Knowledge on Firm Performance: An Empirical Investigation of the Biotechnology Industry, *Strategic Management Journal,* 20: 953-968.

Dittrich, K., G. Duysters & A.D. Man（2007）Strategic Repositioning by Means of Alliance Networks: The Case of IBM, *Research Policy,* 36: 1496-1511.

Doney, P.M., J.P. Cannon & M.R. Mullen（1998）Understanding the Influence of National Culture on the Development of Trust, *Academy of Management Review,* 23: 601-620.

Dyer, J.H. & H. Singh（1998）The Relational View: Cooperative Strategy and Sources of Interorganizational Competitive Advantage, *Academy of Management Review,* 23: 660-679.

Engibous, T.（2003）Letter to the shareholders, *In: Annual Report,* Texas Instruments.

Fisher, R., B. Patton & W. Ury（1991）*Getting to Yes: Negotiating Agreement without Giving in.* Penguin Group（金山宣夫・浅井和子訳（1998）『ハーバード流交渉術』三笠書房）

Garette, B. & P. Dussauge（2000）Alliances versus Acquisitions: Choosing the Right Option, *European Management Journal,* 18: 63-69.

George, G., S.A. Zahra & D.R. Wood（2002）The Effects of Business University Alliances on Innovation Output and Financial Performance: A Study of Publicly Traded Biotechnology Companies, *Journal of Business Venturing,* 17: 577-609.

Gill, J. & R. Butler（2003）Managing Instability in Cross-cultural Alliances, *Long Range Planning,* 36: 1-21.

Goerzen, A.（2007）Alliance Networks and Firm Performance: The Impact of Repeated Partnerships, *Strategic Management Journal,* 28: 487-509.

Grant, M. & C. Baden-Fuller（2004）A Knowledge Accessing Theory of Strategic Alliances, *Journal of Management Studies,* 41: 61-84.

Gulati, R.（1998）Alliances and Networks, *Strategic Management Journal,* 19: 293-317.

Gulati, R. & M. Gargiulo（1999）Where Do Interorganizational Networks Come from? *American Journal of Sociology,* 104: 1439-1493.

Hagedoorn, J.（2002）Inter-firm R&D Partnerships: An Overview of Major Trends and Patterns since 1960, *Research Policy,* 31: 477-492.

Hagedoorn, J. & J. Schakenraad（1994）The Effect of Strategic Technology Alliances on Company Performance, *Strategic Management Journal,* 15: 291-309.

Heimeriks, K.H. & G. Duysters（2007）Alliance Capability as a Mediator between Experience and Alliance Performance: An Empirical Investigation into the Alliance Capability Development Process, *Journal of Management Studies,* 44: 25-49.

Hennart, J.F. & M. Zeng（2002）Cross-cultural Differences and Joint Venture Longevity, *Journal of International Business Studies,* 33: 699-716.

Hitt, M.A., M.T. Dacin, E. Levitas, J.L. Arregle & A. Borza（2000）Partner Selection in Emerging and Developed Market Contexts: Resource-based and Organizational Perspective, *Academy of Management Journal,* 43: 449-467.

Hoetker, G. & T. Mellewigt（2009）Choice and Performance of Governance Mechanism: Matching Alliance Governance to Asset Type, *Strategic Management Journal,* 30: 1025-1044.

Jacobs, I.M.（2001）To our shareholders, *In: Annual Report,* Qualcomm.

Jiang, X. & Y. Li（2008）The Relationship between Organizational Learning and Firms' Financial Performance in Strategic Alliances; A Contingency Approach, *Journal of World Business,* 43: 365-379.

Judge, W.Q. & R. Dooley（2006）Strategic Alliance Outcomes: A Transaction-cost Economics Perspective, *British Journal of Management,* 17: 23–37.

Kale, P., J.H. Dyer & H. Singh（2002）Alliance Capability, Stock Market Response, and Long-term Alliance Success: The Role of the Alliance Function, *Strategic Management Journal,* 28: 747-767.

Kale, P. & H. Singh（2007）Building Firm Capabilities through Learning: The Role of the Alliance Learning Process in Alliance Capability and Firm-level Alliance Success, *Strategic Management Journal,* 28: 981-1000.

Kelley, D.J. & M.P. Rice（2002）Advantage beyond Founding: Strategic Use of Technologies, *Journal of Business Venturing,* 17: 41-57.

Killing, J.（1982）How to Make a Global Joint Venture Work, Harvard Business Review, 60: 120-127.

Killing, J.（1983）*Strategies for Joint Venture Success.* Praeger Publishers.

Kogut, B.（1988）Joint Ventures: Theoretical and Empirical Perspectives, *Strategic Management Journal,* 9: 319-332.

Kumar, R. & P.H. Andersen（2000）Inter-firm Diversity and the Management of Meaning in International Strategic Alliances, *International Business Review,* 9: 237-252.

Kumar, R. & K.O. Nti（2004）National Cultural Values and the Evolution of Process and Outcome Discrepancies in International Strategic Alliances, *Journal of Applied Behavioral Science,* 40: 344-361.

Lavie, D.（2007）Alliance Portfolios and Firm Performance: A Study of Value Creation and Appropriation in the U.S. Software Industry, *Strategic Management Journal,* 28: 1187-1212.

Lee, C.W.（2007）Strategic Alliances Influence on Small and Medium Firm Performance, *Journal of Business Research,* 60: 731–741.

Lee, G.K.（2007）The Significance of Network Resources in the Race to Enter Emerging Product Markets: The Convergence of Telephony Communications and Computer Networking 1989-2001, *Strategic Management Journal,* 28: 17-37.

Lee, Y. & S.T. Cavusgil（2006）Enhancing Alliance Performance: The Effects of Contractual Based versus Relational Based Governance, *Journal of Business Research,* 59: 896-905.

Lee, J., W. Chen & C. Kao（2003）Determinants and Performance Impact of Asymmetric Governance Structures in International Joint Ventures: An Empirical Investigation, *Journal of Business Research,* 56: 815–828.

Leiblein, M.J. & J.J. Reuer（2004）Building a Foreign Sales Base: The Roles of Capabilities and Alliances for Entrepreneurial Firms, *Journal of Business Venturing,* 19: 285-307.

Leischnig, A., A. Geigenmueller & S. Lohmann（2014）On the Role of Alliance Management Capability, Organizational Compatibility, and Interaction Quality in Interorganizational Technology Transfer, *Journal of Business Research,* 67: 1049-1057.

Li, S.X. & T. Rowley（2002）Inertia and Evaluation Mechanisms in Interorganizational Partner Selection: Syndicate Formation among U.S. Investment Bank, *Academy of Management Journal,* 45: 1104-1119.

Luo, Y.（2002）Contract, Cooperation, and Performance in International Joint Ventures, *Strategic Management Journal,* 23: 903-919.

Makino, S. & P.W. Beamish（1998）Performance and Survival of Joint Ventures with Non-conventional Ownership Structures, *Journal of International Business Studies,* 29: 797-818.

Man, A.P., N. Roijakkers & H. Graauw（2010）Managing Dynamics through Robust Alliance Governance Structures: The Case of KLM and Northwest Airlines, *European Management Journal,* 28: 171-181.

McCutchen, W.M., P.M. Swamidass & B.S. Teng（2008）Strategic Alliance Termination and

Performance: The Role of Task Complexity, Nationality, and Experience, *Journal of High Technology Management Research*, 18: 191-202.

Mclvor, R. (2009) How Transaction Cost and Resource-based Theories of the Firm Inform Outsourcing Evaluation, *Journal of Operations Management*, 27: 45-63.

Meschi, R.X. & E.L. Riccio (2008) Country Risk, National Cultural Differences between Partners and Survival of International Joint Ventures in Brazil, *International Business Review*, 17: 250-266.

Olander1, H., P. Hurmelinna-Laukkanen, K. Blomqvist & P. Ritala (2010) The Dynamics of Relational and Contractual Governance Mechanisms in Knowledge Sharing of Collaborative R&D Projects, *Knowledge and Process Management*, 17: 188-204.

Olk, P. (1997) The Effect of Partner Differences on the Performance of R&D Consortia, In P.W. Beamish & J.P. Killing (Eds.), *Cooperative Strategies: North American Perspectives*, 133-159. New Lexington Press.

Pekar, P. & R. Allio (1997) Making Alliances Work: Guidelines for Success, *Long Range Planning*, 27: 54-65.

Poppo, L. & T. Zenger (2002) Do Formal Contracts and Relational Governance Function as Substitutes or Complements? *Strategic Management Journal*, 23: 707-725.

Porter, M.E. (1980) *Competitive Strategy: Techniques for Analyzing Industries and Competition*. The Free Press. (土岐坤・服部照夫・中辻万治訳 (1982)『競争の戦略』ダイヤモンド社)

Preece, S.B., G. Miles & M.C. Baetz (1999) Explaining the International Intensity and Global Diversity of Early Stage Technology Based Firms, *Journal of Business Venturing*, 14: 259-281.

Reuer, J. & M. Zollo (2005) Termination Outcomes of Research Alliances, *Research Policy*, 34: 1-15.

Rothaermel, F.T. (2001) Incumbent's Advantage through Exploiting Complementary Assets via Interfirm Cooperation, *Strategic Management Journal*, 22: 687-699.

Rothaermer, F.T. & D.L. Deeds (2006) Alliance Type, Alliance Experience and Alliance Management Capability in High Technology Ventures, *Journal of Business Venturing*, 21: 429-460.

Rowley, T., D. Behrens & D. Krackhardt (2000) Redundant Governance Structures: An Analysis of Structural and Relational Embeddedness in the Steel and Semiconductor Industries, *Strategic Management Journal*, 21: 369-386.

Sampson, R. (2007) R&D Alliances and Firm Performance: The Impact of Technological Diversity and Alliance Organization on Innovation, *Academy of Management Journal*, 50: 364-386.

Schreiner, M., P. Kale & D. Corsten (2009) What Really Is Alliance Management Capability and How Does It Impact Alliance Outcomes and Success? *Strategic Management*

Journal, 30: 1395-1419.

Shinozaki, S.（1997）篠崎慧氏からのヒアリング

Spekman, R.E., L.A. Isabella, T.C. MacAvoy & T. Forbes（1996）Creating Strategic Alliances Which Endures, *Long Range Planning,* 29: 346-357.

Thomke, S. & E.V. Hippel（2002）Customers as Innovators, *Harvard Business Review,* 80: 74-81.

Vivek, S., D. Banwet & R. Shankar（2008）Analysis of Interactions among Core, Transaction and Relation-specific Investments, *Journal of Operations Management,* 26: 180-197.

Wassmer, U. & P. Dussauge（2011）Value Creation in Alliance Portfolios: The Benefits and Costs of Network Resource Interdependencies, *European Management Review,* 8: 47-64.

Williamson, O.E.（1975）*Markets and Hierarchies: Analysis and Antitrust Implications.* Free Press.（浅沼萬里・岩崎晃訳（1980）『市場と企業組織』日本評論社）

Wu, W.Y., H.A. Shih & H.C. Chan（2009）The Analytic Network Process for Partner Selection Criteria in Strategic Alliances, *Expert Systems with Application,* 36: 4646-4653.

Yan, A. & M. Zeng（1999）International Joint Venture Instability: A Critique of Previous Research, Reconceptualization, and Directions for Future Research, *Journal of International Business Studies,* 30: 395–414.

Yasuda, H. & J. Iijima（2004）Analytical Framework of Strategic Alliances from the Perspective of Exchange of Management Resources, *International Journal of Business Performance Management,* 6: 88-105.

Yon, J.Y.（2003）Dear customers, partners and shareholders, *In: Annual Report,* Samsung Electronics.

Yoshino, M.Y. & U.S. Rangan（1995）*Strategic Alliances: An Entrepreneurial Approach to Globalization.* Harvard Business School Press.

著者略歴

安田洋史（やすだ・ひろし）

青山学院大学経営学部・同大学院経営学研究科教授。専門は経営戦略論、競争戦略論、アライアンス戦略論。東京大学工学部卒業、同大学院修士課程修了。マサチューセッツ工科大学経営大学院修了。東京工業大学大学院博士課程修了（工学博士）。株式会社東芝にて半導体国際部長、企業開発担当部長、提携戦略担当部長、東芝マイクロエレクトロニクス株式会社常勤監査役等を経て現職。
著書に『競争環境における戦略的提携——その理論と実践』（2006年）、『アライアンス戦略論』（2010年、以上、NTT出版）がある。

新 版　アライアンス戦略論

2016年 2 月15日　初版第 1 刷発行
2017年 2 月 7 日　初版第 2 刷発行

著者	安田洋史
発行者	長谷部敏治
発行所	NTT出版株式会社

〒141-8654
東京都品川区上大崎3-1-1 JR東急目黒ビル
TEL 03(5434)1010（営業担当）
FAX 03(5434)1008
TEL 03(5434)1001（編集担当）
http://www.nttpub.co.jp

印刷・製本	株式会社 光邦

©YASUDA Hiroshi 2016 Printed in Japan
ISBN 978-4-7571-2357-1 C0034